产业转出地与承接地产业协同发展研究

——基于浙赣两省纺织产业的分析

何守超　著

ZHEJIANG UNIVERSITY PRESS
浙江大学出版社
·杭州·

图书在版编目（CIP）数据

产业转出地与承接地产业协同发展研究：基于浙赣
两省纺织产业的分析／何守超著. -- 杭州：浙江大学
出版社，2025. 6. -- ISBN 978-7-308-26379-5

Ⅰ. F426.81

中国国家版本馆 CIP 数据核字第 2025MD5219 号

产业转出地与承接地产业协同发展研究

——基于浙赣两省纺织产业的分析

何守超　著

责任编辑	石国华
责任校对	杜希武
封面设计	周　灵
出版发行	浙江大学出版社
	（杭州市天目山路 148 号　邮政编码 310007）
	（网址：http://www.zjupress.com）
排　　版	杭州星云光电图文制作有限公司
印　　刷	杭州钱江彩色印务有限公司
开　　本	710mm×1000mm　1/16
印　　张	13.25
字　　数	235 千
版 印 次	2025 年 6 月第 1 版　2025 年 6 月第 1 次印刷
书　　号	ISBN 978-7-308-26379-5
定　　价	58.00 元

摘　要

伴随着新世纪中国纺织产业的快速发展，中国纺织产业也逐渐出现了从东部沿海地区向中西部地区大范围转移的现象。例如，浙江、福建、江苏等省份的纺织产业逐渐向周边的安徽、江西等省份转移。这些承接纺织产业转移的省份，大力培育有区域性特色的纺织产业集群，积极寻求与转出地之间形成合力的纺织产业内部分工与专业化发展。纺织产业转出地与产业承接地协同发展已成为重要的研究关注点之一。

本书在梳理纺织产业协同发展的基础上，选择以浙江省为纺织产业转出地、以江西省为纺织产业承接地，综合考察了浙赣两省纺织产业转移状况、产业发展效率变化、专业化分工与两省纺织产业转移的动因与机制。首先，考察了浙赣两省纺织产业发展与两省间产业转移与承接情况，然后结合纺织产业转移的动因与机制进行了分析。基于1998—2013年工业企业数据库数据，采用DEA方法考察了浙赣两省纺织产业发展效率变化；基于效率视角分析了纺织产业转移对转出地与承接地发展的驱动效果。其次，通过对工业企业数据库中纺织产业17大类中的子类及子类以下4位代码的数据的适当细分与归并，采用产业结构相似系数分析法，考察了1998—2012年浙赣两省纺织产业行业内部结构相似性的变化，并结合浙赣两省主要纺织产品产量与产值的折算，分析了2005—2020年浙赣两省主要纺织产品结构相似性。以安徽省为参照省，分别比较了浙皖两省、赣皖两省主要纺织产品结构相似性，以期对浙赣两省纺织产业地区分工与专业化发展作出客观的分析与评价，为纺织产业转出地与承接地产业协同发展提供重要参考。

第一，本书的第一部分综述了协同发展的理论及其国内外研究开展情况，以及纺织产业转移动因分析、对产业转承两地的影响分析等研究的开展情况。然后通过对转出地与承接地的协同发展研究的综述，梳理了纺织产业转移对转出地与承接地发展的影响，以及转承两地纺织产业协同发展机制。此外,本书还对纺织产业、产业转出与产业承接的界定与概念进行了阐述,同时从原材料、劳动力、产业发展效率三个方面深入探讨了纺织产业转移的动因,简述了中国纺织产业转移的转移模式与基本特征。

第二,以浙江省和江西省为例,在对浙赣两省纺织产业发展情况与转出或承接动因分析的基础上,采用偏离—份额分析法对比分析浙赣两省纺织产业转出或承接特征。通过对浙江与江西两省纺织产业地区增长分量(RS)、产业结构偏离分量(PS)以及竞争力(区位)分量(DS)的分解与解释,大致反映了浙赣两省纺织产业转承的情况,表明浙江和江西两省纺织产业总体上分别处于转出与承接的状态,这也与两省纺织产业发展基本情况较为一致。

第三,基于浙赣两省纺织产业发展与转承特征的对比分析,结合比较优势、绝对优势与产业转移的内在关系梳理,从产业发展效率视角对产业转移的动力与转移效果进行了实证研究。具体采用了 DEA 窗口分析法建立数据模型,对浙赣两省纺织产业发展效率进行了综合测算,分别对浙江省和江西省纺织产业在各自区域内与其他产业的相对效率和排名情况、两省纺织产业效率和纺织制成品行业效率、两省省内留存企业和退出企业平均效率进行了分析。这些分析大致检验了作为纺织产业转出地的浙江省和纺织产业承接地的江西省两省之间的产业转移关系,基本验证了东部地区纺织产业集聚带来的生产要素优势不断削弱,市场发展空间受限,从而形成纺织产业向发展潜力较大的中部地区转移的发展趋势。

第四,主要从企业间的协同、区域间协同、政府间协同机制等转出地与承接地纺织产业发展层次进行了分析,然后通过对工业企业数据库中纺织产业 17 大类中的子类及子类以下 4 位代码的数据的适当细分与归并,借鉴产业结构相似系数分析法,分析了 1998—2012 年浙赣两省纺织产业行业内部结构相似性的变化,并结合浙赣两省主要纺织产品产量与产值的折算,考察了 2005—2020 年浙赣两省主要纺织产品结构相似性。同时兼顾选择安徽省作为比对省份,分别比较了浙皖两省、赣皖两省主要纺织产品结构相似性。这些实证分析表明,浙赣两省纺织产业在经历十多年的转出与承接的产业转移过程后,已逐渐进入了协同发展阶段。研究结果也为浙赣两省纺织产业地区分工与专业化发展的分析与评价提供了较好的支撑。

第五,结合上述实证分析,本书从准确把握更高质量的发展目标、更有效率的发展质量以及推动可持续的协同发展理念视角出发,给出了推进欠发达地区承接纺织产业转移有序发展、优化承接地纺织产业集群化发展以及促进纺织产业区域协同发展的相关建议措施,为促进浙赣两省纺织产业协同发展提出了一些建议与思考。

　　本书的研究结论如下:(1)在产业协同发展的理论基础上初步建立了研究技术路线框架,分析了浙赣两省之间纺织产业的转出与承接状态,与两省的纺织产业发展现状基本一致;(2)通过对浙赣两省相关指标分解与解释,表明了浙赣两省纺织产业总体上分别处于转出与承接的状态,这也与两省纺织产业发展基本情况较为一致;(3)借鉴产业结构相似系数分析法,分析了2005—2020年浙赣两省主要纺织产品结构相似性,实证表明了浙赣两省纺织产业在经历十多年的转出与承接的产业转移过程,两省纺织产业专业化发展有所提高,纺织产业在两省间的内部分工有了一定的发展,慢慢进入了协同发展的阶段;(4)通过系统动力学对纺织产业在浙赣两省间协同发展进行了仿真分析,认为未来产业协同发展应当落实到企业、产业和区域三个层面,对本书的实证研究进行了验证,表明三个层次协同的作用为未来提供综合的支持。

目　录

第1章 绪 论

1.1 研究背景与研究意义

1.1.1 研究背景

（1）国家远期发展规划与中国区域经济协同发展背景

地区间产业转移已经成为推动中国区域经济协调发展重要选择之一。"十一五"时期以来，大范围的跨区域间的产业转移现象不断出现，尤其是劳动密集型产业以及部分低端制造业的区域间转移现象引起政府、企业以及研究者们的普遍关注。这些传统产业在中西部地区仍将有广阔的市场前景和发展空间，也为产业转出地集中、加快产业升级与加强产业创新留有了更大的空间（陈璇等，2020）。国家"十一五""十二五""十三五"规划纲要都对促进中国不同区域间产业转移、促进区域间产业协同发展作出了安排；国家"十四五"规划和2035年远景目标纲要中进一步提出，"促进产业在国内有序转移，优化区域产业链布局"，"加快中西部和东北地区开放步伐，支持承接国内外产业转移""引导产业链关键环节留在国内，强化中西部和东北地区承接产业转移能力建设"。产业在区域空间的迁移，将有利于我国不同区域比较优势的发挥，也是促进转出地与承接地产业发展升级与产业结构调整、推进中国经济高质量发展的重要举措，对促进区域产业协同发展具有重要的意义（宾厚等，2020）。这种中观层面上产业空间迁移的现象已成为破解区域发展不平衡问题的重要途径，对实现中国区域经济协同发展有着十分重要的意义（吴宣恭，2021）。

（2）中国纺织产业转移与协同发展背景

中国纺织工业的发展对整个国民经济发展起到了重要的推动作用，特别是改革开放以来，中国纺织行业发展取得了长足的进步，自1994年开始保持着世界纺织品第一出口国的地位。随着近10年来中国纺织产业进入新的快速发展期，中国成了全球最大的服装生产国和出口国之一（董成惠，2021）。与发达国家相比，中国纺织产业发展仍然存在着产业发展竞争力弱、产业布局分散、地区分工与专业化发展进程缓慢、企业规模小、效益低、品牌建设相对缺乏等现实问题。20世纪90年代中后期,在偏向区域性产业发展的政策引导下,中国纺织产业出现了类似上海市纺织产业主动退出等一些地区间转移现象。进入新世纪以来,在中国特色社会主义市场经济建设的大背景下,伴随着中国纺织产业快速发展的同时,中国纺织产业也逐渐出现了从东部沿海地区向中西部地区大范围转移的现象,如浙江、福建、江苏等省的纺织产业逐渐向周边的安徽、江西等省份转移,特别是一些较为低端的棉、化纤纺织加工行业和一些低端纺织服装服饰业生产能力的逐渐转移。这些承接纺织产业转移的省份,其纺织产业发展总体规模快速提升。如江西省在2006年纺织工业总产值仅为145.8亿元,到2013年则突破了千亿元大关,达到了1034.8亿元,从业人数也从2006年的9.3万人增加到2013年的10.2万人;2018年、2019年江西省纺织工业总产值均超过了1400亿元,分别为1476.1亿元、1425.9亿元。对于纺织产业转出地的浙江省而言,其纺织产业规模在经历了2010—2016年的整体缓慢增长时期之后,2017年之后出现了明显的下降态势,浙江省纺织工业产值从2013年最高的6037.5亿元下降到2017年的4875.0亿元,进而下降到2020年的4231.8亿元,从业人数也从2010年前后的高峰期110多万人的规模下降到2015年的75万人左右,目前的整体规模已低于60万人。

(3)浙江、江西、安徽等省纺织产业转承与协同发展背景

伴随着纺织产业的大规模转移,江西、安徽等省凭借着毗邻产业转出地的优势,大力培育区域性的特色的纺织产业集群,积极寻求与转出地之间形成合力的纺织产业内部分工与专业化发展。在满足不同消费市场对纺织产业的客观要求的同时,逐步提升承接地纺织产业发展整体效率,服务地方经济社会发展。从2016年3月开始,笔者多次参与了针对江西省与浙江省工业园区入园企业发展情况调研、纺织企业深度访谈等工作。2018年11月对江西省九江市、上饶市、抚州市相关工业园区进行了专项调研;2019年11月和2020年12月两次对浙江省绍兴市柯桥纺织产业集群展开了专项调研,针对浙江、江西两省纺织产业发展与代表性纺织企业的经营情况,特别是在调研或访谈中专门了解了浙江企业的转出情况或者预期,以及江西企业的承接总体情况,这些为本书的撰写积累了丰富的案例支撑材料。

浙江省在21世纪初开始实施经济社会发展"八八战略",不断调整浙江省产业结构,同时也面临着资源短缺、要素成本上升、环境压力加大等一系列因素。浙江省采取了"腾笼换鸟"等方式推动产业结构升级与优化,在稳定纺织产业发展整体规模的基础上,加大了对纺织产业转出的引导或者推动浙江省与周

边省份纺织产业发展的地区分工与专业化。2014 年开始,浙江省政府严格落实各项环境保护政策,加上为适应新时期"亩均论英雄"的发展需要,浙江省产业集群发展更加注重环保与经济发展的统一,一些处于纺织产业的低端生产环节或效率较低的浙江企业纷纷压缩生产能力,主动选择将大量的生产能力转移到周边的江西、安徽等地。江西省凭借毗邻浙江、福建等省的地理位置、初具产业发展基础、相对丰富低廉的劳动力资源以及土地利用成本较低等优势,吸引着浙江省的纺织企业不断迁入,特别是粗纺企业、纺纱企业、低端纺织制品企业等。从笔者参与的多次调研情况来看,江西省承接的纺织企业有相当大的部分是来自浙江省。江西、安徽等地为促进产业承接,相继出台了一些配套的优惠政策,因此成为很多东部纺织产业转移的理想承接地(刘亚婕等,2020)。

1.1.2　研究意义

党的十九大报告指出,我国经济已由高速增长阶段转向高质量发展阶段,正处于优化经济结构、转化增长动力的攻关期。要着力加快建设各方面协同发展的产业体系,强调实施区域协调发展战略,支持传统产业优化升级。对于纺织产业转出地与承接地而言,需要加快促进转出地与承接地之间纺织产业协同发展。党的二十大报告指出,深入实施区域协调发展战略,优化重大生产力布局,构建优势互补,高质量发展区域经济布局。2023 年 5 月,中央财经委第一次会议指出,要加快建设以实体经济为支撑的现代化产业体系,并强调:一要坚持推动传统产业转型升级;二要坚持开放合作。因此,产业协同发展对壮大产业集群、推动产业升级和优化经济结构以及实现区域经济协调发展具有重要意义(秦炳涛等,2018)。考虑到近些年来江西省各地承接的纺织产业生产能力或者纺织企业中相当一部分是来自浙江省的转移型企业或者来自浙江投资方的新建型企业,因此在本书开展浙赣两省纺织产业发展效率与两省间纺织产业转移动态分析时,有必要在兼顾效率视角下分析浙赣两省间纺织产业转移效果的基础上,对两省纺织产业发展的内部行业特征、产品结构特征及其发展的相似性进行深入的分析,考察两地纺织产业分工与专业化发展的基本情况,以便为两省纺织产业协同发展提供重要参考。考察了 2005—2020 年浙赣两省主要纺织产品结构相似性,且兼顾了选择安徽省作为比对省份,分别分析了浙皖两省、赣皖两省主要纺织产品结构相似性,以期对浙赣两省纺织产业地区分工与专业化发展作出客观的分析与评价,为纺织产业转出地与承接地产业协同发展提供重要参考。

本书尝试在梳理纺织产业转移的动因与机制的基础上,以浙江省为纺织产业转出地、以江西省为纺织产业承接地，从效率视角分析浙赣两省纺织产业转移的状况与产业转移的驱动效果，并通过对浙赣两省纺织产业行业内部结构相似性和浙赣两省主要纺织产品结构相似性的考察，对浙赣两省纺织产业地区分工与专业化发展作出客观的分析与评价，以期为浙赣两省纺织产业协同发展提供重要参考。本书具有一定的理论价值与重要的实践意义，主要体现在以下三个方面。

①对纺织产业转移的动因与机制进行了梳理，并结合浙赣两省纺织产业发展的情况，对浙赣两省间纺织产业转承动态性进行了分析并对两省间的转承状态进行了判断，有利于为纺织产业转出地与承接地产业转移的效果分析提供重要的支持；

②通过对浙赣两省产业发展效率的变化分析，为考察产业转移对转出地与承接地发展的影响提供一种有效的途径；

③通过对浙赣两省纺织产业行业内部结构相似性和浙赣两省主要纺织产品结构相似性的考察，为对浙赣两省纺织产业地区分工与专业化发展作出客观的分析与评价提供重要的实证支撑，也为产业转出地与承接地之间产业协同发展提供重要参考与建议。

1.2 研究目标与研究内容

本书通过对浙赣两省纺织产业发展的考察，以期为产业转出地与承接地产业协同发展提供一定的理论研究参考和重要的实证研究支持。主要研究目标如下。

①在梳理产业转移理论、动因与机制的基础上，尝试把握纺织产业转移的动因与转移机制，并选择以浙江省为纺织产业转出地、以江西省为纺织产业承接地的具体案例应用于浙赣两省间纺织产业转移的效果分析研究之中；

②把握浙赣两省纺织产业发展效率变化与产业转移的驱动效果，基于效率视角下分析纺织产业转移对转出地与承接地发展的影响；

③综合分析浙赣两省纺织产业行业内部结构相似性和两省主要纺织产品结构相似性，对浙赣两省纺织产业地区分工与专业化发展作出客观的分析与评价；

④结合研究目标②和③的实现，对浙赣两省纺织产业协同发展进行分析，为促进两省纺织产业协同发展提供一定的建议与参考。

本书的研究大致可以分为以下五个部分的内容。

1.2.1　文献综述与理论分析

本书综述了产业转移理论的国内外研究情况,以及纺织产业转移动因分析、对产业转承两地的影响分析等研究理论,然后通过对转出地与承接地的协同发展研究的综述,尝试梳理纺织产业转移对转出地与承接地发展的影响与转承两地纺织产业协同发展机制。此外,也包括对纺织产业、产业转出与产业承接的界定与概念解释,同时从原材料、劳动力、产业发展效率三个方面深入阐述了纺织产业转移的动因,简述了中国纺织产业转移的转移模式、转移动因与基本特征等。

1.2.2　浙赣两省纺织产业发展现状、转承动因与特征分析

以浙江省、江西省为例,在对"十一五"以来浙赣两省纺织产业发展基本情况分析的基础上,基于统计数据与专项调研总结,对浙赣两省纺织产业转出与承接的动因进行深入的分析,并使用偏离一份额分析法对浙赣两省间产业转移规模进行度量,目的是分析浙赣两省间纺织产业转移的总体情况,借此来判断两省之间的转承状态与特征。

1.2.3　浙赣两省纺织产业发展效率与效率视角下的转移效果分析

基于浙赣两省纺织产业发展现状与产业转移状态的分析,结合比较优势、绝对优势与产业转移的内在关系,利用产业发展效率视角对产业转移的动力与转移效果进行了实证研究。具体采用了数据包络分析法(Data Envelopment Analysis,DEA)建立数据模型,对浙赣两省纺织产业发展效率进行了综合测算,分别对浙江省和江西省纺织产业在各自区域内与其他产业的相对效率和排名情况、两省纺织产业效率和纺织制成品行业效率、两省省内留存企业和退出企业平均效率进行分析,以此来检验作为纺织产业转出地的浙江省和纺织产业承接地的江西省两省之间的产业转移关系与转移趋势。

1.2.4　区域协同发展的系统动力机制分析

基于系统动力学模型的研究方法,建立区域协同发展的系统动力学模型,对纺织产业在区域之间的协同发展情况进行综合分析。通过系统动力学模型的分析帮助理解区域产业协同发展的影响因素和作用机理,进而为实现区域产业的协同发展提供方法。通过系统动力学的思想来思考地区之间的整体产业演化过程,研究发现其内部是一个相当复杂的过程,各组成部分之间存在着各式各样的循环的、连锁的以及滞后的作用关系。就具体而言,在区域产业协同

发展模型中可以分为企业、产业与区域三个层面的子系统,在整个区域协同发展的过程中,逐渐形成了不同的相互系统动力因果关系,进而推动着区域的产业演化发展。

1.2.5　浙赣两省纺织产业协同发展分析与建议

主要从企业间协同、政府间协同机制、转出地与承接地纺织产业发展层次进行了分析,然后通过对工业企业数据库中纺织产业 17 大类中的子类及子类以下 4 位代码的数据的适当细分与归并,采用产业结构相似系数分析法,考察了 1998—2012 年浙赣两省纺织产业行业内部结构相似性的变化,并结合浙赣两省主要纺织产品产量与产值的折算,分析了 2005—2020 年浙赣两省主要纺织产品结构相似性,且兼顾了以安徽省为例,分别比较了浙皖两省、赣皖两省主要纺织产品结构相似性,以期对浙赣两省纺织产业地区分工与专业化发展作出客观的分析与评价。最后,结合上述实证分析,为促进浙赣两省纺织产业协同发展提出了一些建议与参考。

1.3　研究路线与研究方法

本书在梳理纺织产业转移的动因与机制的基础上,以浙江省为纺织产业转出地、江西省为纺织产业承接地,从效率视角分析浙赣两省纺织产业转移的状况及驱动效果。同时,通过对浙赣两省纺织产业行业内部结构相似性和主要纺织产品结构相似性的考察,对两省纺织产业的地区分工与专业化发展进行客观分析与评价,旨在为浙赣两省纺织产业协同发展提供重要参考。图 1.1 展示了本专著的研究框架。

在具体研究中,首先考察了浙赣两省纺织产业的发展情况以及两省间的产业转移与承接情况。然后,结合纺织产业转移的动因与机制分析,基于 1998—2013 年工业企业数据库的数据,采用 DEA 模型分析浙赣两省纺织产业的发展效率变化,并从效率视角探讨纺织产业转移对转出地和承接地发展的驱动效果。进一步地,通过对工业企业数据库中纺织产业 17 大类的子类及 4 位代码数据进行适当细分与归并,采用产业结构相似系数分析法,考察浙赣两省纺织产业行业内部结构相似性和主要纺织产品结构相似性。同时,选择安徽省作为比对省份,分别分析浙皖两省和赣皖两省主要纺织产品结构相似性,以客观对比和评价浙赣两省纺织产业的地区分工与专业化发展。最后,结合上述实证分析,为促进浙赣两省纺织产业协同发展提出相关建议与参考。

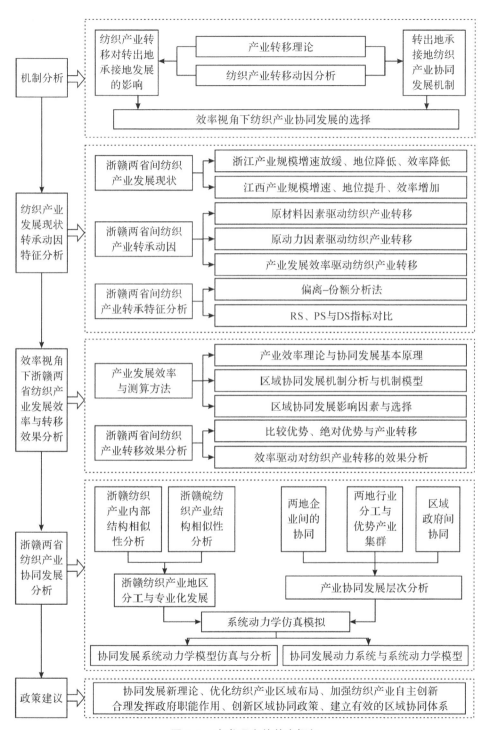

图 1.1　本书研究的基本框架

本书在区域经济学、系统学、产业经济学、技术经济学及其他相关学科思想与方法的指导下,通过充分搜集国内外有关文献资料,并结合归纳总结与演绎预测的现代经济学方法对浙赣两地区间纺织产业转移进行了系统的分析。

1.3.1　文献分析与逻辑演绎法

通过对产业转移理论、产业效率理论以及产业协同理论的相关概念、发展过程以及相互关系的系统整理与分析,结合纺织产业在浙赣两地的现实转移过程,进而梳理出纺织产业在浙赣两地转移的影响因素和发展概况,对两地区纺织产业转移前后的产业效率概况进行衡量,并从产业效率视角下对纺织产业协同发展的选择进行分析。

1.3.2　偏离—份额分析方法

通过偏离—份额分析法,将浙赣两地区域经济的变化视为一个动态的过程,并以安徽区域经济发展为参照系,探讨浙江地区纺织产业衰退的原因以及江西纺织产业发展动力的来源,综合评价两地区纺织产业结构优劣和自身竞争力的强弱。通过分析,找出两地区域在发展过程中所具有相对竞争优势,进而明确未来区域纺织产业经济协同发展的合理方向和结构调整的原则,推动两地区纺织产业的有序转移。

1.3.3　数据包络分析法

以纺织产业为例,采用 DEA 模型从省级层面考察全国纺织产业的发展效率,并分析浙江、江西两省的发展效率差异、效率变化及其原因。同时,研究产业发展效率的变化及主要影响因素,并根据产业转移后的地区产业发展效率变化判断产业转移的动态性。此外,还建立了能够评价区域产业协同创新水平的综合指标体系,采用多指标综合评价方法度量转出地与承接地的产业协同创新水平,并对机制分析给出一定的定量化解释。

1.3.4　产业结构相似系数分析方法

产业结构相似系数是用来测量同一产业在两个国家或是区域之间相似程度的度量方法。采用不同地区的相同时期的数据进行计算,产业结构相似系数取值范围为 0～1,如果两个地区的值接近于 1,这意味着它们之间的产业相似程度很高,接近一致。通过对浙赣两地区历年统计年鉴所包含的主要纺织产品生产数据进行搜集与整理,计算出历年纺织产业相似系数数值大小,进而反映出两地区纺织产业相似程度,衡量两地区产业转移与协同效果。

1.3.5　系统动力学方法

系统动力学方法在定性分析系统要素相互作用关系的同时,通过构建动态微分方程对这些关系进行量化表示,并运用计算机仿真技术实现要素作用关系的动态模拟。这种方法有利于发现转出地与承接地纺织产业协同发展的本质,同时能够反映政策实施的效果。

系统动力学方法解决相关问题的过程实际上是寻找最优结构的过程。其最终的目的在于寻求最优或次优的系统结构和模型参数,以实现相对优秀的系统功能。该方法在产业转移与协同问题研究领域应用广泛,非常适合研究和解决复杂的产业协同问题。

本书主要运用系统动力学的方法,并借助 Vensim 软件,不仅通过构造纺织产业在转出地与承接地之间产业协同发展问题的系统因果关系图,定性地分析各影响因素之间的因果关系,也通过构建纺织产业协同发展问题的系统动力学模型,定量地研究未来一段时间各变量的模拟值,并通过动态改变某些变量的数值来分析相关评价指标的变化情况,最终确定最优的模型结构,即确定促进纺织产业在转出地与承接地之间协同发展的最佳政策和实施方案,为促进地区间产业协同发展提供科学的依据和最好效果的实施建议。

1.4　研究创新与研究不足

本书针对浙赣两省纺织产业地区分工与专业化发展做了较为深入的实证分析,并对促进两省纺织产业协同发展提出了一些建议与思考。本书的创新之处主要体现在以下三个方面:

①基于转出地的推力、承接地的拉力、区域间产业基础完善、区域间产业内部分工与专业化再到整体区域产业协同发展等五个方面的内容,梳理出区域产业协同发展的机制。认为区域产业协同发展的前提是构成产业发展的各项要素在不同区域之间的有效转移,转承区域间在地理位置、资源优势、基础设施与服务等方面要能够形成有效的衔接与互补。

②对浙赣两省纺织产业地区分工与专业化发展作出了客观的分析与评价,将为纺织产业转出地与承接地产业协同发展提供重要参考。对纺织产业这一特定产业的协同发展分析的研究,将有助于把握纺织产业转移的动因与机制以及纺织产业转移对转出地与承接地发展的驱动效果。

③实证检验了作为纺织业转出地的浙江省和纺织业承接地的江西省两省之间的产业转移关系;大体上验证了东部地区纺织产业集聚带来的生产要素优势不断削弱,市场发展空间受限,从而使得纺织产业向发展潜力较大的中部地区转移的发展趋势;表明了浙赣两省纺织产业在经历十多年的转出与承接的产业转移过程,现在慢慢进入了协同发展的阶段。这也为浙赣两省纺织产业地区

分工与专业化发展的分析与评价提供了较好的支撑。

本书的研究也存在着一些明显的不足之处。主要体现在以下两个方面。

①对于纺织产业转移的机制研究,未能很好地结合产业转移动态性的评价展开更为细致的分析。这需要在未来的研究中,增强对纺织产业转移动态性的解释与转出地、承接地之间转承状况的评价,以便更好地为纺织产业转移的驱动效果分析提供有效的支持。

②现有的纺织产业协同发展分析,从产业发展效率的视角来看,仍存在一些不足之处。目前的研究多局限于总量分析、效率分析以及行业内部结构相似性分析等方面,缺乏更为明确的专业性纺织产业园区和产业集群的实证研究支持。此外,还需要通过扩大企业调查数量和问卷调查范围,更好地把握浙赣两省间纺织企业间的协同关系,从而更好地服务于政府间协同机制的构建。

第 2 章　文献综述

2.1　相关概念

2.1.1　产业协同发展

产业协同是指以知识和技术为纽带,促进不同产业内部及其相关产业之间的生产资料、技术、信息等资源的共享与互动,从而实现各产业之间资源的优化配置与互补,提高产业的整体竞争活力。区域产业协同发展的主要方式有三种:第一,通过培育和发展产业创新网络,建立跨区域或产业的产品开发、技术创新、生产体系、销售网络等方面的联合,推动企业的产业升级和技术创新,加强协同研究与应用(祝佳,2015);第二,通过政府的行政引导和规划文件,推动不同的企业将优势技术和资源进行有机整合,特别是带动经济欠发达地区的发展(周肇光,2011);第三,通过对税收、人才引进、土地成本等扶持政策的制定,打造有利于产业协同发展的创新环境,提高企业参与产业协同发展的积极性(崔敏等,2013)。

在区域产业协同发展形成的过程中,环境管制这一外部约束,给我国产业转移和产业协同发展提供了条件,环境约束对城市群产业协同发展存在显著的"U"形特征,整体上有利于区域产业协同发展(张琳,2022)。此外,政府的管理也是影响产业协同发展的重要因素。政府需要提升跨区域治理能力,推进跨区域创新链和产业链的衔接与联动。具体而言,应通过优化跨区域协同创新共同体、创新跨区域科技成果转化机制以及培育分工协作的创新产业集群,来推动产业协同的高效发展(林玉妹等,2022)。从总体来看,我国产业协同度呈现上升态势,但存在区域差异。研究表明,产业协同发展对全要素生产率的促进作用明显(栾申洲,2019)。

在不同发展阶段、规模和地区的资源型城市中,产业协同集聚和市场化程度的减排效果存在显著差异。研究表明,高端产业协同集聚更有利于资源型城市缓解环境污染。因此,资源型城市应促进生产性服务业与采矿业和制造业深度融合,推动资源型城市的市场化进程,采用差异化策略解决各类资源型城市环境污染问题(杨桐彬等,2020)。政府的行为也会对产业协同发展产生巨大影响,主要表现以下几个方面:一是政府活动中的一系列行为在整体上对产业协同聚集程度产生正向的积极作用,但市场分割却对其产生抑制作用;二是地方政府的一系列行为中只有基建水平和人才储备对相邻区域的产业协同聚集产生积极的影响;三是所在地区不同,城市基建水平和人才储备水平对产业协同聚集所产生的影响也有所不同,其在发达地区的促进作用远高于其他地区(王正巍,2021)。

在我国的区域产业协同发展过程中,京津冀产业协同发展是最具有代表性的。王小平等(2021)通过梳理总结京津冀环保产业协同发展的实践探索,运用钻石模型,分析京津冀环保产业协同发展状况,并以雄安新区为例,探索京津冀环保产业协同发展问题,最后提出强化政府的引导作用、发挥环保产业协会的促进作用、发挥龙头环保企业对产业链带动作用、打造高质量环保产业聚集区等建议。针对纺织产业协同发展,李鹏等学者(2017)提出,要通过加快纺织服装产业集群内的协同制造,激发企业本身的积极主动性,完善的服务体系,搭建便捷快速的供应平台,从而提升企业集群的核心竞争力,推进产业升级。在此基础上,企业的个性化份额将会实现超过120%的增长,同时对促进产业结构调整、增强经济发展内动力、培育和推广品牌建筑也具有重要意义。

我国高新技术产业协同发展整体呈现稳步提升的态势,但存在明显的"东高西低"的地区差异。在协同发展的不同阶段,技术研发阶段的创新效率高于经济转化阶段。具体来看,长三角和珠三角地区的技术研发能力更为突出,而京津冀地区在经济转化阶段更具比较优势(孙超等,2020)。高技术产业与生产性服务业的协同集聚有助于改善经济增长质量。无论是高技术产业与高端生产性服务业的协同集聚,还是与低端生产性服务业协同集聚,都能够显著促进经济增长质量的提升(郭卫军等,2020)。此外,产业协同集聚显著提升了制造业企业出口国内附加值率,产业协同集聚对东部地区制造业企业出口国内附加值率影响显著,对高能耗类型企业出口国内附加值率影响程度高于中能耗和低能耗类型企业,对国有企业出口国内附加值率影响并不显著,对混合贸易类型企业出口国内附加值率的正向作用要远远大于加工贸易企业与一般贸易企业(白东北等,2020)。

本书以纺织产业为研究对象,选取浙江省作为转出地,江西省作为承接地,并以安徽省为对照组,探究在转出地经济结构进行更新的过程中,纺织产业的转移对转出地产业结构升级的作用水平,以及对承接地经济发展的推动效果。

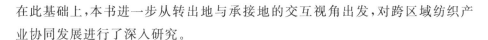

在此基础上,本书进一步从转出地与承接地的交互视角出发,对跨区域纺织产业协同发展进行了深入研究。

2.1.2　产业转出地与产业承接地

产业转出地是指由于原材料、市场、技术以及人才等因素的变化,企业选择将生产或业务活动搬迁到其他地区的产业所在地。这种迁移是企业为了实现自身持续发展、优化资源配置、提升竞争力而采取的一种战略调整手段。区际产业转移是国家优化生产力布局的重要手段。王树华和刘志彪(2023)通过构建区际产业转移作用力系统,从推力因素、拉力因素、阻力因素等三个维度对产业转出地和产业承接地的产业转移作用力进行系统性分析。陈龙等学者(2021)指出产业转移是协调区域经济发展和就业的重要手段。就东部地区而言,当协同集聚度低于某一水平时,中高和中低技能就业呈现互补式增长;进入中间区段后,中高技能就业增长会挤出中低技能;之后协同集聚进一步提升,产业转移会同时抑制两部分就业的增加。而在制造业、生产性服务业集聚水平较低的中西部地区,产业转移对中低或中高单一技能层次的就业存在促进作用。在经济全球化放缓、世界经济复苏乏力背景下,我国经济面临高端制造业向发达国家回流,低端制造业向东南亚和南亚国家转移的双重压力,有序推进区际产业转移需要构建系统性分析框架(司深深等,2022)。对于我国东部沿海地区,由于濒临沿海而具有承接从国外转移过来的相关产业优势,劳动密集型产业成为东部沿海地区发展的主要产业。伴随着我国经济改革的深入,经济结构开始逐步调整,东部沿海地区开始积极推动高新技术产业的发展。同时,由于劳动力成本、土地租赁费用以及水电等相关资源的短缺,劳动密集型产业在东部沿海地区失去了发展的优势。因而,开始积极寻求向外转移,东部地区成为我国主要的产业转出地(陈璇等,2020)。陈景岭等(2017)认为政府应以传统产业转出为契机,鼓励竞争优势企业加大研发投入,增强内生性创新动力和能力,减少对企业直接干预,而将财政更多用于就业培训和完善社会保障体系方面,缓解产业转出对就业和收入增长的不良冲击。

产业承接地主要是指通过利用自身区位、资源等先发优势和主观能动性,积极承接从异地转移过来相关产业的地区。王珊等学者(2022)研究了我国中部地区承接国际产业转移的影响因素及其空间效应,认为基础设施水平、市场规模、产业集聚水平及 FDI(Foreign Direct Investment,外商直接投资)累积效应对本地区国际产业转入呈显著的促进作用,而人力资本呈现出显著的负向抑制作用,劳动力成本的吸引力正在减弱甚至消失。在我国经济结构调整的初期,产业承接地主要集中在濒临东部沿海的地区,随着产业转移趋势的加剧,中西部地区开始成为承接东部沿海地区产业的主要承接地(杨枝煌等,2022)。中西部地区有序承接产业转移是我国促进区域协调发展的重要举措,也是畅通国内大循环、助推经济高质量发展的重要途径。贺胜兵等(2022)认为,设立示范区提高了中部和西部地区创业水平,对不同区域创业水平的边际处理效应具有异质性。崔新蕾等(2023)指出,国家级承接产业转移示范区的设立可显著增加区域创新数量,并提升以实质性创新和绿色创新为表征的创新质量能力,但其促进作用在不同区域、承接地是否明确具体的转移产业来源区域以及示范区所处发展特征等方面存在异质性,且具有显著的空间溢出效应,主要通过产业结构调整和地方政府竞争两种作用机制来提高区域创新能力。

2.1.3　产业转移

产业转移是一个国家与地区经济发展到一定程度要经历的发展阶段,它从某个角度来说是改变了一个国家或某个地区在产业上空间布局与格局,从而以适应这个国家或这个地区更快的经济与产业的发展。但是,只从空间角度去理解产业转移是远远不够的。为了充分全面研究产业转移的内涵,从20世纪70年代至今,众多经济学家开始从概念方面展开了深入的研究,其中提出产业转移就是产业在国家间或区域间的转移,但是其根本的原因是产品市场和生产要素市场关系发生某种程度的变化,比如供需关系的变化、价格的变化、供应链的变化等。在此基础上,卢根鑫(1994)又深入分析了产业转移中国际化的情况即国际产业转移,他提出产业在国家之间转移主要由国际产业贸易与产业投资引起。它与国际分工、国际贸易有着密切的关系;同时,也反映了世界经济发展的趋势。因此,从某种意义上讲,国际产业转移实际上就是国家之间生产要素流动的一种形式,其结果必然会产生相应的影响,但是国际产业转移也不可能与国际产业贸易、产业投资完全画等号(卢根鑫,1994)。李少星等(2010)研究表明,产业转移属于单因素的简单过程,但它同样又是一个受综合因素影响的复杂变化过程,同时各种生产要素都会随着产业转移而产生转移现象,比如劳动力、资本、技术等,这是一个既简单又复杂的过程。陈建军(2009)从国际化的角度对产业转移进行研究。他认为,在当代经济全球化的背景下,产业转移是企业在国际产品市场和国际生产要素市场面对新的国际市场综合环境发生变化时,将产业从一个国家或地区转移到另一个更适合生产与发展的国家或地区的行为。转出地与承接地都会形成新的分工格局,以适应本区域内的更好发展,并促进两地产业结构的进一步调整和升级。

区域产业转移,相对产业转移来说是空间上的范畴。它就是产业在区域间的转移,比如市域或是省域之间的转移;或产业在空间布局上的变化,比如产业在某区域的调整。因为产业转移理论本身涉及的范围相对比较广泛,同时影响因素比较多;又因为中国的产业转移也在发展过程中,研究也是刚起步,所以目前没有统一的概念标准。大部分的学者主要从空间变迁角度进行定义,在众多的观点中,比较有代表性且被广泛认可的概念解释是"部分行业因资源供给或者产品需求条件变化,而由特定区域或者国家向其他区域或者国家迁移的经济过程"(陈建军,2002)。区域产业转移的积极作用在实践中早已得到证实。转出地可以通过向其他地区转移边际产业来调整产业结构、促进经济增长方式的转变,而承接地亦可通过积极承接产业转移来实现技术进步、产业升级、增加就业。

在我国经济体制改革进入深水区的关键时刻,有序引导低专业化、低效率产业转移,可以提升地区产业发展效率(罗知等,2021)。新时期,东部沿海地区与西部沿边地区经济联系交互发展,特别是伴随着东部沿海地区产业向周边转移趋势的加强,西部地区的产业效率开始获得稳步增加,产业的转移可以有效推动跨区域产业发展效率的提升(王开科等,2021)。产业的跨区域转移,不仅可以提升区域产业发展的效率,还可以在企业、产业、政府等层面加强跨区域间的交互合作,带动整体区域经济的快速发展。

2.2 产业转出地与承接地产业协同发展研究

2.2.1 产业协同发展的相关理论研究概况

协同学理论(Haken,1973)为产业协同发展研究奠定基础。后来,跨产业间协同和产业内跨企业间协同逐渐受到关注。前者主要关注具体产业间的协同效应分析,尤其是高新技术产业与其他产业的协同效应实证研究,如 Manoochehri(1999)、Jordan等(2000)、黄晓琼等(2021)。后者则主要聚焦于微观层面,研究企业协同创新与企业战略协同等。其中,企业协同创新动因包括获取外部资源、实现成本共担和风险共享等(Okamuro,2011)。协同创新模式方面,可以划分为非股权协同和股权协同两种(Pastor,2002)。此外,合作被认为是根本性创新的有效途径,尤其是在高科技领域,这一点尤为突出(Ritala,2009)。

欠发达地区在承接产业转移时,普遍存在制度建设不完善(孙久文等,2015)、产业升级阻滞(刘友金等,2012)等问题。这些问题的解决需要综合思考市场与政府两个主体的作用。如王艳红等(2017)认为,政府必须起引导作用,以企业为主体,进而提高资源利用率。这说明欠发达地区在承接产业转移时,市场与政府之间应互相配合,以推动区域产业协同发展。

2.2.2 区域产业协同的动因与条件、特征、模式以及效应研究

学者们依托比较优势、区域经济发展动力机制及合作竞争等理论来展开讨论。在动因条件方面,基于区域差异互补以及要素充分流动,对利益最大化的追求推动了产业协同发展(汤长安等,2021)。在发展特征方面,学者们总结了现存问题,如人力资本的空间差异(严立刚等,2020)等。对于"产业同构化"是否存在产业协同的负面表现,仍需进一步深入探讨。在发展模式方面,主要涉及分工协同(水平分工、垂直分工)、合作协同以及整合协同。在水平分工上,避免产业同构化与实现错位竞争是研究焦点;在垂直分工上,学者们探讨了如何基于价值链演化规律对某产业的产业链组成部分在地区间进行合理布局。合作协同和整合协同研究可参见董成惠(2021)、牛力娟(2020)。可以看出,分工协同的研究相对较多,而合作协同和整合协同研究则相对偏少。在效应方面,主要关注对承接地技术进步的影响(关爱萍,2013)、产业承接效应(谭莹等,2021)。分析发现,区域产业协同研究多采用定性分析方式,定量分析有所不足。未来研究可以更多地运用定量分析方法进行深入探讨。

跨区域产业管理和产业规划对产业协同发展具有重要影响。学者们以飞地经济、"双转移"战略为依托进行讨论。如连连等(2016)以京津冀为例,发现"飞地"布局可以形成政策联动效应,从而推动京津冀协同发展。从"双转移"战略视角来看,王志勇等(2014)发现市场自发运行的效益优于政府主导作用。简言之,多数学者认为跨区域产业管理和产业规划对产业协同发展具有推动作用,但政府也不应过度主导整个产业转移过程。

产业相似系数是为数不多的用于产业协同发展实证方法之一,同时,影响因子建模分析承接产业的影响因素也是产业协同研究的实证方法(张晗等,2016)。在产业转移下的产业协同发展实证研究,相较于其他领域,现阶段的研究相对较少。较多的学者主要集中在产业协同发展的一般性研究方面,比如有人提出产业协同度水平测度研究,通过各类计量模型对不同产业的协同发展水平进行相关计量与测度(温清,2022);也有学者通过耦合协调模型来测量两个产业之间的和谐发展(叶静童,2021)。这些实证研究相信对纺织产业协同发展的实证研究有参考意义。

随着各类产业转移,承接地也面临技术升级与产业集群发展的双重挑战。从全国范围来看,从北到南,京津冀、长三角、珠三角这三个经济区域在中国经

济发展中占据着举足轻重的地位。胡佳露与杨丹萍(2021)运用复合系统协同度数学计量模型,对这三个经济区域之间的协同发展水平进行了分析,并指出协同发展是一个需要较长时间来适应和推进的过程。同时,不同区域的产业会有各自的优势与特点,但总体上呈现出向协作方向发展的趋势。尤其是京津冀地区,产业转移的协同发展问题尤为迫切,亟待解决。

2.2.3　产业转移促进产业协同发展研究进展

区域产业转移与产业协同之间联系紧密,当产业转移发生后,转出地与承接地能否实现产业结构升级,关乎产业协同能否实现。学者们以京津冀为例,探讨了产业转移后京津冀各城市制造业产业结构的优化(王金杰等,2018),以及产业协同格局的逐步形成(刘宏曼等,2016)。还有研究指出,产业梯度转移可以促进集聚水平的提升(陶长琪等,2019)。此外,也有学者讨论了产业转移对产业协同的负效应,如唐树伶(2016)等。研究发现,多数学者肯定产业转移对产业协同的推动作用,此类问题多是定性分析,实证分析较少,故存在深入研究的价值。

具体来看,产业转移对产业协同发展的影响可以通过以下方式实现。

产业转移对地区产业发展效率的影响。如杨荣海(2015)从新时期东部沿海地区与西部沿边地区经济联系互动发展角度分析,北部和东部沿海地区产业有向周边转移趋势,西南地区的效率值会稳定增加。这说明产业转移会推动地区产业发展效率提升。王晓东(2010)以广东省为例,研究发现产业转移促进了全要素生产率的提升。此外,有序引导低专业化、低效率产业转移,也可提升地区产业发展效率(秦惠敏等,2016)。因此,多数学者认为产业转移可以提升地区专业化水平与产业发展效率,带动地区产业发展。

产业转移对区域产业协同创新的影响。研究发现,可以利用承接产业转移推动地区产业协同创新发展,同时产业融合、技术转移会正向影响协同创新绩效,如张仁枫等(2013)、宾厚等(2020)、施晓丽等(2021)。此外,刘宾(2018,2021)以京津冀城市群为例,发现产业转移发生后,京津冀三地协同创新程度持续提升,但三地综合发展水平不够均衡,三地协同创新所依赖的经济基础差异较大。周伟等(2021)对此持相反意见。更有学者跳出了国内视角,如李明惠等(2018)发现,对外产业转移可以使我国跨越技术创新鸿沟。

产业转移对区域资源优化配置的影响。于化东(2020)从产业转移与区域经济协调发展角度出发,深刻剖析了我国区域经济非平稳的问题,指出产业转移有利于区域资源优化配置,但该研究至今仍停留在理论层面。傅允生(2017)

则从我国中西部地区经济发展的视角出发,分析发现我国劳动密集型产业正向中西部地区回流。这不但为东部地区区域资源优化配置创造机遇,也为中西部地区发挥产业优势创造了发展引擎。简言之,多数学者都肯定了产业转移对区域资源优化配置的作用。

综上所述,大多研究认为产业转移可以促进地区产业发展效率提升、区域产业协同创新和区域资源优化配置。

2.2.4 系统动力协同发展研究概况

在不同地区的区域协同发展过程中,要素禀赋、基础设施以及规模经济等各种因素,都会对区域之间的联动发展起到重要的推动作用。而地区产业的发展则是连接不同区域之间有效发展的关键因素,特别是在系统动力学方法的指导下,区域产业协同发展将更具活力。

有关系统动力学与区域之间产业协同发展的分析,国内外都有相关的文献研究。1970年英国爱丁堡大学的马尔可·史勒瑟(1990)就采用系统动力学的方法,在综合考虑外部环境影响因素的前提下,建立了 ECCO(Evolution of Capital Creation Options)模型,用来综合考量人口、资源、环境等因素对经济发展的影响作用。在国内,将系统动力学运用到区域产业协同发展的研究也有很多。王守宝(2010)为了验证科技进步与社会经济发展是否为一个复杂的动力学系统,先后从定性与定量两个角度进行分析,并建立了科技进步与经济发展的因果模型,从而对科技进步与经济发展的相关性进行了评价研究。李新杰(2014)为了寻找适合河南省经济与环境协调发展战略,综合运用系统动力学、系统演化理论以及协同学理论内容,对河南省整体的经济环境系统协调发展状况进行了深入研究,并且对环境经济系统和协调发展路径做了仿真研究。曾丽君等(2014)为了研究促进科技产业与资源型城市的可持续协同发展的最佳模式,建立了科技产业与资源型城市可持续协同发展的系统动力学模型,从而发现提高 R&D 投入与支持产学研协同创新可以有效促进资源型城市的可持续发展。程华等(2015)建立系统动力模型,对浙江省的区域技术创新与经济增长关系进行了研究,并且对整个模型做了深入的仿真实证研究。

2.3 产业转移国内外研究现状

2.3.1 产业转移研究概况

关于产业转移实证研究,国内主要关注产业转移特征与模式、产业承接竞争力和行业选择等方面。在特征方面,我国区域产业转移尚属于相对产业转移阶段且大致符合梯度转移规律(戴其文等,2020)。在模式方面,有网络型产业转移模式(赵张耀等,2005)、西部产业承接模式(庄晋财等,2008)等,其中回归式产业转移为最新模式(周阳敏等,2019),但目前针对具体行业的模式分析仍有欠缺。在产业承接竞争力方面,主要采用偏离－份额分析法等来评价承接地产业承接格局与竞争力,如李添喜等(2022)、吕岩威等(2023)。在承接行业选择方面,黄海峰等(2014)从主观意愿和客观能力角度进行了研究。

国际上的实证研究开展情况相对国内来说要更早一些,区域产业转移较早的案例可见于美国。自 19 世纪后期以来,美国产业转移就是从制造业起步,美国制造业由东向北转移,以及向南部地区进行了产业转移,借此美国的制造行业得到了一定的发展。20 世纪 70 年代以后,美国产业转移的趋势更加明显,经济发达地区向不发达地区及人力与土地成本较低的地区转移。产业转移促进了产业集聚,由此产生的市场接近效应、生活成本效应、外部性收益等,将正反馈作用于产业转移并与产业集聚形成循环累积因果关系,进一步促进了产业集聚水平的提升(Krugman,1991)。国际产业转移 FDI 的技术溢出效应主要通过示范效应、人力资源流动与竞争效应实现(Blomstrom and Kokko,2001),并得到一系列实证研究的检验(Javorcik,2004)。同时其他学者也对区域产业转移状况、影响区域产业转移的决定因素进行了相关的实证研究。

总体而言,大部分国外学者对区域产业转移的实证研究是以自由市场经济制度分析为前提的,有较强的研究针对性和实用性,较多地关注到产业转移的微观分析层面。也有一些专门性的区域产业转移研究案例。这些研究大致可以分为如下两大类情况:第一类研究中详细分析了各产业的区域转移情况(Vernon,1966);第二类研究主要集中在一些特殊产业区域转移问题。这些产业一般都具有特定的地理区位,它们在空间上集中于某个城市或地区,并形成相应的产业群,对其他城市和地区产生一定影响。研究者利用各类的统计调查与计量分析方法,比如问卷调查法、偏离－份额分析法、多元回归法等,从市场、税收、劳动力、自然资源等方面研究了美国区域产业转移的影响因素(魏博通,2010)。

国内对产业转移的实证研究范围很广,研究的重点是产业转移的特征和格局、产业承接竞争力和行业选择等方面。在产业转移特征研究上,大部分学者认为我国国内区域产业转移尚属于相对产业转移阶段且大致符合梯度转移规律。如冯根福等(2010)、刘红光等(2014)、戴其文等(2020)、陈春明等(2020)。在对产业转移模式的研究中,多数是建立在对产业间和产业内贸易理解的基础之上,从产业链和价值链建设视角出发,讨论了产业转移模式及其创新,但结合具体行业的模式分析仍比较缺乏。在工序分工的基础上,赵张耀和汪斌(2005)

提出了网络型的产业转移模式；庄晋财等(2008)从产业链整合角度分析了西部地区产业承接模式；马子红(2009)从产业转移动因上总结出相应产业转移模式；程李梅(2013)等提出要遵循产业链演化规律创新产业承接模式。与此同时，也有学者提出我国欠发达地区可在适当的时候出台"反梯度转移"政策(张红伟，2011；刘友金，2012；张仁枫，2013)。胡黎明和赵瑞霞(2017)、罗莹(2017)等学者从产业集群式转移模式出发，结合产业链视角探讨了产业集群式承接模式对整合承接地产业链、推动本地产业与外来承接产业协同发展的重大意义。周阳敏等(2019)研究认为回归式产业转移在制度资本的作用下对区域经济增长有正向推动作用，是产业转移最新的模式，同时也对实现乡村振兴是一种积极有益的探索。在产业承接竞争力研究上，主要采用主成分分析法、偏离—份额分析法、产业集聚指标分析法等，对欠发达地区承接产业的特性与自身竞争力匹配、规模等进行分析，评价承接地产业承接格局与竞争力(陈斐和张新芝，2012；叶琪，2014；滕堂伟等，2016；李添喜等，2022)。在承接产业选择研究方面，黄海峰等(2014)明确提出了以主体功能区为核心、以比较优势为核心、以产业价值链为核心的产业选择，以它们为理论基础的产业选择理论模型，并从主观意愿与客观能力两个方面对产业承接中的产业选择问题进行了分析。但该理论也存在一定不足：未能考虑到区域资源禀赋差异，未充分考虑企业自身因素对其影响；忽略了产业转移过程中各参与方之间的技术溢出效应。贺清云等(2010)、柳天恩等(2016)运用产业梯度、行业集聚系数等方法分析欠发达地区竞争优势产业，并比对转出区产业发展情况，为产业承接提出了产业选择建议。吴爱芝等(2013)讨论了中国纺织产业的空间集聚与格局形成与变化。李桂(2020)针对北京市产业转移提出了适合自己发展的对策建议，特别是针对河北省集聚式承接地提出了路径优化，研究认为在承接北京各类产业转移时，不能无选择性地承接，河北省应该要根据本省的实际情况结合北京产业转移态势作出选择性承接。此外，学者亦对已有的产业承接行为进行效率上的时空考量。

2.3.2　产业转移动因与动力机制研究

(1)产业转移的理论研究概况

产业转移的基础理论始于20世纪30年代，学者们初次解释了国际产业转移的动因和模式，后来从宏观角度研究了国家间的产业转移，如 Vernon(1966)的产品生命周期理论。20世纪70年代后，学者从微观层面探讨产业转移动因和模式，如 Dunning(1988)的国际生产折中理论和 OLI 范式。20世纪90年代末，学者主要研究技术创新与竞争优势(Ernst and Kim，2002)、企业异质性与区域产业演变(Okubo,2009;Okubo,2010)等。近年来,国际产业转移理论研究关注于产业转移效应(Kirkegaard,2007)、全球生产网络(Ernst and Kim,2002)、技术创新与竞争优势(Ernst and Kim,2002)等方面。

国内多数研究者对产业转移理论基础研究主要开始于 20 世纪 80 年代的中国改革开放时期,研究的领域也主要集中于产业转移的广义与狭义概念、省与省之间产生产业转移的动因与影响因素分析、产业转移中所产生的各类模式等方面。对区域产业转移的概念研究有广义产业转移概念和狭义产业转移概念之分。从狭义角度来看,产业转移概念可以理解为:产业转移是在国家间或区域间的转移,而造成这类转移主要是由于产品市场与生产要素市场之间的需求或供应产生了根本性变化,这些变化足以改变企业的内部循环,以促使企业获得更多的利润与收益。从广义角度来看,产业转移概念既包括产业生产环节,也包括产业研发设计、服务、营销等环节发生的转移,也就是说同一产业内部的区别层次、区别方式、区别规模、区别阶段的生产、销售、服务、研发等发生的转移(陈建军,2002)。尽管出现了诸如产业转出地的"产业空心化"、产业承接地的"产业转移污染"等消极影响,但区域产业转移的积极作用在实践中早已得到证实。转出区可以通过向其他地区转移边际产业来调整产业结构,促进经济增长方式的转变,而转入区亦可通过积极承接产业转移来实现技术进步、产业升级、增加就业,加快经济发展。同时,在产业转移概念、动因、模式等方面,学者们也作出了系统性探索,概念可参见侯泽华等(2021),动因包括工业智能化、政策优势逐渐减弱、劳动力成本攀升等(孙早等,2021),模式方面可参见侯泽华等(2021)。

自 2007 年起,中国东部地区与中西部地区间的产业转移活动异常活跃。总体而言,产业转移主要分为四大类别:其一,资源禀赋型,这种类型的产业转移依赖原材料的产地;其二,成本压力型,主要由土地成本、人工成本、原材料成本等原因驱动;第三,招商引资型,通过投资行为和资本驱动,为产业带来发展机会;第四,产业集聚型,由于产业聚集带来成本效率优势,也是产业转移的主要原因之一。此外,还有不同的转移模式,比如梯度模式,水平模式等(刘红光;王云平;季璐,2014)。

跨区域产业管理和产业规划是产业转移的重要前提(Bunte et al.,2018)。在概念研究上,梁碧波(2016)认为跨区域产业规划是指政府对特定跨区域产业进行空间布局的重新调整。类似地,跨区域产业管理主要涉及两地政府的政策规划和政策支持(高幸等,2021)。简言之,若两地产业政策协调一致且布局合理,就能实现资源的优化配置(Turkina et al.,2019)。在对产业转移的影响方面,多数学者依托飞地经济及"双转移"战略进行分析,如罗浩等(2015)认为在欠发达地区共建产业转移工业园并配套积极政策可以促进产业转移,其他学者也表示认同。

(2)产业转移动因研究

区域产业转移动因的研究,实际上都是着眼于产业转移为什么发生这一基本问题而进行的,即产业转移的动因分析。从广义上而言,这些研究或多或少地关注产业转移的动力机制分析与说明。大部分的动因集中在生产成本、土地成本、生产技术、产业结构等客观因素(邹篮等,2000)。在动因条件方面,基于区域差异互补以及要素充分流动,对利益最大化的追求推动了产业协同发展(汤长安等,2021)。其他相关的理论可参见卢根鑫(1997)等。

虽然国外区域产业转移理论没有用产业转移发生机制一词,但实际上其研究都是着眼于产业转移为什么发生这一基本问题而进行的,即产业转移的动因分析。从广义上而言,这些研究或多或少关注产业转移的动力机制分析与说明。自20世纪以来,众多研究对产业转移动力机制的相关理论进行了探讨,如产业区位理论、要素禀赋理论(Redding,2006)、产品和产业生命周期理论(Vernon,1966;Thompson,1966;Tan,2002)、企业迁移理论(Ortona,1983)。这些相关动因分析理论在实际过程中都对国际产业转移与区域产业转移等经济行为起到了很好的解释与分析作用。20世纪90年代以后,新经济地理学派为产业空间集聚提供了更为严谨的解释(Krugman and Venables,1995;Puga and Venables,1996)。越来越多学者开始研究企业异质性理论,并不断发展和变革这一理论。如Okubo(2009;2010)选择从交叉理论角度把异质性理论结合各个层次的新经济地理理论,从一个新的角度——企业的自我选择来研究区域产业转移的演进。通过对我国制造业进行实证检验发现,我国东部地区和中西部地区之间存在着显著差异。同时,这种差异性表现为不同类型行业间、同一行业内部以及不同区域间的不平衡变化。这些机制都具有一定程度的持续性、开放性。在制度研究中,Martin(2013)将"路径依赖"和"锁定"两种机制效应相结合,对转移动态变化过程进行了全面分析。

自改革开放以来,浙江的经济发展水平与工业化水平相比中西部地区要发达很多。因此,浙江市场的资源供给关系也因为受到经济、技术等发展水平的提升而受到影响与变化。比如在纺织产业中,浙江的纺织原材料、能源和劳动力等方面相对匮乏,导致供求关系不协调,进而提高了生产资料成本。成本的增加削弱了浙江纺织产业的国际竞争力,因此浙江省不得不考虑产业转移。综合考虑周边省份的情况,江西凭借资源和区位优势,成了浙江纺织产业转移承接地的最佳选择(黄晶磊,2014)。总的来说,产业转移对中国区域的产业发展与升级有着重要的意义,技术升级、生产成本、产业结构升级是主要的产业转移动因(尹佳音,2021)。在 2020 年新冠疫情影响下,国内外产业转移的推动因素也发生了一定的变化(Chris and Liang,2022),需求侧与供给侧两大方面都促进了产业的转移(白雪洁,2022)。

（3）产业转移机制研究

在区域产业转移机制研究方面,国内卢根鑫(1994)、李泽民(2007)、周江洪(2009)等对区域产业转移的动力机制进行了研究。陈建军(2009)首次探讨了在当时历史条件下中国产业转移的发生机制。他认为,可以从市场扩张和资源利用、产业结构调整的压力、要素边际效应的优化、企业家资源的溢出以及企业成长等方面来理解中国产业区域转移现象的发生机制与动力原因。王方方等(2011)研究了异质性企业选择的微观化问题,对影响区域产业转移的微观动力机制进行了有益探索。陈斐和张新芝(2012;2013)基于产业发展势能度量与分解,在区域产业转移发生机制的理论研究方面,作出了一些初创性的探索工作,建立两区域产业转移发生机制的理论分析框架并将其拓展到了两类地区的情形中。成群鹏(2023)研究了产业转移的动力机制,包括市场配置资源驱动、社会网络驱动、政府政策驱动等。

马涛等(2009)首次采用一套综合指标来评价产业转移承接能力。覃成林(2010)认为产业转移工业园作为产业转移的主要空间组织形式,实现了产业转移的集聚发展。王方方和陈恩(2011)研究了异质性企业选择的微观化问题,对影响区域产业转移的微观动力机制进行了有益探索;李占国和孙久文(2011)基于空间经济学视角,从产业转移的动因及必要的软硬件条件方面提出加速产业区域转移的途径。王守文等(2011)认为实现政府、市场组织和社会组织三类主体的合力是区域产业转移高效的关键。刘红光等(2011)利用区域间投入产出模型建立了定量测算区域间产业转移的方法,测算了中国 1997—2007 年区域间产业转移情况。郑鑫和陈耀(2012)使用"分散式转移"和"集中式转移"的阶段划分来描述产业转移的一般过程,借助一些空间变量,构建了基于区位论思想的两地区模型,分别讨论了在规模报酬不变和递增的假定下产业转移的实现条件和形式,发现地区生产成本并不必然导致产业转移的发生。

2.3.3　产业转移对转出地与承接地的影响研究

（1）产业转移对承接地发展的影响研究

关于产业转移对中西部地区经济与产业发展的影响,近年来的研究出现了很多新的观点。学者们主要讨论了承接地产业宏观布局、产业结构分布、产业升级迭代等相关产业发展问题。在产业布局上,刘友金(2013)研究了中国中西部地区承接沿海产业转移的空间布局。在产业结构上,区际产业转移对地区产业结构存在合理影响(刘满凤,2020),当技术互补时,产业转移会使被投资地区产业结构出现更替(周伟等,2021)。在产业升级上,承接地可以通过学习促进产业升级,实现"螺旋式"上升(周伟等,2022)。此外,区域产业转移对承接地技术发展与进步有正向与积极的推动影响(刘亚婕等,2020),具体与承接地经济、人力资本、创新水平有关(关爱萍等,2014)。但也有学者持否定观点,如周伟等(2022)。

区域产业转移对承接地的发展影响的实证研究是近年来众多学者所关注的热点之一。学者们关注到在进行区域产业转移时,承接地发生的技术进步往往是正向与积极的(多淑杰,2012;关爱萍,2013),并且产业承接效应(万永坤,2011;王建峰,2012;郝洁,2013)也是显著的。对于前者,在技术外溢效应方面,郭丽娟等(2013)、张国政等(2015)的另一项研究则较为一致地认为,欠发达地区承接产业转移比自我发展更有利于自主创新能力提升,事实也证明了这种逻辑。从产业承接效应来看,万永坤(2011)研究表明承接产业转移对欠发达地区产业结构的影响存在差异。郝洁(2013)针对欠发达地区产业承接地效应,进行了深入与全面的科学分析,然后提出观点:作为承接地在承接产业的同时,可能会受到要素注入、技术外溢、关联带动的正面效应,因此经济与产业也得到发展。但同时也要看到,由于我国区域经济发展不平衡,不同地区在资源禀赋和生产条件方面存在较大差异,因而承接产业转移对当地经济社会会产生一定程度的负面影响,如投资环境恶化、人才缺乏等,这都是显而易见的问题。风险大于收益,利弊共存,这些机遇与挑战也是承接地发展中不可避免的。欠发达地区在承接产业转移的过程中还会产生一些负面效应,如对转出地区与企业的技术依赖与承接产业所造成的环境污染(郝洁,2013);还要面对"低端锁定"等问题(刘友金,2012)。魏玮等(2011)的研究验证了"污染避难所"作用在区域产业转移中的影响,这种实际情况并不少见。

2010年,中国提出了纺织产业由东部发达地区转移到中西部地区的思路,并设置了转移承接示范区政策。最终事实证明,纺织产业转移不仅进一步提升了东部的纺织产业结构,还推动了中西部地区纺织产业的发展。同时,研究表明,纺织产业的转移政策在某种意义上全面推动了中国纺织产业的发展,同时发现中部的推动作用要明显高于西部,且招商引资对当地纺织产业发展有显著的促进作用(戴文雅,2021)。

(2)产业转移对转出地发展的影响研究

在产业转移过程中,通常情况下一般学者会认为产业转出会对转出地的环境有积极影响,而对承接地的影响理论上会是消极的。然而,研究发现,在产业转移之后,新建或迁移的企业由于承接地当地的政策与法规的约束,科学提升了自身的技术与水平,转承两地的环境水平都得到了提升(李梦洁,2014)。

2008 年的国际金融危机对东部地区的纺织产业带来不小的冲击,影响一直延伸到 2013 年。这 5 年期间,东部很多企业想通过产业转移来提升自己的国际竞争力,而事实证明,"西进"转移是可行之策(寻哲,2010)。

江苏省作为中国的制造业重点省份,其工业发展迅速。一方面,江苏省出现了大规模地向西进行产业转移的现象(王树华,2014);另一方面,江苏省也积极承接了国外转移过来的产业,从而提升了本省的技术水平、经济水平及居民收入水平(邵江好,2017)。

随着东部地区如浙江、江苏、福建、广东等省的纺织品产业向中西部地区转移的趋势越来越明显,产业的转出对转出地产生了积极的影响与推动作用。这是因为这些地区多余的生产资源得以重新配置,投入到其他更具潜力的发展领域。同时,东部地区对这些转出产业仍然保持主导地位(邱烨萍,2016)。

基于垂直专业化理论,学者对垂直专业化测算指标存在着与实际不符的假设条件(Koopman et al.,2012),做了逐步放宽和修正,并就国内增加值与国外增加值进一步分解问题,逐步形成一个崭新的统计框架,Koopman 等(2014)所做的研究即 KWW(Koopman-Wang-Wei)方法就是其典型代表。Kee 和 Tang (2016)对出口中的国内增加值占总出口的比率(DVAR, Domestic Value Added Ratio)进行了系统的研究,设计并构建了基本的理论框架与方法。国内的有关研究可参见卫瑞等(2015)和郭晶等(2016)。这些研究对分析我国产业转出地出口中本国含量是否提升,以及某些具体产业参与国际竞争的表现,具有重要的指导和应用价值。

2.3.4　产业转移对产业发展效率的影响研究

相关学者就产业转移如何影响产业发展效率也开展了相应的分析,认为产业转移过程中引起的产业发展效率受技术发展影响比较大,正是因为技术升级影响了产业发展效率。技术迁移受多种因素的影响,比如企业母国因素、转移企业自身因素、承接地的区域条件等。Choi(2011)通过对进入中国的近 500 家外资企业进行详细数据收集与深入分析,研究结果发现大部分外资企业母国情况对技术迁移表现出异质性的影响;Hatani(2009)和 Jindra(2009)认为转移企业在产业转移过程中,如果具有较强的自主权、话语权、主动权和技术能力时,对承接地会产生明显的技术迁移效应,同时研究结果还表明转移企业在母公司的技术嵌入深度与其在承接地的技术迁移效应呈负相关关系。转移企业的来源地对其技术迁移也会产生显著的影响（Zhang，2010）。Suyanto（2013）的研究验证了产业转移对承接地的技术升级的福利效应。产业转移引起的技术迁移也深受承接地的区域条件的影响。Saliola（2009）和 Damijan（2012）的研究认为，承接地的技术吸收能力对技术迁移具有重要影响，承接地技术吸收能力越强，产业转移过程中技术迁移的概率越大。除了受承接地技术吸收能力影响以外，承接地的区位位置、开放程度、营商环境等因素对技术迁移都会产生各层面的不同影响（Wei，2012）。

国内学者对因产业转移而带来的技术迁移的研究还相对较少，大部分的研究证实产业转移对承接地的技术进步具有正向的影响，但是产业转移带来的技术迁移和技术溢出与承接地的经济发展水平、人力资本水平、自主创新水平、金融发展水平有关。关爱萍和李娜（2014）等学者从承接地吸收能力角度出发，提出技术迁移存在"门槛"的思想，即中西部的经济发展水平、人力资本水平、金融发展水平等对产业转移产生的新发展，因而向东部水平趋近。类似的研究包括李伟庆等（2011）、关爱萍等（2013，2014）和马永红等（2015）。杨宏翔和于斌斌（2014）考察了浙江省纺织产业的转移情况，认为产业转移与承接不仅取决于两个区域的产量系数和资本系数，还与技术进步指数、生产力指数和技术转移相关。

陶长琪等（2019）探究发现，进行产业梯度转移后，因地制宜的地区产业布局与发展形势的变化，可能会使该地区取得最大的创新成果，但由于创新成果在转化过程中的复杂性，该地区技术创新的潜在水平与最终的实际技术创新水平可能存在差异。但也有研究认为，产业转移促进了承接地经济发展水平，但对承接地的技术进步产生负面影响（蔡绍沈，2013）。

东部地区，如浙江、江苏、福建、广东等省的纺织产业向中西部地区转移的趋势越来越明显，产业的转出对转出地产生了积极的影响与推动作用。同时，中西部地区也出现了纺织产业集群现象，但整体的效率相对比较低。在有序的发展过程中，西部地区纺织产业发展速度比中部地区相对要快（李军训和朱繁星，2015）。

从 2005 年起，东部地区的纺织产业在全国技术效率相关指标中占有主导地位。但从 2014 年起，中西部地区慢慢占据了优势，在纺织品产业领域取代了东部地区的传统优势地位（李双燕，2017）。

2.4　国内外研究述评

国外学者对区域产业转移的研究多以自由的市场经济制度为分析前提，其研究的针对性和实用性较强。而国内的研究,则要更多兼顾中国经济体制特色及其市场化发展进程、地区差异的协调,以及中国经济转型升级的政策和制度环境等。随着市场经济的不断发展,国内研究将能够更多地借鉴国际上有关产业转移的理论方法和技术手段,从而提供更多的支持。

上述研究为转出地与承接地产业协同发展提供了很好的基础,但是这些研究大多集中在已发生产业转移上,而对产业转移发生倾向性的研究却很少见,也较少涉及区域产业转移不同发生状态调控的理论分析与实证解释,特别是对产业转出的动态性及其对转出地与承接地产业协同发展的影响研究尚未有针对性的直接研究,因而仍存在以下不足之处。

一是对区域产业转移发生机制的理论与实证研究仍较为薄弱。区域产业转移产生机理研究缺乏理论化和系统化,多是以产业转移为背景的某种表现或某些方面的解释,未能充分阐释产业转移的发展机制;在实证分析中,对产业转出的倾向和可能性的定量研究仍非常薄弱。

二是缺乏产业转移发生的动态性研究及发生状态调控的相关研究。对产业转移发生动态性变化对转出地与承接地产业协同发展的影响研究有待进一步开展。这需要以促进转出地与承接地产业协同发展为基本出发点,对产业转移发生的动态性做进一步的解析,明确涉及的关键性因素及其与产业转移发生的关系,从不同角度综合研究产业转移发生的动态性对承接地、转出地产业协同发展的影响。

三是当前对产业协同的研究主要集中在跨产业间协同、产业内跨企业协同等方面,而对地理空间的协同研究开展较少。这需要对转出地与承接地之间构建产业链和生产网络的影响等进行系统的研究;并适当结合企业异质性分析与产业转移动态性分析,说明产业转移、企业迁移的地区选择对转出地与承接地产业协同发展的影响。

本书在理论探索与实证研究两个方面开展了实质性的研究工作,并基于产业转移理论与效率分析两个视角,针对浙赣两地的纺织产业跨区域转移展开研究。具体而言,本书通过偏离分析法对其产业转承的动因与特征进行分析与判断,运用数据包络分析法对两地产业发展效率进行计量,借助内部结构相似系数分析产业内部与产品结构,并最终运用系统动力学模型来解释两地的协同发展。总体上,综合考察了纺织产业转移发生的动态性、地区选择效应以及对转出地与承接地产业协同发展的影响。

第3章 理论基础与机制分析

3.1 纺织产业转移的动因与机理分析

3.1.1 产业转移理论与纺织产业转移分析

(1)推拉理论与纺织产业转移

19世纪80年代,雷文斯坦(E. Ravenstien)提出了"人口迁移的法则"的理论,该理论解释了包括"人口迁移主要偏向短距离迁移,目标方向是城市与经济中心"在内的人口迁移7条规律。20世纪60年代末,唐纳德(Bogue,1969)以此为依据,系统地提出人口转移"推—拉"学说,并从拉力与推力两方面来阐释人口流动。之后,Lee(1966)又发表了《迁移理论》,将这一理论引入中间障碍因素和个人因素的"推—拉"的理论中。人口流动是拉力与推力相互作用下,同时又受到中间障碍与个人因素的共同影响下综合作用的产物。第二次世界大战以后,迈德尔(G. Mydal)、刘易斯(Lewis)和索瓦尼(Sovani)都对这一理论做过不同程度的修改和验证。本书对纺织产业转移的研究是基于人口转移"推—拉"理论框架下进行分析与研究的。

与人口转移类似,纺织产业转移同样要有不同作用力才能进行。对转入地来说,一些积极力量促进了纺织产业的转移,但也有一些负面力量阻碍了纺织产业转移的推进与发展(丁凡琳等,2022)。对转出地来说,积极推动力量会影响并阻碍纺织产业转移,而负面力量却会推动并促进纺织产业转移。这些推力和阻力来自各种不同的方面,它们可能是政治原因,也可能是经济原因,又甚至是文化原因及其他不同的方面。

按照"移民人口学的理论"的观点,可将这些要素大致划分为四大部分,包括转出地要素、转入地要素、中间障碍要素和个人要素(孙早等,2021)。具体如图3.1所示,其中,转出地和转入地均存在推力因素(图中"＋"表示)以及拉力因素(图中"－"表示)。

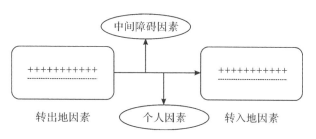

图 3.1　纺织产业转移影响因素

其中,对纺织产业转移具有促进作用的转出地所具有的推力和转入地所具有的拉力两个方面。这种推力与拉力主要表现为:第一,转出地所具备的产业要素成本较高、产业升级难和政策不够优惠的产业转出推动力;第二,转入地所具备的劳动力资源充足、生产成本较低、优惠政策较多产业转入拉力。从某种意义上来说,转出地阻碍力、转入地阻碍力都是纺织产业转移过程中的障碍力量(胡安俊等,2014)。另外,一些其他的相关影响因素,比如产业转承两地距离、转承两地语言文化差异等,也会对纺织产业转移决策产生干扰。对转移的纺织企业来说,其企业本身的一些因素也会对产业转移产生一定的影响,这些因素主要包括企业对承接地的认知、企业对承接地的相关评价以及与承接地当地政府的关系等方面。

纺织产业在转移过程中存在着多种影响因素,对纺织产业转移产生共同作用的多种因素形成合力,最后各因素又汇合为两大力量——推力和阻力(张倩肖等,2021)。如图 3.2 所示,X 轴表示纺织产业转移推力,Y 轴表示纺织产业转移阻力,Z 线表示纺织产业转移发生的临

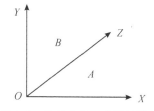

图 3.2　纺织产业转移推拉模型

界线。从图 3.2 的逻辑分析中可知,产业转移是否发生主要取决于 X 与 Y 这两股力量的比较,产业转移会朝着动力大的方向偏移。总体上,会发生三种情况:

第一种情况,当 X 轴的推力大于 Y 轴的阻力,即 $X>Y$ 时,纺织产业转移才有发生的可能,纺织产业从 A 转移至 B;

第二种情况,当 X 轴的推力小于 Y 轴的阻力,即 $X<Y$ 时,纺织产业不会从 A 转移至 B,而有可能从 B 转移至 A;

第三种情况,当 X 轴的推力等于 Y 轴的阻力,即 $X=Y$ 时,纺织产业在临界线 Z 上,这时候可能需要一些推力才能促使产业变化。

综上所述,我们可以判断纺织产业转移是基于多种纺织产业因素与宏微观

环境及多种综合作用力影响下的经济行为。在纺织产业转移方向上,纺织产业转移存在顺势转移和逆势转移两种类型(谢呈阳等,2014)。本书着重探讨顺势转移问题,主要表现为纺织产业在某一区域内最先得到发展和壮大,并形成了一定规模的经济。当纺织产业发展到一定程度时,伴随着生产要素成本上升,需求市场日益扩大和人力成本上升等众多因素的影响,纺织产业会逐渐转向其他比较优势地区。这种纺织产业转移表现为从行业的先发地区转向后发地区的趋势。

(2)产业级差与纺织产业转移

区域间经济发展梯度是客观存在的,而这一梯度是由主导产业差异产生的,具有产业级差。高梯度地区的主导产业正处在初创期或者成长期,通常会发生从劳动密集型向知识密集型过渡。原来以劳动密集型产业为主导的产业,失去了高梯度地区的比较优势,而沦落为边际产业,从而限制了生存空间。但低梯度地区的主导产业正处在成熟期或者衰退期,该地区劳动密集型产业还有发展的余地(刘友金等,2020)。主导产业位于区域间不同阶段,产业级差对产业转移具有转出区推力与承接区拉力(见图3.3)。

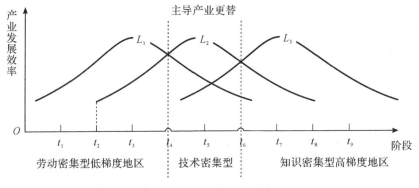

图3.3 主导产业更替

区域中纺织产业相对于其他行业的发展效率,能够反映出区域中纺织产业所具有的比较优势和行业地位。纺织产业由于高梯度地区要素禀赋和要素成本的限制,从产业发展效率来看,相对于其他行业,特别是新兴主导产业表现为低效率。这样就使纺织产业发挥作用的效率比较优势正逐渐消失,其地位也逐渐降低并退化为边际产业。而且新增资本向其他行业的转移也使纺织产业的生存空间变得越来越小,在低梯度地区,纺织产业以其优越的要素禀赋条件以及成本优势在区域内部相对于其他行业呈现出高效率的态势,纺织产业的发展具有更好的比较优势,并逐步在区域内部占据了更高的位置(汤维祺等,2016)。

通过对纺织产业内部的对比分析,发现我国东部沿海地区纺织产业的生产规模和技术进步速度高于中西部地区。但从产业内部结构来看,中西部地区劳动密集型行业占比较高,而东部沿海地区资本密集型产业比重较大。高梯度和低梯度地区纺织产业由于产业级差的存在,表现出效率的比较优势和产业地位的差异。这种差异在推力和拉力共同作用下,促使纺织产业从高梯度地区向低梯度地区迁移。

(3)产业利益差与纺织产业转移

区域间纺织产业受要素禀赋、规模经济等的影响不同,可能形成一种相对独立而又相互联系的产业链条和生产组织模式,这就形成了利益差(沈悦等,2021)。以利益最大化为出发点,地方政府和企业将在产业选择上展开竞争,从而导致了区域间产业分工与协作程度下降,这一利益差存在,推动了纺织产业转移。

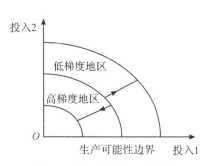

图 3.4　产业转移与要素禀赋

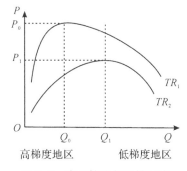

图 3.5　产业转移与规模经济

首先是要素禀赋。要素禀赋差异导致相同要素价格在区域间呈现不同层次。发达地区由于要素禀赋受限和要素成本上升,使得在边际产业要素投入下可达到的生产可能性界限内缩,投资回报率变低了。相反,欠发达地区由于要素禀赋所产生的要素成本优势,可以通过技术进步来提高自身技术水平,从而降低劳动与资本要素投入量,使得纺织产

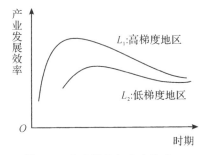

图 3.6　产业转移与生产技术

业所能够达到的生产可能性界限向外拓展,投资回报率提高。在追求利益最大化的基础上,企业更愿意选择在发达区域进行转移或转型升级。当纺织产业转出投资回报率较高时,承接区动机得以生成(王小腾等,2020)。

其次是规模经济。发达地区纺织产业生产在一定的规模扩张后,逐步陷入

了规模报酬递减的阶段。这时,规模的持续扩大,收益的提高没有规模的提高那么显著,甚至还会产生收益的减少。相反,欠发达地区纺织产业的发展,通常其规模较小。其产量正处在规模报酬递增的阶段,生产规模的不断扩大意味着收益能够得到较大提高。把发达地区纺织产业的过剩产能向欠发达地区转移,这不仅有助于发达地区在规模生产下实现利润最大化,而且有助于过剩产能在欠发达地区规模经济的影响下实现较高回报。在此过程中,纺织产业可以通过技术进步和管理创新等途径提高自身的技术水平,增强核心竞争力(刘友金等,2018)。同时,欠发达地区也可以利用先进的企业管理制度促进纺织产业技术创新和管理创新,从而产生纺织产业从发达地区向欠发达地区迁移的冲动。

最后是生产技术方面。在发达地区成长起来的纺织产业,得益于其文化、地理和历史传统,成为经济发展中的重要推动力量,具有较强的创新和研发能力。因此,其生产技术平均水平通常比欠发达地区更高。这种更高的生产水平,也使得发达地区的产品生产更趋于成熟和标准化。同时,通过关联产业的扩散发达地区的生产技术逐渐向欠发达地区蔓延,从而实现了纺织产业向欠发达地区的大规模迁移和承接。这一过程使欠发达地区和发达地区纺织产业在技术构成上具有相似性(戴翔等,2016)。生产技术优势和生产技术相似性对发达地区和欠发达地区纺织产业转移和承接起到了重要的促进作用。

3.1.2 原材料因素驱动纺织产业转移

纺织产业具有劳动密集、资源密集、能耗高的特点。因此,纺织产业归属于低效益、高排放的劳动密集型产业,但是,它同时又是我国经济中最重要的产业部门之一。改革开放带来中国经济快速发展的同时,也造成国内劳动力、原材料、能源耗费等成本的增加,给我国纺织产业带来了巨大冲击。各项原材料成本的增加提高了企业的生产成本,降低了企业毛利润,进而削弱了其在国际上的竞争力水平(刘燕等,2021)。在这一残酷的事实面前,只有通过技术创新来提高纺织产品的竞争力,才能在市场竞争中立于不败之地。因此,这类企业向低成本国家(地区)及中西部地区转移,是纺织企业求生存、求发展的必然抉择(崔建鑫等,2015)。

在国内,中西部地区拥有丰富多样的自然资源。与纺织产业相关的主要包括优质的蚕茧培育基地、麻种植基地、棉种植基地以及丰富的毛纺生产基地。这些优质的资源为中西部地区承接东部沿海转移过来的纺织产业提供了天然原材料供应基础。

3.1.3 劳动力因素驱动纺织产业转移

劳动力本身就是纺织产业发展的一个重要因素。不同产业区域的劳动力人数、质量及其价值等都是不一样的。由于劳动力的异质性,不同地区的劳动力质量与价格之间有着巨大差别。这些因素同时也导致不同地区间的纺织产业结构存在明显差别,进而使得产品生产在成本上存在着很大的差别。劳动力资源丰富、素质高、经济实惠的国家或地区,其经济发展水平相对于缺乏这些优势的国家或地区来说会比较快地进入一个新阶段,因而常常成为纺织产业转移目的地(孙威等,2015)。

一直以来,我国纺织产业能够繁荣发展都依赖于我国充足且低廉的劳动力资源。纺织产业的生产成本,特别是劳动力成本,成为决定我国纺织产业国际竞争力强弱的关键因素,是关系到纺织产业赖以生存和发展的一个重要因素(段小薇等,2016)。但是,我国劳动力优势正逐步消失,世界上有相较于我国劳动力成本更低廉的地区。因此,我国要提高纺织品国际竞争力就必须将产业转移到那些劳动成本较低的国家或地区,充分发挥当地劳动力优势,实现低成本竞争,并利用这些优势来降低成本,提高产品的附加值和技术含量,以提高中国纺织产业整体竞争力。

3.1.4 产业发展效率驱动纺织产业转移

不同区域纺织产业发展效率的差异是促使其产业相互转承的主要原因,也就是人们通常所说的区域分工效应。由于各地经济发展环境差异,从而对当地劳动力资源和土地等生产要素有着极大的需求差异,与之相对应的配套设施也有较大差异(刘振中等,2022)。因此,这些差异会影响到纺织产业向其他地方转移的可能性。甚至在同一个行业,转移到发达地区或落后地区后,一定会产生不一样的效率。发展效率差异化决定了纺织产业在各个区域之间的分布状况,最终实现纺织产业由低发展效率地区向高发展效率地区的转移。

在测度不同区域纺织产业发展效率方面,经常采用全要素生产率。全要素生产率就是生产活动在特定时期内的生产效率,或者说投入和产出之间的比例,主要有人力、物力、知识和信息的投入,财力和其他各类重要资源的使用成效,以及投入和产出之间比例关系是否合理。它是一个生产率指标,反映单位时间内总投资之和,它表示一个企业或行业整体经济增长和技术进步水平的综合评价指标体系,即总产量占所有要素投入量的比率。就经济增长而言,生产技术进步和管理创新同样会带来生产率的提高。生产率和资本、人力与土地三种主要生产要素之间存在着正相关关系,劳动和其他生产要素投入对经济增长均有促进作用(马艳等,2021)。以效率的视角审视,技术效率则是指在某一技术水平下单位产品或服务所消耗的全部劳动量,生产率相当于某一特定时期企业经济的产出和各资源要素投入之比。全要素生产效率既反映一个特定产业总体发展水平,也反映了该产业内部各行业之间以及部门之间技术结构和规模经济等方面的差异程度。它是科学技术进步在经济和社会发展中成效的全面反映,其测度指标主要包括技术进步率和规模收益水平两个方面,全要素生产率的提升是产业升级和生产力发展的结果。

3.2 纺织产业转移对转出地与承接地发展的影响分析

3.2.1 纺织产业转出与产业承接的界定

(1)纺织产业

纺织,是把天然纤维或者化学纤维经过一系列工艺工序处理成纱线、丝织品、线织品、绳织品、织物以及它们的染整制品等的合成工艺(吴爱芝等,2013)。纺织产业是一个完整的产业链,涵盖化纤、纺纱、织造、染整、服装制造、运营销售等诸多行业领域。纺织产业链比较长,它是覆盖多环节、多职能、多链条的整体性结构。

(2)纺织产业转出

纺织产业转出就是纺织产业原来所在地由于原材料、市场、技术以及人才等因素的变化而选择将企业搬迁到其他地方的一种行为,是为了实现产业继续发展的一种有效手段(叶茂升等,2013)。通常,选择纺织产业的转移方向与纺织产业自身发展所处阶段、主打产品特点、生产技术特性等因素有着密切的联系。同时,也会考虑未来市场的发展变化情况。由于纺织产业多属于劳动密集型产业,因而,劳动力资源丰富且便宜的地方是我国纺织产业转移的首选地。因此,大量的东部沿海地区纺织产业选择向中西部地区进行转移。本书选定浙江省作为纺织产业转出地。

(3)承接纺织产业转移

承接纺织产业转移也称纺织产业的承接,流行的说法是指纺织产业的承接地利用自己的区位、资源等先发优势和主观能动性来接受异地纺织产业的转移。在目前纺织产业转移趋势中,西部地区承接东部沿海地区的产业,大部分集中于劳动密集型的纺织产业,劳动力成本是其最为主要的驱动因素。西部地区富余劳动力多,同时又具备劳动力成本低的特点,能够显著降低东部企业生产成本,具有比较优势。除此之外,西部地区不仅具有较好的资源禀赋,同时还拥有各种有利于产业发展的中央到地方的相关优惠政策,因此大批沿海地区的企业向西部迁移(高顺成,2011)。但目前,受经济水平及工业基础的制约,西部地区在产业承接方面面临着产业配套能力不强、专业技术人才匮乏等问题与产业集群缺失等困境。这就要求政府在产业承接过程中扮演好引导、规划和服务的角色,在优化职能和提升产业承接效率的同时,进一步推动纺织产业的承接,是产业转移中重要的一个环节。本书选定江西省作为纺织产业承接地。

3.2.2　转出地与承接地的交互衔接

对于本书选定的浙江省、江西省而言,对两省不同时期纺织产业发展状况的对比,需要从纺织产业的转出、承接、转出地承接地交互衔接三个方向展开分析。为此,本书的后续分析具体参考了以下有关产业转移的动态性分析,具体参见图 3.7。

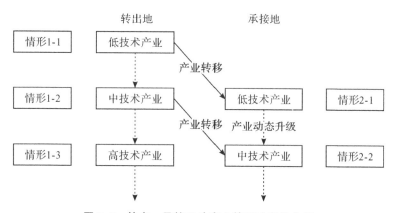

图 3.7　转出—承接两地产业转移动态性分析

从图 3.7 可以看到,对于转出地与承接地而言,纺织产业的发展存在着不同的情形。对于前者,通常可以根据图示的三种情形来说明;对于后者,主要考虑根据两种情形来说明。

对于产业转出地而言,存在三种情形:

具体情形 1-1　纺织产业转移之初,转出地处在产业链低端、效率相对较低的企业,率先呈现出转移、退出或者升级的态势;

具体情形 1-2　随着纺织产业转移的逐步推进,转出地处在产业链低端、之前效率相对较高的企业也开始呈现出明显的转移、退出或者升级的态势;

具体情形 1-3　伴随着转出地整体纺织产业发展升级,转出地处在产业链中高端的企业也开始出现向外转移的态势。

对于产业承接地,存在两种情形:

具体情形 2-1　纺织产业转移之初,承接地新增企业主要是处在产业链低端、效率相对低的企业;

具体情形 2-2　随着纺织产业发展,承接地新增企业中处在产业链中高端、效率相对高的企业比例在增加。上述不同情形的演变反映了转出地与承接地产业转移动态性。

3.2.3　纺织产业转移提升了产业发展效率

纺织产业的转移不仅为转出地与承接地之间的经济发展提供良好的外部干预与稳定机制,同时,也为承接地实现跨越式发展提供了一种可能的发展思路(罗勇等,2019)。从国际发展趋势来看,纺织产业的转移不仅可以极大地提高承接地的发展效率,而且可以更有效地提高资源的配置效率。在这样的发展趋势之下,如何有效地利用纺织产业转移所带来的新机遇和新动能,对承接地的经济发展方式和产业布局都表现出重要的意义(白雪洁等,2017)。

根据前文的推拉理论模型可知,在经济系统达到均衡时,各地区的纺织产业份额和发展水平是确定的,纺织产业转移的路径及其动态性也是可预测的,这为经济发展提供了目标导向。具体的研究方向在于研究纺织产业转移跨区域转移、集聚、产业发展效率的作用,以及最终对区域纺织产业协同发展的影响,如图 3.8 所示。

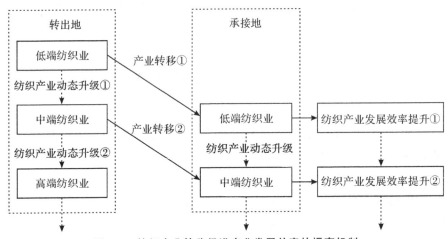

图 3.8　纺织产业转移促进产业发展效率的提高机制

产业发展效率提升、区域产业协同创新、区域资源优化配置描绘了产业协同发展的三个阶段。其关系在于,产业发展效率提升是产业协同发展的基础,要求产业转移带动转出地和承接地的产业发展效率同步提升,实现双赢(贺胜兵等,2019);区域产业协同创新则是产业协同发展的重要驱动力,特别是推动地区产业由较低水平协同向高水平协同的重要力量;区域资源优化配置是产业协同发展的最终结果,表明产业转移驱动两地产业协同发展由较低水平均衡转为高水平均衡。

3.2.4 纺织产业转移提高了产业专业化水平

不同区域之间的产业专业化发展水平都有各自的优势,各区域之间也因为竞争原因,经长期发展也培育了自身的产业专业化水平,即有了相对比较优势。转出地与承接地都有各自经济发展的内部驱动力,两地都会竭力去提升自己的产业专业化水平。从技术、土地、劳动力等各视角来看,两地都可能有各自的相对比较优势。一般情况下,转出地的纺织产业专业化有技术水平优势、市场信息优势等,而承接地相对转出地来说,拥有土地资源优势、劳动力成本优势,甚至还有政策优势。因此,随着两地专业化水平的不断提升,转承两地之间必然会形成专业化分工的特征,如转出地会把没有产业专业化水平优势的生产转移到承接地,保留那些对技术要求高的、附加值高的生产与经营活动,对市场有敏感要求的产业。承接地也获得了从转出地转移过来的生产规模,本地经济也获得相关的利益。最终,转出地与承接地各自形成了自己的产业专业化竞争优势,在协同发展的基础上,从相对优势角度形成了区域间的纺织产业专业化水平提升。具体解释请参见图 3.9。

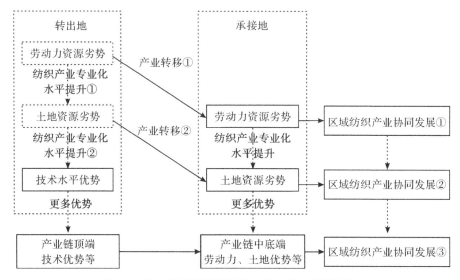

图 3.9 纺织产业转移促进产业专业化水平提高机制

3.2.5 纺织产业转移促进了产业协同发展

目前,我国纺织产业转移推动了区域纺织产业的协同发展,实现了由"单向度"向"多向度"转变。从产业协同发展的角度出发,通过对转出地与承接地纺织产业进行调查,分析转出地不同阶段上所表现出来的经济效应和社会影响、转出地开发与区域转移动态等问题(刘友金等,2021)。本书着重分析了三种情况下产业转出地产业转移的动态性。

首先,转出地为了实现"腾笼换鸟"而转出纺织产业,承接地为了引进纺织产业进而"筑巢引凤",推动了资源要素跨区域流动,促进地区纺织产业向更高维度的发展。对于转出地而言,可以将更多的资源转移至技术水平相对较高的产业,提高地区纺织产业技术水平。对于承接地而言,转入纺织产业是技术水平相对更高的产业,能够推动地区纺织产业高级化发展,从而提高纺织产业发展效率(戴向东等,2020)。同时,纺织产业承接地为了适应转入纺织产业的需要,会增加基础设施投入,带动纺织产业发展。

其次,转出地开展高技术纺织产业创新,承接地重在提高转移纺织产业的技术适配性,区域间产业协同创新水平提高。纺织产业转出地为了提高经济效率,会将更多的资源投入高水平技术研发,吸引高学历、高技术人才和资本集聚(孙志娜,2020)。纺织产业承接地则需要推动转入纺织产业更好地融入当地,开展纺织产业发展适配性技术创新,提高整体的纺织产业创新水平。

图 3.10 描绘了产业转移促进区域产业转移的作用机制。

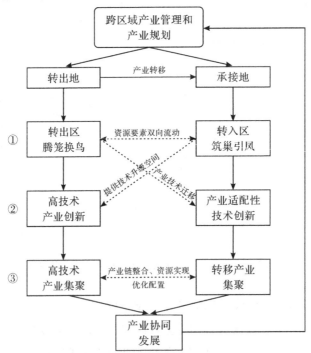

图 3.10 产业转移促进区域产业协同发展的作用机制

再次,纺织产业转出地高技术产业集聚,承接地纺织产业集聚,区域间产业链实现有机整合,资源配置效率提高。资源要素流动促进纺织产业转出地与承接地的纺织产业集聚。对于纺织产业转出地而言,主要是高技术产业集聚,产业承接地则主要是转入纺织产业集聚(王鑫静等,2019)。由于纺织产业转出地的高技术产业是建立在原有纺织产业技术上的,两者的纺织产业链得到整合,纺织产业资源在区域之间双向流动,得到优化配置,提高纺织产业发展的全要素生产率。

最后,根据纺织产业转移带来预期收益,两地政府为了实现既定目标,开展跨区域纺织产业管理和规划,进而对地区的纺织产业发展产生影响。两地政府对各自管辖范围的纺织产业发展具有目标导向,该目标对地区纺织产业发展具有指导作用。纺织产业转移是实现目标的手段之一,为了有效实现既定目标,政府间开展跨区域纺织产业管理和规划,从而对纺织产业转移产生重要影响,这种影响最终达到政府目标、纺织产业转移、区域纺织产业发展结构的均衡状态(雒海潮等,2019)。

3.3　转出地与承接地纺织产业协同发展机制分析

3.3.1　产业效率理论

随着经济水平的提高,效率评价已经成为日常生活中极为重要的一种认识活动。在经济学中,效率通常被解释为经济主体在利用资源禀赋实现价值最大化时,实现资源最有效利用的程度。对于一项经济活动而言,最重要的就是如何利用有限的资源创造最多的财富,效率的高低则是评价资源是否有效地利用的重要标准(陈凡等,2020)。

在《有效的主管》一书中,管理学大师德鲁克直接阐明效率这个概念的含义,即用对的方法做对的事情,同时指出效率和效能是两个不同的概念,效能则是单方面指正确的事。效率可用公式表述为:

$$效率 = 投入/产出$$

其中,投入是指进行一项活动的消耗,产出则是指通过该项投入所获得的结果。

图 3.11 是经济学研究中最常见的模型之一,表明在其他条件不变的情况下,一种可变资源劳动 L 的投入不断增加所带来的产量的变化。显而易见,随着劳动的不断投入,总产量 TP 在没有达到 D 点前都是逐步增加的,此时的劳动的边际效应 AP 也是大于 0 的,即此时劳动的投入对于生产来说是有效率的。随着劳动量的进一步增加,图中可以明显看出总产量 TP 开始呈现下降趋势,此

时的边际效应已经变成负数,即无效率状态。

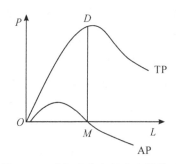

图 3.11 边际产出和总产出的关系

3.3.2 协同发展的基本原理

协同学理论,是借助统计力学理论,分析自组织系统如何从无序到有序,以及如何从低级有序到高级有序的演变过程。其核心是协同效应,即复杂系统的各子系统,通过彼此之间各要素的竞争与协同,使得整体系统产生新结构,实现超越各要素本身独立功能的复杂系统整体效用(罗良文等,2019)。而参与区域经济协调发展的各个地区根据自身优势与劣势,在以区域经济整体性发展为共同目标的基础上,主动自发地进行协同合作,对物质流、信息流和资金流等要素的交换方式和程度进行优化,实现优势互补,进而实现区域经济协调发展,呈现出明显的自组织特征。具体表现为,各地区处于平等公正的法律地位上,具备相当的自主性;而各地区之间的资源交流与合作又皆是基于其拥有的同一个目标,服务于区域全局发展,呈现出有序性;区域内各地区不是孤立地各自单独存在或者是简单地片面地进行合作,而是相互连接,相互作用,经常性地进行交流合作;随着连接和互动的强度和深度的不断提升,各地区拥有共同的系统目标,共同服务于区域经济的协同发展,并具备较强开放性(张建伟等,2018)。通过各地区间高强度的协作,极大地提高了各地区的经济创造能力。发达的交通运输网络提高了各地区间的交流协作效率,助力实现区域经济的可持续发展。

经济要素的协同发展实质是一个经济系统内各构成要素对该系统经济发展的协同作用过程,通过不同要素在经济系统内或独立或协同地流动,推动经济系统的向上发展。在经济系统建成初期,不同经济要素之间处于磨合期与障碍清除阶段,在此阶段发挥作用的协同发展原理也可认为是初级阶段的协同发展原理。在此阶段,不同经济要素在市场催化下,探索自身与不同要素之间协同发展的有效途径,协同各要素之间配比关系,加强经济系统内部各结构之间联系的紧密程度,推进不同经济要素之间由最初状态下的相对独立作用环节向相互协同状态演化,为后续不同经济要素的深度协同发展提供基础(史恩义等,2018)。随着经济要素协同程度的不断提升,不同经济要素之间所形成的各种协作关系与协同目标可以用序参量群来衡量。构成序参量群的各个生产要素对应的序参量预示着相应经济系统在未来一段时间的大概发展方向,随着群内各组成个体协同力度的加深,区域经济结构的新模式应运而生。

在初级协同原理指导下,区域内的初级协同经济逐渐向高级协同状态过渡。在经济要素的初级协同发展原理指导下,各经济要素之间协同程度不断提升。区域经济发展的过程要求对各经济要素的利益分配进行优化。不同经济要素之间的利益分配优化是区域经济系统发展到一定阶段所提出的必然要求。在区域经济发展过程中,经过初级协同阶段的匹配与磨合,各经济要素逐渐形成一种较为适应的经济发展模式。此时,不同要素的产出效率基本稳定,各经济要素或各经济系统之间的协作模式逐渐合理化,不同经济系统之间的关联发展程度得以较大幅度提升。当各经济系统间的协同发展达到一定高度时,区域经济发展的协同效应逐渐凸显,经济发展模式及成效将会发生颠覆性变化(赵峰等,2020)。区域经济发展走向高度协同之后,将对区域经济结构及资源配置的合理化情况作出反馈,进而推动不同经济组织及经济结构的逐渐优化。在此过程中,对不同经济要素的内在联系机制进行剖析,将显著加快经济要素协同进程;对不同生产要素的自组织过程进行分析,将加快由无序走向有序的过程,促进在多变外界环境下从无序状态向有序状态的平稳过渡,在无外界引导的状态下,使经济系统具备自调节能力,进而助力区域经济发展腾飞。

3.3.3　区域产业协同发展机制分析

本书将探讨不同区域产业之间如何通过要素竞争与协同,实现整体区域系统的不断优化与发展,这正是区域产业协同发展过程中的关键机制所在。区域产业协同发展机制的形成过程主要包括转出地的推力、承接地的拉力、区域间产业基础完善、区域间产业内部分工与专业化再到整体区域产业协同发展等五个方面。在这个过程中,推动区域之间产业转移的动力主要来自不同区域之间的经济势能差距。在区域经济势能差的推动作用下,产业在不同地区开始进行结构的优化与升级,同一产业开始在不同区域之间进行转移。在这个过程中,转出地与承接地的区域之间在地理位置、资源优势、基础设施与服务等方面要能够形成有效的衔接与互补。同时,两地区政府也要进行有效的政策支持与优惠,从而有效地实现区域间产业协同发展。吴丽娟(2023)认为产业协同是缓解区域发展不平衡的必然要求。

区域产业协同发展的前提是产业在区域之间产生转移,促使产业在区域之间发生转移的影响因素主要包括转出地对产业的向外推动力和承接地对产业向内的拉动力。在转出地,造成产业向外转移的推动力主要包括:各项生产成本的上升导致产业在本地区生产优势的下降,土地等资源的紧张导致产业的发展空间被压缩,以及产业升级所需要的产业结构调整。在承接地,吸引产业向本地区转移的拉动力主要包括:丰富的原材料供给所体现的成本优势,以产业发展为导向的各项基础设施与服务的提升,政府为了招商引资所制定的各项优惠政策,以及相对稳定的产品市场需求。

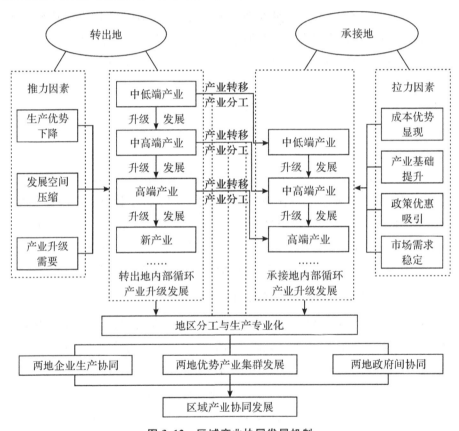

图 3.12 区域产业协同发展机制

如图 3.12 所示,在转出地的推力和承接地的拉力共同作用下,产业实现了区域之间的有序转移。但是,这仅仅是实现区域产业协同发展的基本前提,要实现区域之间的产业协同发展,还需要进一步完善转出地与承接地之间的基础设施与服务,以实现区域产业的专业化分工。只有实现了产业在区域之间的专业化分工,才能够最终实现区域产业协同发展。

产业从成熟发展区域向落后发展区域转移过程中,对产业基础设施与服务的要求是最基本的,两地区之间的基础设施与服务需要实现有效的衔接,特别是对于产业的承接区域来说,不仅需要提供各项硬件设施,还需要提供包括技术支持、金融服务、交通供给等各项软件服务(秦炳涛等,2018)。产业的区域转移是否有效实现,主要取决于产业转移以后的生产效率。如果产业转移后生产效率出现下降,则表示产业的转移是无效的;如果产业的生产效率保持不变甚至有所提高,则表示产业的转移是有效的。而对产业生产效率起着最基础作用的就是区域之间的基础设施与服务。

当前的区域产业转移不再仅仅是生产地点的简单变化,而是基于资本优势、原材料优势以及自然资源优势等因素进行综合考虑的结果(滕堂伟等,2016)。在这个过程中,不同区域之间的产业内部开始形成专业化的分工,并相互之间进行着有效衔接与传递。通常情况下,转出地产业处于产业链条的下游,主要是面向市场,侧重于技术、品牌等方面;而承接地的产业往往处于生产链条的上游,主要负责原材料、劳动力以及能源的供给。这种转出地与承接地之间的产业链专业化分工,可以有效提升整个产业链条的生产效率水平。

两地区产业的协同离不开两地政府的支持,通过政府的政策支持与引导,可以有效实现区域产业之间的衔接与转移,这不仅为产业在区域之间的转移与发展扫清障碍,也有力促进区域经济的共同发展。在实践的过程中,各地区政府应该相互配合与协调,从宏观层面把握区域之间的产业协同,避免出现产业的重复建设与恶性竞争,保护各区域之间产业的有效搭配,从而发挥产业之间相互协作的最大化优势、实现产业协同发展,带动整个区域的产业升级与完善、优化产业配置(唐根年等,2015)。

从以上的分析过程可以发现,在整体的区域产业协同发展机制过程中,转出地对产业向外转移的推动力和承接地对产业向内吸引的拉动力是实现产业区域协同的最基本前提。正是在这一推一拉的双作用力下,实现了产业的跨区域转移,而区域之间的产业基础设施与服务是推动产业区域协调发展的基础,只有具备完善的基础设施与服务才能够发挥出产业的生产效率,进而促进产业在区域间的专业化分工,实现跨区域的整体产业链条,达到最终的区域产业协同发展的高级形态。

3.3.4 区域产业协同发展的系统机制模型

区域之间的产业协同发展是依托于整个国内外经济大环境下的地区产业演化过程,是一个相对开放的系统,因此也更加容易受到来自内外部的各种因素的影响。在整个区域协同发展的过程中,逐渐形成了不同的相互作用的动力系统,进而推动着区域的产业演化发展(魏巍等,2016)。

通过系统动力学的思想来思考地区之间的整体产业演化过程,可以发现其内部是一个相当复杂的过程,各组成部分之间存在着各式各样循环的、连锁的以及滞后的作用关系。按照系统动力学的动态模型方法进行计算,无论何种按照指数增长的变量,都会以某一种或几种方式完成正反馈和负反馈回路(吴萌等,2017)。在正反馈回路的过程中,任何一种因素的增加都会导致后期一系列的变化,并最终使得初始因素在整个回路中变得更大;而负反馈回路的作用机制则恰恰相反。正是运用这一思想,本书构建出区域产业协同发展的反馈回路的整体框架,如图 3.13 所示。

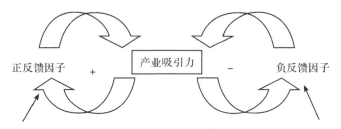

图 3.13　区域产业协同发展反馈回路模型

从区域产业协同发展反馈回路模型的整体来看,主要由正负两个反馈回路所组成。其中,左边显示的是该模型的正反馈回路,主要由包含产业配套程度、区位优势、基础设施、原材料优势等正反馈因子构成,而右边显示的是该模型的负反馈回路,主要由包含运输成本、土地成本、劳动力成本以及其他成本在内的负反馈因子组成(薛阳等,2021)。就具体而言,在区域产业协同发展模型中可以分为企业、产业与区域三个层面的子系统。

(1)企业层面区域协同子系统

从图 3.14 中可以看出,对于转出地来说,由于原材料价格不断上涨、能源供给不足、劳动力成本持续上升、土地资源出现紧张等外部因素的影响,再加上产业升级的需求、环保的要求不断提升以及企业自身技术的不断更新等内部因素的推动,在内外因素的合力作用下,推动着企业在区域之间流动。对于承接地来说,产业集聚的吸引力、较低的生产要素价格、优惠的税收政策以及完善的基础设施建设都在吸引着企业向本地区的转移,对企业在区域之间的转移起着正反馈作用(黄晶等,2020)。同时,大量的企业迁入对承接地起到了产业集聚的作用,也有利于承接地的 GDP 增长,进而可以进一步提升本地区基础设施建设,拉动本地区的产业升级。对于转出地来说,企业的迁出不仅可以缓解本地区各项资源的紧张,也为产业升级提供了足够空间与资源,有利于进一步提升本地区生产总值增长与产业升级改造。企业在区域之间转移过程中,政府的支持政策与对企业迁移提供各项服务的中介组织也起着巨大的推动作用,形成了促进企业转移的正反馈回路(张俊荣等,2016)。

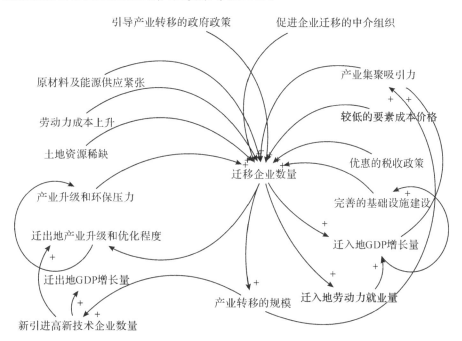

图 3.14　企业层面区域协同子系统机理模型

(2)产业层面区域协同子系统

在区域之间产业的转移机理模型中,共有一个水平变量、一个速率变量、二十五个辅助变量和一个常量。各变量之间的相互作用,共同组成了整个模型的正负循环回路(张晓娟等,2022)。先是大的循环回路,在企业转移的基础之上,不同的区域之间组成了整个产业流程的不同阶段,具体可以分为上游产业端、中游产业端以及下游产业端。对于上游产业端来说,主要负责原材料的生产与供给,进而为下游产业的生产做好准备;对于中游产业端来说,主要是负责整个产业的生产与加工,也是整个产业的技术核心部分,决定着产业的发展方向与质量;对于下游产业来说,主要负责产业的销售与售后,进而将产业的作用发挥到最大限度,也决定着整个产业价值的实现。产业机理模型内部的循环由各项产业细分构成,主要包括技术溢出效应、产业关联效应、政府促进效应以及区域协同的促进效应。这些因素的活跃程度越高,越有利于整个循环的稳定性(郭娜等,2019)。

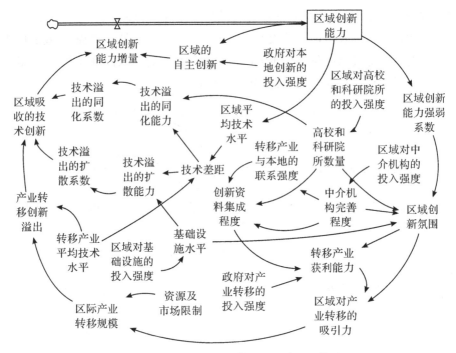

图 3.15 产业层面区域协同子系统机理模型

(3)区域层面区域协同子系统机理模型

对于区域之间的产业协同系统来说,地理上的毗邻与接近无疑是形成产业集聚的最重要的因素之一,正是因为在地理位置上相对接近,从而更有利于实现相关产业的支持与联系,进而提高区域之间产业内部的分工程度。这也有利于实现区域间产业供应商的专业化能力,进而实现产品信息的及时交流与共享(张昕等,2022)。区域之间的协同也有利于提高产业内部的专业化程度,通过提供更加专业的产业销售服务和售后保障,从而增加对顾客的吸引力,充分发挥市场潜在竞争力。区域市场的繁荣将有利于吸引外部投资,进而增加区域产业规模,进一步发挥产业集聚效应。在外部,不同的机会成本有可能会阻断产业集群的吸引力,这对整个循环系统带来的是负面效应;相反,产业的复杂性和多变性以及外部交易成本将进一步增加产业的专业化分工程度,进一步促进整个区域产业协同的大循环发展的进行。

从以上三个层面的区域产业协同发展机模分析,我们可以发现,在整个区域产业协同发展过程中,无论是企业层面、产业层面,还是区域整体层面,我们都需要整体把握产业的发展动向,从转出地与承接地两个方面来整体把握区域之间的协同发展,进而促进跨区域的产业专业化分工,延长整体的产业链条,实现最终的区域产业协同发展。

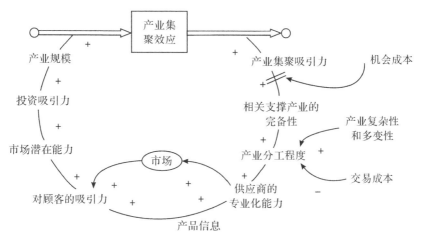

图 3.16 区域层面区域协同子系统机理模型

3.3.5 区域纺织产业协同的影响因素

从我国经济发展现阶段的基本国情和长期经济发展趋势来看,区域经济协调发展在各个方面的基础条件已经基本完善。

在政治方面,近年来,我国相继主导实施京津冀、粤港澳大湾区等区域协同发展战略。从国家政策层面来看,区域经济协调发展符合我国经济发展的宏观政策要求,获得了国家层面的政策支持。审批流程简化和各项优惠补贴等各项政策的出台,打破了区域内协作的制度壁垒(杨亚平等,2018)。

在经济方面,自实行社会主义市场经济以来,经济发展活力得到充分释放,经济总量不断提升。产业链上下游的配套设施建设日益完善,为协同发展提供了强大经济和设施基础。

在交通方面,交通运输为区域经济协调发展创造了优越的条件。各种交通设施的不断完善、交通运输方式的不断发展,提高了交通的便利性,降低了交通运输成本。这加快了经济发展的各种资源要素在区域内的流动,有助于从全局角度出发对区域内的各项资源进行重新配置,打破空间位置上的地域限制,提高资源置换和经济往来的便利程度,为区域经济协调发展提供了硬件设施基础。

在生态方面,自习近平总书记提出"绿水青山就是金山银山"的理念以来,我国对生态环境的保护和恢复投入不断加大,生态环境呈现可持续发展趋势。这为区域经济协调发展奠定了良好的生态环境基础,并提供了丰富的自然资源。

从上面的理论分析可以发现,在实现纺织产业协同发展的过程中,需要同时考虑到上层政策制定、各区域之间产业优化与转移、要素在区域之间的流动等各个方面。同时,还需要兼顾到各方利益的博弈、沟通与协调机制建设以及区域生态环境优化等多个领域。因此,如何做到纺织产业在区域发展过程中的协调、稳定与发展,本书主要从以下五个方面展开讨论。

(1)跨区域纺织产业协同空间

协同的基本要求就是构建一个相对均衡的长效发展机制,在确定区域内各种要素可以实现快速流动与转移,实现纺织产业的创新发展,这就需要为纺织产业在区域之间的发展提供一个相对稳定的发展空间。同时,还需要考虑这一空间的相对大小,过大的空间不利于纺织产业的聚集,而过小的空间又容易出现规模报酬递减,导致区域内的各方利益难以协调、资源流动出现阻碍(叶琪,2019)。因此,对于劳动密集型的纺织产业来说,区域的协同空间是直接影响区域内纺织产业系统发展的稳定,并且会干扰纺织产业上下游衍生产业的发展,而决定纺织产业协同空间发展的因素主要包括市场空间大小、转移空间链接和承接地空间大小。

(2)跨区域纺织产业协同成本

跨区域之间的产业实现协同发展的基础是获取相关利益,只要区域协同所获得的利益高于不协同的收益,那么就可以实现区域之间的产业协同发展,因此,在推动区域之间纺织产业协同发展的过程中就需要考虑相关成本因素。借鉴科斯的交易费用相关理论,正是因为价格机制和市场行为的存在,导致协同交易在整个市场交易过程中是相对稀缺的,而在追求协同发展的过程中就需要考虑各种成本,如诱导区域产业协同发展的成本、推动产业在区域之间协同发展的成本、制定区域产业协同机制的成本、监督市场行为的成本等,这些都会在整个协同机制的约束中产生(田学斌等,2022)。

针对协同的成本主要可以分为两大类,分别是交易成本和机会成本。从交易的视角来看,在考虑实现利益最大化的前提下,各个纺织产业主体就会考虑纺织产业在跨区域之间的交易是否会大于在单一区域之间交易的收益,在纺织产业进行跨区域交易的过程中,就需要考虑产业要素在区域之间流动的运输成本、摩擦成本和管理成本,这也是制约纺织产业跨区域协同发展的主要成因(王恕立等,2017)。从机会成本的视角来看,纺织产业内部的人力、资本和技术在实现跨区域流动的过程中,各区域之间的收入差距就会促使相应机会成本的产生,而机会成本越大,所需要获得的收入补偿就会越大,协同的动力就会越小。

在纺织产业生产的过程中,影响生产效率最大的就是生产成本,这主要是因为纺织产业不仅属于高劳动密集型产业,同时也是高资源依赖型产业。在纺织产业的日常生产过程中,不仅需要大量的熟练工人,还需要大量的原材料以及各项能源的消耗。因而,劳动力、原材料以及能源的成本价格将大大地影响纺织产业的生产效率,进而决定着纺织产业的生产效率。通过对浙赣两省间纺织产业转出与承接动因分析,我们发现推动浙江省纺织产业向外转移的主要动因就是当地的劳动力开始出现短缺、原材料价格高涨、土地资源紧张以及电力供应不足等。正是由于这些生产要素成本的上升,企业的生产成本不断增加,进而为了保证产业生产效率,企业不得不进行战略转移(秦炳涛等,2019)。而与浙江省恰恰相反,江西省承接纺织产业转移的优势正是由于自身劳动力资源丰富、土地供应充足、原材料资源丰富以及电力价格便宜等因素,从而成为纺织产业转移的理想选择。受原材料价格上涨的影响,为了保证产业生产效率,纺织产业开始逐步向生产成本较低的区域转移。

(3)跨区域纺织产业协同能力

所谓区域产业协同能力就是指地区在推动各产业在跨区域之间发展的能力,主要包括地区的财政实力、经济发展水平、技术创新能力以及整体产业结构水平等,且各影响因素存在着相互影响、彼此支撑的关系。

一个地区的财政实力水平决定着该区域相应的基础设施完善程度、公共服务配套情况、创新平台建设能力以及对相应人才的吸引能力等各个方面。而这些方面又进一步地影响着纺织产业在跨区域发展过程中内外部规模经济是否存在和大小,进而实现区域经济发展的整体状况。地区的经济发展水平是一个地区经济实力的整体表现,也是纺织产业在跨区域转移之后整体产业效率能否获得有效发展的前提,只有地区经济发展水平能够有效地适应纺织产业在跨区域转移之前的发展水平,才能够有效推动整体区域的发展(杨励等,2020)。技术创新能力主要是指地区的整体创新发展动力,也是推动地区经济发展的持续原动力,这也为纺织产业在跨区域转移后有效实现持续发展提供动力。地区整体的产业结构水平更好地体现出地区的产业优化能力,只有合适的产业结构才能够有效地承接跨区域纺织产业转移的发展,进而持续推动整体经济活力的发展。

纺织产业在对外转移的过程中,对承接地基础设施建设非常重视,这主要是因为纺织产业的转移主要是为了有效进行产品的生产与销售,而一个地区的基础设施是否完善以及基础服务是否到位对纺织产业的有效生产影响巨大(孙浩进等,2022)。为了有效推动或者承接纺织产业的转移,转出地与承接地政府通常都会在政策、技术以及人员等方面给予大量的沟通与协调,确保纺织产业从转出地到承接地可以实现生产的顺利衔接,这就要求两地政府对两地的基础设施建设进行有效的协调。一般来说,转出地基础设施相对比较完善,承接地的相应设施会比较落后,而为了有效承接纺织产业,承接地会不断提升本地基础设施建设,朝着转出地的标准努力,甚至为了实现纺织产业的长效发展,基础设施的建设和基础服务的供给会进一步发展(安永景等,2022)。在浙赣两地纺织产业转移的过程中,江西省为了有效承接来自浙江省的纺织产业,江西省政府先后组织相关人员到浙江省进行考察学习,以浙江省的基础设施标准来指导本地区纺织产业工业园区的建设,部分地区还邀请相关技术人员到本地区驻场指导,从而实现了两省纺织产业园区的基础设施建设和基础服务的有效协同发展。

(4)跨区域纺织产业协同制度

纺织产业在不同区域之间的转移,只有保证个体产业主体的利益最大化才能够有效实现产业在区域之间的协同发展。对于跨区域的产业转移,这就涉及不同的行政区域与制度差异,如何才能够有效实现跨区域之间产业的协同发展,并有效保障产业主体利益,这就需要从上层出发,制定统一的纺织产业协同制度(冉启英等,2019)。在制定跨区域纺织产业协同发展的保障机制过程中,我们需要从两个方面来考虑:一方面要保障跨区域纺织产业要素的流动,不能对相应的资本、劳动以及技术转移产生阻碍,特别是承接区域要做好对各项生产要素的承接与有效利用;另一方面要综合考虑跨区域转移的各方利益,以利益主体为导向,带动地区纺织产业主体的协同配套服务,最终实现跨区域转移的纺织产业利益主体的整体收益最大化(宋晓玲等,2023)。纺织产业协同制度是对生产活力的保障,制度越完善,就会产生更加活跃的、规范的、顺利的协同过程,进而实现纺织产业跨区域协同的发展。

(5)跨区域纺织产业协同创新

对于产业来说,创新都是实现产业发展的原始动力,只有推动纺织产业持续不断地创新发展,才能实现纺织产业在跨区域转移的过程中保持持续的发展活力,进而实现纺织产业在跨区域过程中的产业协同与升级转型。通过纺织产业在跨区域之间的协同创新发展,进而带动整个区域内的纺织产业的协同发展,促进纺织产业要素合理流动(豆建民等,2018)。

关于纺织产业区域协同创新,主要包括两个方面:一方面是创新环境。只有创立良好的区域纺织产业创新环境,搭建创新平台、促进创新资源投入、培养创新人才等,营造合理的区域纺织产业创新环境,才能够有效发挥出区域纺织产业协同发展的创新活力(周泽康等,2020)。另一方面是创新绩效。对区域内纺织产业创新行为要进行有效衡量,进一步激励创新行为。因此,需要建立有效创新考核机制,用来吸引更多的人力、资金、市场主体等资源的进入(孙继德,2022)。

　　产业的有效发展取决于产业的生产技术。生产技术越趋于成熟,相应的生产效率就会越高,从而产业获得超额利润,实现产业的快速发展(刘满凤等,2018)。这五年来,各行各业都越来越重视技术的创新,纺织产业虽然是传统劳动密集型产业,但是,也在不断进行着技术的更新与探索,越来越多的企业开始将产业的发展转向自动化生产,并不断朝向智能化方向努力。纺织产业在转移过程中,为了保证自身生产效率水平不变,通常会将生产技术从转出地带到承接地。这不仅有利于推动转出地纺织产业技术的升级,还可以带动承接地的纺织产业技术的发展,从而实现两地区生产技术的不断趋同(毛广雄等,2015)。通过对浙赣两省纺织产业产品结构相似系数的计算,发现随着浙江省纺织产业向江西省转移进程不断推进,两省纺织产品结构的相似系数不断趋同,这说明两省纺织生产技术正在不断靠拢,也正是为了保持纺织产业效率的稳定,促进了两省纺织产业技术的不断趋同。

第4章 浙赣两省纺织产业转承动因与特征分析

改革开放后,中国纺织产业先后发生了三次大规模的转型与转移。第一次为20世纪80年代初纺织产业由新型工业化国家转移到中国。当时国内市场的紧缺和需求的饥渴吸引了国外产业资本的流入,但由于政策制约,产业转移的现实规模受到限制(刘友金,2019)。第二次为20世纪90年代前期,随着我国社会主义市场经济体制逐步建立,外资引进不断增加,纺织产业逐渐成为投资的重点行业之一。我国也开始有限度地向外资开放零售市场,带动外资投资纺织商贸,同时带动国内资本投资纺织产业,尤其是服装加工业。由于结构性过剩,以纺纱织布为主的国有纺织企业开始大量流向二三线城市,形成了一批新兴的产业集群。第三次为2003年以后,中国纺织产业再次掀起新一轮大规模的转移浪潮,并且取得阶段性成果。目前,中国纺织产业正从传统制造业向现代服务业转型,进一步发展成为全球最大的纺织生产基地(孙慧文,2017)。进入新世纪后,随着中国加入世贸组织,纺织产业的转移方式更广泛、更深入、更多样,其内涵也更丰富。

我国纺织产业转移就形式而言,前两次转移以我国承接国际纺织产业转移为主,或者由国外向沿海地区、由沿海向内陆的纵向转移为主。到目前为止,在我国中西部地区出现了三次承接国际纺织产业转移的浪潮:第一次以江苏等地为代表;第二次以广东为代表;第三次以浙江等地为代表。这些转移均具有一定规模,但发展不均衡,且呈波动状态(张玉等,2011)。第三次既包括承接国外转移并流向内陆,也包括中国企业承接海外发展中国家、欠发达国家产能转移并逆向流向发达国家。

应当注意到,第三次纺织产业转移的背景发生了巨大变化,它与历史上常态化的纺织产业转移有所不同。它是全球化和贸易自由化大环境中的产业转移,也是复杂的国际政治环境中的产业转移,更是"一带一路"倡议推动下的产物。这种新趋势对中国纺织产业产生巨大冲击,给中国纺织产业带来机遇的同时，又使其面临挑战。如何应对这些挑战，成为当前迫切需要解决的问题。笔者认为，三次纺织产业转移都具有不同特点：一是经济特征，二是空间分布差异显著，三是发展趋势不一致，四是政策导向不同(罗莹，2017)。这也决定了纺织产业第三次转移在内涵和方式上也有了显著改变：①已经不是单纯的梯度转移——资本密度、技术密度较大的转移到密度较小的区域或者国家；②尽管劳动力成本对产业转移有显著影响，但是已经不再是转移的绝对量；③产业转移与转出地和承接地产业升级紧密相关；④并非传统先进国家会把落后技术、产能转移到低发展国家；⑤产业转移更多受到市场需求端的买方而非单纯的生产端资金、技术等要素的拉动。

此次产业转移出现的新特点，对产业转移理论与实践探索提出了质疑。我国经济发展正处于从高速增长转向中低速增长的"三期叠加"时期，这种阶段性变化也决定了我国产业转型升级进入关键阶段。同时，中国纺织产业作为传统产业在国际上具有很强的竞争优势，面临着前所未有的机遇与挑战。因此，深入认识和解析新常态下产业转移的内涵和特点，尤其是对新时代背景下中国纺织产业转移总体动态进程的梳理，对于正确树立企业和产业承接产业转移战略目标、优化承接产业转移路径、成功推动并引领全球纺织产业转移具有十分重要的理论意义和现实意义(陈国生等，2018)。

4.1　中国纺织产业转移态势与特征

4.1.1　纺织产业转移的国际态势分析

18世纪中叶，蒸汽动力技术的出现以及珍妮纺纱机等发明，使生产方式与生产关系都发生了变化，生产力得到了极大解放，第一次工业革命由此而开始。纺织产业作为工业化的支柱产业之一，在城市现代化进程中发挥着重要作用，并逐渐演变为各国经济发展的主流产业和经济发展的"弹射器"，对其他行业产生深远的影响(吕晓芸等，2015)。自20世纪70年代末以来，随着信息技术革命的兴起，以计算机为核心的微电子技术、生物技术和新材料等高新技术迅速突破，并广泛应用于纺织领域，这不仅使现代工业结构发生了重大变化，也引发了产业结构的深刻变革，推动纺织产业进入第二次工业革命阶段。目前，第三次工业革命正在到来，纺织产业从发达国家、新兴工业化国家向发展中国家和欠发达国家转移，已成为工业革命以后的主要潮流，促进了世界经济递进发展(刘志彪等，2021)。

在过去30多年间，纺织产业始终走在我国改革开放与市场化的最前沿，是我国社会进步与经济发展、累积资本与外汇、巩固工业基础、繁荣市场、惠泽民生的中坚力量。随着中国承接国际产业转移,国内纺织产业迅速崛起,形成了以沿海工业区为依托的新兴产业集群和创新基地,并逐步成为中国重要的纺织制造中心之一(牛力娟,2020)。随着全球经济一体化的不断推进,纺织产业也开始向更高阶段迈进,从最初的以生产产品为主转向为满足消费者需求,提供全方位服务。全球纺织格局发生重大变化,世界纺织品贸易规模不断扩大,国际贸易结构不断优化,竞争日益激烈,矛盾日益突出。进入新世纪以来,随着中国加入世界贸易组织及多纤维协定的生效,全球纺织业正面临着贸易自由化的挑战。作为纺织大国,中国也面临着纺织产业结构重组和升级的压力,同时要在世界纺织贸易中应对激烈的竞争。全球产业转移呈现出新的格局(蒲清平等,2020)。

2008年美国次贷危机所引发全球金融海啸的余波尚未平息,欧债危机还在持续,国际金融环境持续恶化,对实体经济造成了沉重打击。欧美市场长期不景气,更使以加工出口为主的沿海纺织企业面临困境。随着后金融危机时代全球经济复苏步伐加快,中国经济增速明显放缓,内需不足成为影响我国纺织行业发展的主要障碍。同时,国际贸易保护主义抬头,发达国家对我国纺织品采取配额限制措施。这些因素都严重制约着中国纺织产业的进一步发展。在"中等收入陷阱"和劳动力、原料成本上升的双重压力下,我国纺织产业面临严峻挑战(秦炳涛等,2018)。当前,我国正处于转型升级的重要时期,必须作出正确的战略选择。积极承接产业转移,走纺织强国之路是解决这一问题的关键路径。"新丝绸之路"和"新丝绸之路经济带"建设,以及自由贸易区的推进,不仅提升了中国在国际经济政治中的地位,也加快世界贸易格局调整和中国产业的重新布局,推动中国经济步入新常态。在此背景下,中国纺织经济发展到新的阶段,纺织产业也随之展开新一轮的转移。

作为全人类民生产业的全球纺织贸易规模增长态势不会变,纺织品服装多样化与高品质需求持续增加,纺织品服装产业从发达国家到发展中国家再到欠发达国家梯次转移现象依然存在,劳动力及其他因素成本仍然是产业转移过程中的主要驱动因素,然而市场需求结构变化与消费倾向变化使得非价格因素已经开始发挥更大作用(任君等,2021)。

我国是全球纺织品生产大国。在全球纺织贸易规模持续增长的态势下,中国纺织还将长期保持比较优势,后配额时代全球纺织订单集中于中国这一综合优势供应国的局面依然存在。面对这一形势,中国纺织产业要实现可持续发展,就必须走"科技兴纺"之路,依靠科技进步增强中国纺织企业核心竞争力(施晓丽等,2021)。目前,中国纺织产业已具备一定的技术创新能力,但整体仍较为薄弱,不过后发优势明显。一方面,中国拥有辽阔的国土、深厚的文化底蕴以及快速增长的内需市场,同时国际新兴市场也蕴含着巨大潜力,这些都为中国纺织产业的持续发展注入强大动力。另一方面,区域性自由贸易区为中国纺织提供更多的战略选择。此外,非制造业(如现代纺织新领域、新市场)以及纺织价值链中高端时尚品牌研发(如纺织制造服务业)等,都为纺织产业腾挪跃迁及转型升级预留了时空。

总之,以转型升级为依托的产业转移对于中国纺织产业来说并非一种无奈,而是一种主动战略。它是促进我国纺织工业发展方式转变、提升竞争力、实现可持续发展的必然选择。因此,必须以科学发展观为指导,加快实施"走出去"战略,同时也要注意防范风险,防止盲目性。加强引导、规范管理、合理布局、积极承接、合作共赢是产业转移转型发展的主要战略与措施。以产业转移为抓手,进一步优化中国纺织产业布局,发挥各地专业特色与比较优势,彻底扭转同质化低水平竞争;构建若干新型产业集群、集成化贸易平台、技术创新与研发基地、先进制造业走廊与高端时尚品牌中心;提升中国纺织全球产业链地位与提升价值链治理能力,调整经济结构并着力优化纺织产业结构、产品结构与市场结构;以产业承接为抓手推动我国纺织清洁生产与循环经济发展,并践行平衡、协调与包容性发展。

4.1.2　国内纺织产业转移态势分析

产业转移是经济发展的自然产物,就世界纺织工业的发展过程而言,近代纺织工业源于英国,在美国、德国、法国兴起,然后向日本转移,继而向我国香港及台湾地区,以及韩国等新兴亚洲工业化国家迁移。目前以中国为首的亚洲发展中国家,纺织工业已逐渐兴起,并形成新兴的世界纺织工业中心(王维平等,2021)。

始于 20 世纪初叶的纺织产业踏上了国际转移之旅,历经近百年多次转移后,全球纺织中心逐渐向巴基斯坦和越南等发展中国家迁移。而在这一过程中,中国纺织行业一直扮演着重要角色,尤其是改革开放以来,纺织工业更是取得举世瞩目的成就。目前,我国已成为全球最大的纺织品服装生产国和出口国,纺织工业对经济增长有巨大推动作用(王艳红等,2017)。纺织产业属于劳动密集型产业,劳动力成本低、利润高、市场潜力大、前景广阔。中国纺织产业的发展与中国承接国际产业转移的历史紧密相联,尤其在 20 世纪 90 年代中期,中国东部沿海地区纺织产业发展受益于国际纺织产业转移。

从纺织产业区域发展和转移的特点来看,中国纺织产业发展可大致划分为以下四个阶段。

第一个阶段:1949—1978 年,初步平衡发展阶段。这时,中国经济相对落后,纺织工业发展处于低级阶段,各地纺织产业发展与其区域资源禀赋息息相关(王志勇等,2014)。

第二阶段:1979—1991 年,承接国际纺织产业转移初期。中国东部沿海地区利用区域优势,积极利用外资,特别是港澳台的资金在承接国际产业转移中抢占先机并率先大力发展纺织产业(吴宣恭,2021)。

第三阶段:1992—2001 年,随着我国社会主义市场经济体制建立和承接国际产业转移制度的不断完善,我国已经步入承接国际产业转移高速发展的时期。随着外资企业在我国的迅速发展,对其进行了全方位、系统化的管理。受国家优惠政策、吸引外商直接投资以及承接国外产业转移等因素影响,我国东部沿海地区,特别是珠三角和长三角地区,充分利用区域优势发展外向型经济,纺织产业取得了长足发展,其增长速度明显高于中西部省份(严立刚等,2020)。

第四阶段:从 2001 年到现在,我国加入 WTO 以后,伴随着纺织服装协定一体化进程的推进,多纤维协定的夭折加快了国际贸易自由化进程,纺织产业国际转移步伐明显加快。2010—2015 年,我国经济进入新常态。经济增长由高速转为中速甚至低速运行,国内消费需求下降,外贸增速放缓,对国内产业形成很大冲击,纺织产业面临巨大挑战。中西部地区由于产业基础薄弱、劳动力资源优势不明显等原因,其作为重要的生产要素投入纺织产业中的能力远远落后于东部地区和中西部地区。从政策上看,国家还在"十一五"规划中明确提出"促进纺织产业梯度转移"(于化东,2020)。

尽管历经三年疫情的艰难困苦,中国纺织产业依然稳居全球龙头地位。中国的纺织生产规模稳居全球第一,且拥有最完整的纺织产业链和最丰富的纺织产品门类,是全球最大的纺织品出口国。《中国纺织工业发展报告》显示:1978 年我国纺织产业工业总产值为 473.2 亿元,至 2016 年我国规模以上企业主营业务收入达到 40844.21 亿元,在我国规模以上工业中占有重要地位,剔除通胀率和未考虑统计口径引起的变动与影响后,增幅接近 90 倍,2020 年我国纺织品服装出口达到 2990 亿美元,比 1978 年增长 130 倍,在我国出口总额中的占比为 12.9%,整个产业净创汇达到 2419 亿美元,在国内出口总额中占比为 57.1%,在国际上处于领先地位(詹花秀,2021)。经历三年疫情的 2022 年纺织品服装出口仍达到 3233.5 亿美元。

对中国纺织产业国际竞争力的长期分析表明,其发展初期主要依托人口红利,包括劳动力禀赋、丰富的土地资源以及原材料和自然资源。这些优势推动了纺织产业在最初的二三十年间实现了快速发展。经过改革开放以来几十年的快速成长,中国已经成为世界上最大的纺织生产国和消费国之一(张倩肖,2021)。特别是从 20 世纪 90 年代中期起,中国纺织工业进入高速发展期。目前,全国共有 13 个省区市拥有纺织印染企业 3000 余家,产量位居全球第一,产值则名列全球第三。但近几年随着长三角、珠三角等发达地区劳动力成本上升和资源环境压力加大,我国纺织产业的效益增速明显放缓,甚至出现下滑趋势,其国际竞争力也随之下降。与此同时,国内纺织产业劳动力平均成本却在不断上升,尤其是沿海地区的纺织产业平均工资已达到 2.65 美元/小时,高于东南亚(越南)、南亚(巴基斯坦、孟加拉国)及部分新兴纺织品出口国的平均水平 0.8 美元/小时,两者平均成本相差 2.3 倍。根据国家统计局的数据,2011 年后,我国纺织产业工业增加值的增速一直在减缓。2017 年,规模以上纺织企业的工业增加值出现负增长,增幅较 2016 年同期有所下降(周庭芳等,2021)。总体来看,中国纺织产业在国际上的地位依然保持着沉稳的发展态势,尽管面临一些波动,但也迎来了重大机遇和挑战。

4.1.3　当前中国纺织产业转移的特征

(1)凸显"双向转移"趋势

在 2008 年国际金融危机的全面影响下,中国的纺织产业转移和升级开始逐步出现新的变化形式,不再是简单地从产业发达地区转移到产业落后地区,也不再是从某一地区完全地转移到另一地区,而呈现出"双向转移"现象,也就是我国东西南北各个区域之间互转。

在东部沿海地区,由于当地的土地、劳动力、电力以及生产原材料等要素价格的不断上升,纺织产业的生产成本开始不断上涨,进而利润空间被不断压缩,有的甚至出现亏损现象,特别是中小企业甚至面临破产的风险。中西部地区作为中国重要的原材料产地,拥有丰富的劳动力资源,且人力成本低,是我国纺织产业区域内进行结构调整与转移升级的首选之地。在此背景下,许多有实力、规模较大的民营企业纷纷向西部转移。据有关部门统计,目前中国已形成 10 万多家服装加工企业,约占全国服装行业总量的十分之一,年出口近 200 亿美元。服装业已经成为中国经济重要支柱之一,同时纺织产业又是劳动密集型行业。但这时,因劳动力的异质性,纺织产业承接地没有适合企业发展的技术和管理人才,在当地培养就无法及时解决当下困境,只能够从外地引进合适的人才,而这些引进人员又需要配套相应的住房、子女教育和文化娱乐,人才引进成本过高,从而造成部分企业成本没有下降反而上升。

随着当前国内外经济环境的变化,产业链与区块链等新兴发展形势逐渐显现。一部分纺织企业顺势而为,将部分劳动密集的生产加工环节向外转移,形成跨越区域的纺织产业链条,这样不仅可以提升企业的竞争力,而且带动了欠发达地区的发展。此外,有的企业的发展就是在劳动密集的地区,但是,对相应的设计、运营以及品牌管理等方面的管理较缺乏,因此,为了充分利用各方的资金和人才优势,选择将研发中心设在东部沿海地区,这类做法被称为"逆向转移"。近年来,随着我国经济水平的不断提高和工业化进程的加快,越来越多的劳动密集型产业开始向外迁移,并成为我国制造业转型升级的重要力量之一。纺织服装业便是其中一个典型代表,"逆向转移"是企业升级发展的必然趋势。比如东部的很多纺织服装企业,为了顺应服装国际化趋势,很多品牌企业都把企划中心和运营中心设在一线城市,比如上海和广州。这样的做法可以让中西部地区的纺织产业有更多的机会与国内市场接触,从而填补了自身在发展的过程中缺少的创意设计和及时获取最新消息的不足。当前,我国出现"逆向选择"的城市大多集中在东部沿海的一线城市,如北京、上海、深圳等地。

在处理纺织产业"双向选择"的过程中,可以从劳动力和资本的异质性特点出发,重点关注以下两个方面的问题。

第一,要牢牢把握可持续发展的原则,合理规划与利用中西部地区的各项资源优势。要以经济建设为中心,大力发展高新技术产业和第三产业,提高人民生活水平。西部大开发战略是实现中国现代化进程的必然选择,也是促进区域协调发展的重大举措,实施这一战略需要大量人、财、物的支持,困难巨大。目前,我国中西部地区在承接产业转移时必须注重质量、优化创新,并有步骤地推进。不能无视现状盲目发展,同时要注重保护当地生态环境,通过相对环保的技术来提升当地各项资源的生产率。

第二,一定要把产业升级视为落脚点,完成纺织产业的升级蜕变。从目前来看,中国纺织工业已经进入了一个新阶段:即由"量"的扩张向"质"的提高转变;由国内市场主导转向国内、国外两个市场共同驱动。这一变化必将对整个产业链产生重大影响。纺织产业是传统产业,也属于劳动密集型,具有比较优势。在本轮产业转移中,中国纺织行业应学习和总结国际纺织产业转移经验,特别是以往国内外纺织产业转移过程中的不足之处,并以此为基础摸索适合中国现阶段环境的转移模式与方式。

(2)区域配套能力提升

与以往不同,当代的纺织产业转移不再只是注重成本和位置因素,而是开始越来越关注当地所能提供的区域配套能力。这种趋势使得我国纺织企业从沿海向内地、从南到北不断进行着大规模的转移。与此同时,随着经济全球化进程的加快,许多纺织企业纷纷走出国门,进入国际市场。在现代纺织产业快速发展的背景下,劳动力和资本异质并存,市场不确定性增加。如何提高各变量与区域配套能力之间的适配性,成为每个纺织企业都需要思考的问题。在以往的纺织产业转移过程中,曾出现过因未关注承接地的配套设施供给能力而导致转移失败,甚至最终又重新折返回原地的案例。

经过多年发展,我国沿海地区的传统纺织产业规模不断扩大,已形成具有完善配套设施的产业集群。产业集聚效应使各生产要素在有限区域内流动更快、更方便,促进了企业生产环节的配套扶持,降低了成本。此外,沿海地区经济发达,劳动力资源丰富,能够承接国际先进的纺织技术和产品,吸引大量外来投资和劳动密集型产业聚集,带动产业结构调整,促进当地就业增长。相比之下,中西部地区在资金、技术、人才等方面相对不足,但自身协作配套能力较强,更渴望承接东部沿海发达地区转移过来的纺织企业。例如,重庆地区最大的纺织生产与加工企业如意集团,2019 年销售收入超十亿元人民币。仅在重庆万州区,如意集团就拥有规模庞大的纺织生产基地,包括超过 20 万锭紧密纺及其相关设备,并与福建长源纺织、上海申洲等企业建立了合作关系,展现出较强的综合服务配套能力。

纺织产业转移方面,工业和信息化部在 2022 年下发的《关于推进纺织产业结构优化升级的指导意见》中要求各地积极寻找合适的承接载体,加快产业配套。通过对国内外产业转移相关理论研究和实践经验分析发现,承接产业转移是实现纺织工业结构调整优化升级、增强国际竞争力的重要途径,是提升产业链条价值增值功能、推动本地区的不同产业经济协调发展的有力方式。这也可以实现地区产业结构转型升级,经济效益提升。该意见还提出应重点扶持一部分相对来说基础设施较好、地理位置优越的产业工业园区,重点强化园区内的生产服务建设,健全整体的公共服务体系,以达到吸引同类项目的聚集,进而形成本地区的产业集聚,推动产业集群的建设。

（3）寻求产业链整体协调

在纺织产业转移的新热潮下,人们对产业链的整体协调提出了更高的要求,即新一轮纺织产业转移并不只注重产业转移承接地区域配套能力的提升,更倾向于追求上、下游产业完整性。从我国纺织产业目前发展状况来看,我国纺织产业已初步形成了"由南向北""由东向西""由西南向东北"等三大地区布局格局,其中以沿海地区最为发达。然而,在这种格局下,也出现了诸多问题,如产能过剩、行业集中度低、恶性竞争加剧等。

在我国纺织产业由东部地区向西部地区迁移的进程中,整个产业链迁移的特点日益凸显。抓住处在产业链关键环节的企业,通过引导关键企业的转移来实现产业链整体的转移,进而有效利用本地相关配套设施与资源,力求整体实现产、供、销的本土化,使产品、工艺、服务全面适应市场需要,并深化配套扶持企业生产环节,着力降低企业生产成本。这样既有利于提高整个产业链的运行质量与效益,又能够进一步优化区域产业结构。纵观这一产业链整体转移过程,可以发现,这不仅使得相关行业能够实现同步转移与发展,而且对企业资源配置能力与配置效率都有提升作用,从而实现整体产业的转移和规模的扩张。

从纺织产业整体转移的角度来看,棉纺与服装行业的产业转移最为积极。在这一过程中,对中西部地区影响最大的是棉纺行业,其次为服装制造行业,而对其他承接地影响最小。与此同时,纺织服装业也逐渐向东部沿海发达省份集中,但目前纺织产业仍以劳动密集型为主,对资金及技术密集型产业需求不大。从整体上看,中国棉纺织行业的劳动力成本优势十分突出,但原材料价格处于高位,成本上升,利润下降。新疆作为中国棉花最大的净输入地之一,也是中国棉纺行业最重要的基地。随着中西部经济的快速发展,以纱布为代表的相关产业链将逐步实现相互协作配套。目前已经具备一定规模且能够进行协作配套的产业项目将逐渐增多,家纺、针织、面料等相关产业也将得到更多的关注与重视,并最终实现行业转移。

（4）关注综合优势

所谓综合优势原则就是主张在一个国家或地区进行相关产业的转移与承接的过程中,需要充分考虑产业的比较优势,只有实现了比较优势与本地资源相匹配,才能够真正提高产业的生产效率与交易效率。通过对我国中部六省研究分析发现:无论是从区域经济发展水平还是产业基础来看,安徽要优于河南、江西、湖南和湖北四地;而这一结果又与全国平均水平一致。这一结论具有很强的说服力,说明了这种观点的正确性。总之,综合比较优势在产业转移与承接方面具有风向标作用。

事实上,"要素密集度逆转"是综合优势原则论在现实中的一种表述方式。这一理论最早是由美国经济学家罗纳德·琼斯(Ronald W. Jones)于 20 世纪 60 年代提出的。该理论认为,要素密集度越大,则经济效率越高;反之,则越低。也就是说,综合优势决定着产业转移方向。这也正是我们通常所说的产业转移问题。在市场经济条件下,由于资本、劳动力等生产要素的可流动性较低,而其他要素的相对集中,使得一些具有综合优势的产业通过产业转移将生产要素从一个地区转移到另一个地区,从而使这些具有可流动性的要素成为新的综合优势。在产业转移过程中,由于"内生(静态)比较优势"和资本技术要素之间存在着一定程度上的不匹配,部分匹配要素流失,"比较优势"逐渐被其他资源要素所取代。"要素密度反转"是"内生(动态比较优势)"要素之间相互转换的结果,而不是单纯由劳动力要素或资源禀赋决定的。在中国沿海部分主要城市(如上海),因"要素密集度反转",人才、创意、资本、技术等持续集聚而成为国家研发基地与时尚中心。

综合优势原则论在政策上具有重要的指导意义。一国或一区域能够通过积累要素或借助政府的介入行为,实现产业转移与承接,从而获得经济高速增长。然而,由于各区域所拥有的生产条件不同,承接国际产业转移时也各有其特点。因此,必须根据本地区的实际情况进行选择。对于东部沿海地区而言,纺织产业的发展已经趋于饱和。进一步的资金投入难以实现预期的收益回报。此外,东部沿海地区的土地、电力和劳动力成本不断上升,导致企业生产成本增加。同时,纺织产业转型升级的压力不断增大,企业内部商务成本居高不下,资源环境约束矛盾愈发突出。因此,纺织产业结构的调整、优化和升级是必然趋势。2008 年金融危机后,我国政府开始鼓励东部地区承接国外纺织产业转移。各承接地纷纷发挥自身的综合优势,积极应对挑战。

在我国东部地区向中西部地区进行产业转移时,产业配套条件较好和劳动力资源充足的地区有较大的承接优势,土地资源价格较低和物流成本较低的地区同样对优势产业有较大的吸引力。同时,能源资源充足、服务保障高质量和发展前景广阔的地区更易被优势产业所选择,思路较为开阔和理念较为新颖的地区将被承接转移产业看好。另外,承接产业转移与当地企业发展战略之间存在着密切的关系,承接产业转移要根据当地实际情况进行选择。

4.2　浙赣两省纺织产业发展现状

4.2.1　浙江省纺织产业总体发展趋势与现状分析

(1)浙江省纺织产业规模增速呈现减缓甚至负增长趋势

浙江省纺织产业借助技术、资金等生产要素优势,发展成为中国的纺织产业大省,形成了相当规模与水平,但由于这些资源要素优势逐渐减弱,阶段性的产业集聚形态难以为继,纺织产业在浙江的发展受到了各种限制。如表 4.1 所示,2006—2020 年浙江省纺织产业主要指标增长幅度呈现减缓甚至出现负增长的趋势,纺织产业总产值在 2014 年达到了 6037.54 亿元,但是在 2014 年之后出现了大幅度下跌的现象,就绝对规模而言,2020 年浙江省纺织产业总产值为 4231.77 亿元,较 2014 年的 6037.54 亿元有较大幅度的下降,甚至低于 2008 年的对应指标。这表明浙江省纺织产业规模在前期发展良好但增长放慢,在现阶段却发生逐渐缩小产业规模、区域竞争力日趋减弱的情况。

表 4.1　2006—2020 年浙江省纺织产业主要指标

指标	2006 年	2007 年	2008 年	2009 年	2010 年	2011 年	2012 年	2013 年
纺织产业总产值/亿元	3473.57	4190.08	4482.06	4691.54	5574.66	5805.65	5416.9	5855.93
营业收入/亿元	330.21	402.4	425.81	456.60	587.67	618.22	567.12	634.99
从业人数/万人	111.73	116.56	110.4	117.25	119.29	103.69	79.81	79.07
利润总额/亿元	132.16	162.97	149.07	182.64	268.74	280.9	235.84	276.79
指标	2014 年	2015 年	2016 年	2017 年	2018 年	2019 年	2020 年	2021 年
纺织产业总产值/亿元	6037.54	6026.48	6030.74	4875.01	4319.74	4494.57	4231.77	—
营业收入/亿元	643.91	652.8	661.71	566.69	526.39	561.59	595.88	—
从业人数/万人	77.24	74.67	71.26	63.49	59.24	58.92	57.72	—
利润总额/亿元	289.75	308.35	324.12	243.37	203.76	190	222.62	—

注:根据《中国工业统计年鉴 2007—2017》和《浙江统计年鉴 2007—2021》中的有关指标进行整理和测算得出,其中,2012 年度纺织业从业人数缺失值是通过前后 2 年相应指标求平均数得到。

浙江省纺织产业从业人数从 2006 年 111.73 万人减少到 2020 年 57.72 万人,其间整体上呈先上升后下降态势。通过调研与数据分析,这种现象可以通过以下几个方面来解释:第一,随着工业 4.0 概念的深化发展,机器人自动化生产逐渐进入历史舞台,特别是浙江省的纺织产业逐步实现由劳动带动向技术、资金等带动的调整与升级的发展模式;第二,随着中国经济的全面发展,原材料等各类生产资料成本急剧上升,使得企业力图通过降低劳动力成本或是直接减少劳动力在生产中的比重来持续维持企业利润的稳定与增长;第三,越南、孟加拉国等亚洲纺织品生产国家逐渐产生竞争优势,主要是劳动力成本优势突出,呈现出替代中国成为生产供应基地的趋势。2012 年是浙江省纺织产业发展速度的一个分界点,主要原因是 2012 年之前属于高速增长时代,而在 2012 年之后浙江的纺织品产业进入了低速稳定发展时期。根据《中国纺织服装周刊》提供的数据,2013 年 1—9 月浙江省纺织服装业实现营业收入 6181.21 亿元,同比增长 12.3%,增速低于全国平均水平近 7 个百分点,利润增幅也较 2011 年显著放缓。这与当年浙江省纺织产业受国内外棉花市场价格差距拉大、中国的各类成本优势降低、全球范围内的需求不振等因素的影响有一定关系。

(2)浙江省纺织产业在全国及本地区的地位有所降低

从图 4.1 和表 4.2 相关数据可见,2006—2020 年浙江省纺织产业总产值、从业人数两大指标呈现下降趋势。2017 年浙江省纺织产业总产值占全国比重从 22.68% 下降到 13.50%,从业人数占全国比重从 18.15% 下降到 16.23%。但在 2017—2020 年出现了缓慢增长的趋势,这可能是因为浙江省纺织产业改进纺织技术,对产业生产模式进行了创新升级,吸引了高新技术人员选择纺织行业就业,从而使得纺织产业总产值得到小幅度的攀升。但是,就纺织产业在浙江省的地位而言,其在地区工业总产值和地区工业从业人员中的比重减少非常显著。

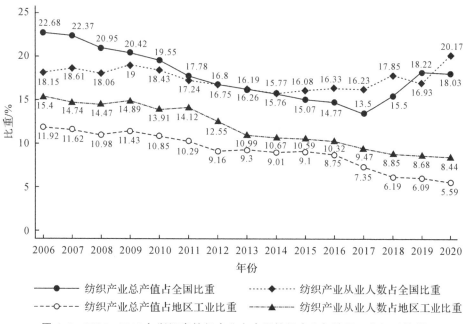

图 4.1　2006—2020 年浙江省纺织产业占全国纺织产业与地区工业相对份额

综上所述,浙江省纺织产业发展态势良好。自改革开放以来,浙江省纺织产业得到迅猛发展。从产业结构来看,纺织产业已经成为浙江经济增长中不可或缺的支柱产业之一,总体上浙江纺织产业规模不断扩大、经济效益稳步上升、结构不断优化、竞争力提升、效益提高、趋势增强、变化加快。其中浙江省纺织产业总产值占地区工业比重从 2006 年的 11.92％ 继续降低到 2020 年的 5.59％。浙江省纺织产业从业人数占地区工业比重从 2006 年 15.40％ 逐步降低到 2020 年 8.44％。国际金融危机的影响对浙江纺织产业具有一定的波及与时滞。从整体上看，浙江省纺织产业在全国和全省的地位都有了相对降低的趋势。

表 4.2 2006—2020 年浙江省纺织产业占全国纺织产业与地区工业相对份额

指标	2006 年	2007 年	2008 年	2009 年	2010 年	2011 年	2012 年	2013 年
全国纺织产业总产值/十亿元	1531.52	1873.34	2139.32	2297.10	2850.80	3265.30	3224.17	3616.12
浙江省纺织产业总产值占全国比重/％	22.68	22.37	20.95	20.42	19.55	17.78	16.80	16.19
全国纺织产业从业人数/万人	615.43	626.26	652.06	617.04	647.32	588.83	557.735	526.64
浙江省纺织产业从业人数占全国比重/％	18.15	18.61	18.06	19.00	18.43	17.24	16.75	16.26
浙江省工业总产值/十亿元	2913.02	3607.44	4083.27	4103.52	5139.47	5640.64	5912.44	6298.02
浙江省纺织产业总产值占地区工业比重/％	11.92	11.62	10.98	11.43	10.85	10.29	9.16	9.30
浙江省纺织从业人数/万人	725.52	790.77	762.96	787.64	857.58	734.37	719.01	719.43
浙江省纺织产业从业人数占地区工业比重/％	15.40	14.74	14.47	14.89	13.91	14.12	12.55	10.99
指标	2014 年	2015 年	2016 年	2017 年	2018 年	2019 年	2020 年	2021 年
全国纺织产业总产值/十亿元	3829.57	3998.73	4084.47	3611.44	2786.32	2466.64	2347.42	—
浙江省纺织产业总产值占全国比重/％	15.77	15.07	14.77	13.50	15.50	18.22	18.03	—
全国纺织产业从业人数/万人	495.545	464.45	436.22	391.16	331.84	348.25	286.11	—
浙江省纺织产业从业人数占全国比重/％	15.76	16.08	16.33	16.23	17.85	16.93	20.17	—

指标	2014 年	2015 年	2016 年	2017 年	2018 年	2019 年	2020 年	2021 年
浙江省工业总产值/十亿元	6704.25	6681.52	6895.3	6632.80	6977.50	7376.65	7568.50	—
浙江省纺织产业总产值占地区工业比重/%	9.01	9.10	8.75	7.35	6.19	6.09	5.59	—
浙江省纺织从业人数/万人	722.78	705.17	690.35	670.51	669.45	678.93	683.75	—
浙江省纺织产业从业人数占地区工业比重/%	10.67	10.59	10.32	9.47	8.85	8.68	8.44	—

注：根据《中国工业统计年鉴 2007—2017》和《浙江统计年鉴 2007—2021》中的有关指标进行整理和测算得出，其中，2012 年度纺织产业从业人数缺失值是通过前后 2 年相应指标求平均数得到。

（3）浙江纺织企业经营各类指标下降明显

关于企业的经营情况判断，从财务角度来看，通过分析其主要的财务指标，可以了解企业在市场上的生存能力。浙江省纺织产业的经营总体状况可以参见表 4.3，在净资产收益率、盈利能力指标上，销售利润率和每股利润均呈上升趋势；而流动资产周转率呈先下降后上升趋势。在偿债能力指标上，资产负债率呈上升趋势。在发展能力指标上，流动比率不断提高，速动比率逐渐降低，总资产规模不断增大。相关指标中的存货周转次数和资产周转次数反映了两者之间的关系以及企业的流动性。资产周转率反映了企业运营过程中流动资产对固定资产投资所产生的贡献程度。在这两个指标中，存货周转次数代表着企业的营运能力状况，而资产周转次数则代表着企业的盈利能力。两者共同构成一个综合评价指标体系。资产周转次数越少，说明其流转速度越慢，资产利用效率越高。其中存货周转次数 2006 年为 9.26，2020 年为 6.37。另一方面，资产周转次数从 2006 年 2.14 减少至 2020 年 1.5。由此可见，浙江省纺织产业从资金链或资产效用角度来看，相关指标都呈现明显的下降趋势。

从上面的指标中，可以看出浙江企业的经营还是存在问题的。从盈利指标来看，浙江省纺织产业以成本费用率表示成本控制水平，以产销率表示销售能力两大指标呈现不统一的发展态势。其中成本费用率呈现出明显的上升趋势，自 2015 年以来相对增加了约 40%，而产销率相对稳定，但有小幅降低。此外，浙江省纺织产业在盈利水平方面与全国平均水平之间也存在着较大差距，并且其利润率也低于国内其他纺织产业的平均值。另外，浙江省纺织产业在经营效率指标上也处于较低水平。这说明浙江省纺织产业整体上出现成本控制水平在不断下降,以及产销流程与控制也存在诸多问题,亟待改进与提升。

另外,如表 4.3 所示,在销售利润率方面,尽管数据整体呈波动增长态势,截至 2020 年从 3.89％提高到 5.4％,但是增长速度并不明显,增长空间较小。

表 4.3 2006—2020 年浙江省纺织产业经营总体情况

相关指标		2006 年	2007 年	2008 年	2009 年	2010 年	2011 年	2012 年	2013 年
营运能力指标	年存货周转率/次	9.26	8.88	8.14	7.83	6.05	7.15	7.53	7.6
	年流动资产周转率/次	2.14	2.04	1.9	1.68	1.75	1.77	1.71	2.14
盈利能力指标	成本费用率/％	4.06	4.15	3.55	4.17	5.15	5.20	4.67	5.10
	产销率/％	97.61	97.53	97.42	97.54	97.60	97.29	97.32	97.07
	销售利润率/％	3.89	3.99	3.44	4.00	4.91	4.96	4.47	4.84
相关指标		2014 年	2015 年	2016 年	2017 年	2018 年	2019 年	2020 年	2021 年
营运能力指标	年存货周转率/次	7.54	7.93	8.31	7.85	6.9	7.24	6.56	—
	年流动资产周转率/次	1.78	1.88	1.98	1.88	1.7	1.7	1.5	—
盈利能力指标	成本费用率/％	5.23	5.65	5.94	5.38	5.00	4.50	5.67	—
	产销率/％	96.98	96.68	96.72	97.23	97.40	98.54	97.31	—
	销售利润率/％	4.97	5.35	5.65	5.16	4.78	4.29	5.40	—

注:依据 2006—2021 年浙江统计年鉴整理与计算所得。

综上分析,从整体上看,2006—2020 年浙江省纺织产业的营运能力与盈利能力均发生了衰退。从其企业自身的运行状况来看,纺织产业对浙江省的发展质量和效益都呈现出下滑的态势。

(4)浙江纺织产品产量总体发展呈下降趋势

浙江省纺织产业主要工业产品包括纱、布、毛绒、呢绒、丝等。表 4.4 反映了浙江省主要纺织产品产量和主要纺织成品服装产量情况。从总量上看,2006—2020 年纺织产品产量不断减少,反映了浙江省纺织产业规模在逐渐缩小。从具体细分产品上看,纱产量呈抛物线趋势。从 2006 年至 2020 年,生产水平在 100 万吨到 200 万吨之间,其中 2012—2015 年达到生产高峰,但是在 2015 年之后,纱产品产值不断减少,反观江西纱的产量却不断提高,从 2006 年

25.51 万吨增长到 2020 年 143.47 万吨,从某种分析角度来说,浙江的纱产品产量近几年不断减少,各种迹象表明纱的生产有从浙江向江西转移的可能。从其他产品的总量上看,纱的趋势线走向与其他纺织产品存在较高的吻合度;丝产品在 2006—2020 年产量一直稳步下降,2018 年出现断层式下跌,下跌幅度达到 45%,这可能是导致服装产量在同年也出现下跌现象的原因,而同一年的布、毛绒、呢绒等产品产量下降幅度也达到了 50% 以上。从全国的纺织产品产量上来看,浙江的下降幅度要远大于全国的宏观数据。

综上分析,浙江省纺织产品和产成品服装在产量上是呈现稳步减少趋势的。

表 4.4　2006—2020 年浙江省主要纺织产业产品产量情况

产品	2006 年	2007 年	2008 年	2009 年	2010 年	2011 年	2012 年	2013 年
纱/万吨	115.83	146.46	166.61	195.62	211.87	198.77	231.23	239.12
布/亿米	97.47	114.88	124.51	139.33	158.99	146.13	143.22	153.47
毛线/吨	16169	17089	24004	21305	24433	26504	35314	40858
呢绒/万米	5293	4928	9838	11503	10584	6343	6010	4188
丝/吨	50810	66018	73229	16434	14436	15162	14467	14293
丝织品/亿米	52.67	55.72	55.41	3.28	3.29	1.98	2.08	2.20
产品	2014 年	2015 年	2016 年	2017 年	2018 年	2019 年	2020 年	2021 年
纱/万吨	229.98	220.04	215.8	190.42	159.97	149.09	136.98	—
布/亿米	156.25	152.76	149.2	137.44	80.12	76.36	64.99	—
毛线/吨	42888	36206	34842	36428	37046	26619	20916	—
呢绒/万米	8536	8463	7107	3909	3718	10794	6148	—
丝/吨	15505	16060	14000	10570	6326	5579	4037	—
丝织品/亿米	2.16	2.15	2.05	1.87	1.57	1.52	1.07	—

注:依据 2006—2021 年中国工业统计年鉴相关指标整理与计算所得。

4.2.2　江西省纺织产业总体发展与现状分析

(1)江西纺织产业规模与地位齐头并进

江西省纺织产业在最近几年得到了快速发展。如表 4.5 所示,从绝对规模来看,江西省纺织产业总产值在 2020 年为 1323.26 亿元,利润总额为 47.63 亿元,从业人数为 6.93 万人。江西纺织行业的发展存在着产业结构不合理、企业规模小、竞争力不强以及科技创新能力薄弱等问题。在地区分布上,南昌、赣州和景德镇三市是江西省纺织工业主要集中区域。江西纺织工业整体发展趋势良好。从产业发展速度来看,2006—2020 年江西省纺织产业无论是总产值、利润总额,还是从业人数都表现出了颇为明显的先增后减态势,其中 2006—2016 年度工业销售产值与营业利润比前一年平均增速均接近于 15%。2017 年江西省纺织产业利润总额和从业人数出现明显的下降趋势,纺织产业工业总产值在2019年开始有所降低。

虽然江西省纺织产业的规模取得了突飞猛进的发展,全省纺织产业总产值占全省工业的比重在不断地上升,但江西纺织产业的整体水平仍较低,与竞争对手的差距还很大,有待进一步改进和提高。受到2012年市场环境改变的影响,江西省纺织产业总产值、从业人数也有所萎缩,但是利润并没有受到影响,这点和浙江有所区别。从利润结构来看,江西纺织品出口占比较高,而浙江则以纺织服装业内销为主。另外,江西纺织品出口增速在2012年出现下滑趋势,而浙江则呈现上升态势。可见,江西纺织服装企业盈利能力较强。究其原因,可能是江西省纺织产业对外贸易的依赖性比浙江省低,因此其受国际市场波动的影响较小。2018年纺织产业利润总额和从业人数出现明显降低,这可能是受到市场环境的影响。

表 4.5　2006—2020 年江西省纺织产业主要指标

指标	2006 年	2007 年	2008 年	2009 年	2010 年	2011 年	2012 年	2013 年
纺织产业总产值/亿元	145.84	227.13	293.41	379.58	518.13	650.45	618.52	736.83
利润总额/亿元	3.14	7.58	9.02	19.60	30.48	41.79	44.97	56.37
从业人数/万人	9.30	10.80	10.64	11.96	12.78	12.43	8.41	9.32

指标	2014 年	2015 年	2016 年	2017 年	2018 年	2019 年	2020 年	2021 年
纺织产业总产值/亿元	1034.76	1176.49	1264.37	1370.58	1476.11	1425.92	1323.26	—
利润总额/亿元	73.35	84.45	88.19	84.36	55.07	50.19	47.63	—
从业人数/万人	10.22	11.04	11.66	11.13	8.93	8.14	6.93	—

注:依据 2006—2020 年江西省统计年鉴相关指标整理与计算所得。

如图 4.2 所示,对从业人数相关数据的分析,能解释该地区在全国的地位。江西纺织产业总产值、从业人数占全国的比重均显著呈大幅上升态势,且在2009—2020 年总体分别上升 3.95%、0.48%。从在省内各行业中的有关比例来看,2009—2020 年,江西省纺织产业在工业总产值这一指标表现出连续波动趋势,从 2009 年 3.91%下降到 2012 年 2.97%,再回升到 2017 年3.73%,而后又下降到 2.91%。而从业人数发生的局部减少则可由技术进步导致企业劳动生产率上升这一观点来加以说明。从相关总指标数据与从业人数的整体分析上看,江西省纺织产业占全国指标的不断上升,意味着江西在中国的纺织产业地位也在不断提升。

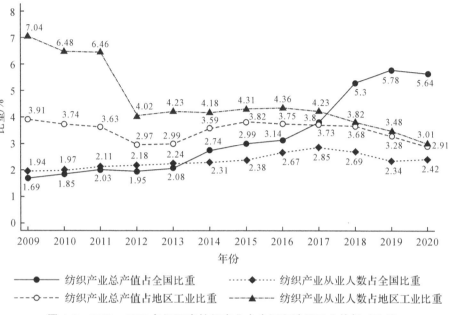

图 4.2　2009—2020 年江西省纺织产业占全国和地区工业的相对比重

(2)江西纺织产业经营效率持续提升

江西纺织企业的总体经营指标呈现良好的发展态势。表 4.6 中的相关经营指标数据反映了江西省纺织企业的总体经营情况。

从该表营运能力指标来看,江西省纺织产业存货周转次数与资产周转次数整体表现良好,呈优化态势。其中,存货周转次数从 2006 年的 8.44 次逐渐上升到 2013 年的 9.53 次,虽然后期有所下滑,但是总体上还是表现优秀。由此可见,纺织企业在存货资金使用方面效率比较高,企业运营正常。同时,纺织企业的资产周转次数则从 2006 年到 2020 年也经历了倒"U"形的变化,从 3.72 次发展到 4.20 次,指标值虽然不高,但也属于正常范围,总体上也表现了江西省纺织产业资产使用效率得到持续性的提升。

盈利指标在营运指标中也是非常重要的参数。从表 4.6 中可以看出,成本费用利润率不断上升,说明江西省纺织产业在经济效益和成本节约及控制方面的能力都有了明显的提升,这也是纺织企业面对产业转移的挑战与压力下的自我提升的表现,指标值在 2017—2020 年有所回落。江西省纺织产业成本费用率由 2006 年的 2.34% 上升到 2016 年的 9.67%,这与江西省在劳动力、土地以及其他相关企业运营成本上具有优势,有着很强的正相关关系。同时从营运数据中也可看到,在 2006—2015 年期间销售利税率更是实现了从 5.18% 到 10.90% 的大幅度上升,而后又有回落,产销率由 97.93% 较为连续地提高到 99.80%。2015 年之后,产销率、销售利润率上升,就意味着江西省纺织产业的销量和利润增加,到 2020 年降低至 6.26%,这与纺织产业经营成本上涨有一定关系。

综合来看,2006—2015 年,江西省纺织产业营运能力与盈利能力整体呈增长态势,2016 年后则呈下滑态势。

表 4.6 2006—2020 年江西省纺织产业经营总体情况

相关指标		2006 年	2007 年	2008 年	2009 年	2010 年	2011 年	2012 年	2013 年
营运能力指标	年存货周转率/次	8.44	10.76	9.85	8.95	9.89	9.21	8.74	9.53
	年资产周转率/次	3.72	4.92	5.63	6.33	8.17	8.63	7.79	7.82
盈利能力指标	成本费用利润率/%	2.34	3.71	3.43	5.70	6.43	7.06	7.99	7.87
	产销率/%	97.93	98.61	98.96	99.09	99.03	99.09	99.25	98.88
	销售利税率/%	5.18	6.13	5.87	6.01	7.05	8.15	10.27	10.66
相关指标		2014 年	2015 年	2016 年	2017 年	2018 年	2019 年	2020 年	2021 年
营运能力指标	年存货周转率/次	9.14	12.64	7.72	7.13	5.48	5.03	5.13	—
	年资产周转率/次	7.82	9.1	5.76	5.58	4.43	4.12	4.20	—
盈利能力指标	成本费用利润率/%	7.87	7.50	9.67	8.32	7.06	7.36	3.33	—
	产销率/%	98.88	99.80	98.30	99.70	98.60	98.90	98.90	—
	销售利税率/%	10.98	10.90	8.79	7.49	6.34	6.06	6.26	—

注:依据 2006—2021 年中国工业统计年鉴相关指标整理与计算所得。

(3)江西纺织产品总体发展稳步优化

江西省纺织产业主要工业产品包括纱、纯棉布、棉混纺交织布、纯化纤布、印染布等。表 4.7 反映了江西省主要纺织产品产量和主要纺织成品服装产量情况。从总量上看,2006—2020 年纺织产品产量不断增加,反映了江西省纺织产业规模快速增长。从具体细分产品上看,纯化纤布和印染布产量一直保持在较低水平但比较稳定,说明这两种纺织产品产量并没有受产业转移较大影响;纱的产量不断提高,从 2006 年 25.51 万吨增长到 2020 年 143.47 万吨(见图 4.3),从总量上看,纱的产量相比于其他纺织产品显得微不足道;棉混纺交织布在 2006—2016 年间产量增长幅度较大,2018 年出现断层式下跌,下跌幅度达到 92%,这可能是导致服装产量在同年也出现下跌现象的原因,而在同一年纯棉布产量增长幅度达到 39%,说明两者在用途上可能存在一定的互补性。如图 4.4 所示,2006—2020 年,纯棉布的产量处于不断波动中,总体来看产量呈现增长趋势,在 2012—2016 年之间产量呈现"U"形,这可能是 2012 年整个纺织产业受市场环境变化冲击后带来的影响。服装行业作为纺织产业的下游产业,与纺织产业息息相关,服装产量情况在一定程度上也反映了纺织产业的发展情况。2006—2016 年,服装产量呈现比较明显的增长趋势,增量超过 50000 万件,反映了江西省纺织产业发展迅速。2017—2020 年服装产量起伏较大,2018 年产量降低,降幅达到 45%,这一趋势与棉混纺交织布一致,而 2019 年服装产量又实现回升,2020 年可能是由于受疫情和整个行业影响,服装产量有所降低。

综上分析,江西省纺织产品和产成品服装在产量上是呈现增长趋势的。

表 4.7　2006—2020 年江西省纺织产品及服装产量情况

年份	纱 /万吨	布 /万米	纯棉布 /万米	棉混纺交织布/万米	纯化纤布 /万米	印染布 /万米	服装 /万件
2006	25.51	34137.00	24032.51	6911.49	3192.95	10084.30	52660.10
2007	39.04	46424.00	32222.98	11801.80	2399.19	17563.43	72877.28
2008	44.56	47026.00	34086.14	11140.00	1799.72	12916.36	83051.20
2009	62.02	67651.00	35799.03	29788.91	10746.20	10746.20	103420.02
2010	74.68	80517.00	51084.80	26176.37	3255.35	21124.58	114669.81
2011	96.85	80754.00	52011.90	25240.60	3501.80	9393.46	114900.21
2012	137.29	92649.70	43302.40	36764.70	12582.70	7899.90	120234.38
2013	160.79	77615.20	21177.20	46719.50	9718.50	9019.10	130815.00
2014	157.40	96760.90	23738.60	56970.10	16052.10	4386.60	122429.70
2015	166.91	114447.30	29489.30	69543.70	15414.30	6196.10	127946.40
2016	162.70	134572.40	41836.50	80769.40	11966.40	9141.60	143187.70
2017	170.42	127379.30	42272.70	73499.00	11607.60	8040.30	136993.60
2018	140.28	77928.00	58576.40	5722.50	13629.20	9403.10	74672.00
2019	160.68	103052.40	60328.50	19348.00	23375.90	12404.90	122491.90
2020	143.47	77102.80	48585.90	12775.90	15741.00	13412.00	90379.70

注:依据 2006—2021 年中国工业统计年鉴相关指标整理与计算所得。

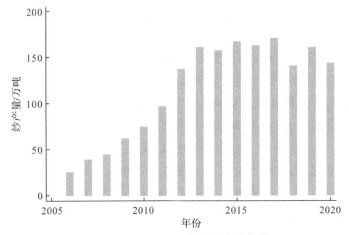

图 4.3　2006—2020 年江西省纱产量

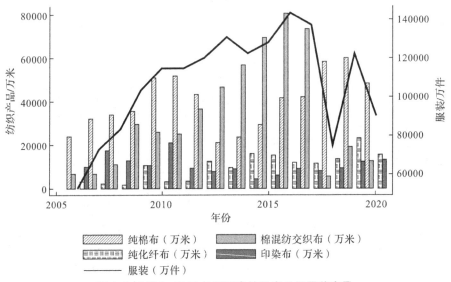

图 4.4　2006—2020 年江西省纺织产品及服装产量

4.3　浙赣两省纺织产业转出与承接动因

　　根据相关的统计数据与历史经验,我们选取广东、浙江、福建等省份作为转出地,选取江西、安徽等省份作为承接地。根据现有数据与调研资料,我们没有办法区分江西的承接产业来自浙江还是江苏、福建,因此就假定这几个省份为转出地,江西省承接的产业也来自这几个省份。同理,浙江的产业也可以转到江西省之外的省份,如安徽省等,即浙江、福建、江苏的纺织产业转出,其承接地不只局限于江西,还有其他省份,但产业确实转移到了这些承接地。2014 年,在江西省所有 5000 万元以上的投资项目中,从广东、浙江、福建三省引资分别占比 28.1%、26.4% 和 8.4%,并且这一数据在之后的年份还有所增加。这表明江西省承接了浙江省产业转移的活动,而且还占有比较大的比例,研究这一经济活动显得十分有必要。因此,本书以浙江产业转移到江西为研究对象,收集数据,调研、分析案例,并做相关实证研究。

4.3.1　浙赣两省纺织产业转出与承接矛盾博弈

浙江省纺织产业经营状况恶化并急于进行产业转移以保持该产业的竞争力是不争的事实。而江西作为浙江承接地的三个邻省之一,其土地成本、劳动力成本、招商引资政策等条件相对其他的两个省份要优胜很多,它对浙江的吸引能力要远远大于其他两个省份。虽然江西省有着难以比拟的承接地优势,但是浙江省纺织产业作为转出地,也存在众多的压力与阻力。第一,产业聚集与产业链优势消失,产业发展压力倍增。当产业转到承接地之后,将会失去原来的外协工厂与配件供应商,这会造成成本提升。第二,技术型劳动力迭代更新压力。技术型劳动力一般会形成比较稳定的居住地,转移去一个新的地方可能会产生难以承受的机会成本。第三,承接地政策不稳定压力与不信任压力。浙江作为沿海省份,其相关的政策不仅相对稳定也比较创新。承接地的招商引资政策在某种意义上来说,对转出地企业既有吸引力又有压力。综上所述,作为转出地作出产业转出的行为是一个机遇与挑战并存的选择。

作为承接地的江西,相比浙江的另两个邻省(福建与江苏),有着很多的承接优势。第一,地理优势。江西与浙江紧密相邻,在交通等各方面,没有断层,而江苏,当中隔了上海;福建与浙江被山岭相隔,相邻地带经济发展迟缓。第二,土地成本、劳动力成本的绝对优势。福建与江苏的土地成本、劳动力成本虽然比浙江会低一些,但是这些优势被迁移成本与相对的时间成本及其他的压力抵消,最终的优势并未突显。然而江西的土地成本、劳动力成本相比福建与江苏可以说具有压倒性的优势。第三,江西的发展需要驱动强于其他两省。经济发展驱动会促使其出台更多的优惠政策与措施,以适应与促进转入企业的发展。

在 2015—2021 年期间,对浙赣两省近 40 家纺织企业进行深入访谈调研,根据本书的专项调研结合最后具体的情况,总体上发现很多浙江企业存在将企业转移到江西来的强烈意愿。其主要原因是江西地区有着优惠宽松的政策、有效的措施、较低的生产成本、良好的区位等优势,可以作为江浙地区企业上游原材料供应地或产品加工地。当然,江西对纺织企业的发展也存在阻力,我们将在第6章中详细陈述调研的结果。

综上所述,浙江企业有转出的动因、江西有承接的基础,本书将在下面分别阐述与分析转出动因与承接基础,以解释浙赣两省间纺织产业转出与承接动因。

4.3.2 浙江省纺织产业转出的动因

(1)浙赣两省的产业与经济发展存在梯度差距

通过前文分析得知浙江省纺织产业经营状况恶化明显,在全国乃至全省的地位有明显下滑之势,从理论上分析为其转出提供可能的动力。小岛清的边际产业扩张理论认为一个国家边际产业因为其发展受阻,这是一个应着重进行对外直接投资的行业,要向这个行业中还拥有相对优势的国家或地区进行投资。这一方面能使区域产业结构达到最优,同时又能带动承接地区的产业发展。总体上来说,一个产业相对其他产业,在本区域产业发展中处于不利地位,并属于边际产业,生产优势下降,产业急需升级,竞争压力大,相对的生存与利润空间也因为各种原因被压缩,但是它在欠发达的地区却仍然存在相对优势。在这种情况下,发达地区与不发达地区之间存在着巨大的梯度差距,东部沿海和中西部内陆两个相对独立又相互联系的区域间的非均衡结构就形成了。这种格局对整个国民经济产生极大影响,这是一种结构性失衡,即梯度推移。因此,我们会发现经济相对发达或发达地区会持续为这些边际产业寻找新的发展空间以延长企业的生命周期,这种经济行为同时推动了欠发达地区各类产业的不断发展,形成了产业发展的推动力量,这种力量就是推动产业转移的主要力量。

结合以上的陈述与分析,本书将对浙江省纺织产业的产业发展与增长速度做进一步解释与说明,并且在此基础上,对国内纺织品行业及省级数据的速度指标做一个比较说明。通过对浙江省纺织产业发展现状的分析发现:目前浙江省纺织工业已形成了一定规模,并在国际市场上有较强竞争力;但同时也存在一些亟待解决的问题,如产品附加值低、技术创新能力弱等。一定区域内的行业成长,与国家产业政策和区域行业的演进密切相关。属于国家扶持、区域繁荣的行业,其增长速度更快。例如,纺织服装等行业,这些产业的产值占全省工业总产值比重较大,它们在国民经济中占有重要地位。因此,研究区域经济结构变化对了解产业结构具有一定意义。产业增长率是反映产业变动程度的指标。若区域内某个产业的增长速度比全国的平均发展水平慢,说明这个区域是转出区;若某个产业的增长速度比区域内各产业的平均增长速度慢,说明这个产业是转出产业(黄顺魁等,2013)。鉴于当前纺织产业所具有的种种特点,其仍然属于劳动密集型的传统行业。本书选取了纺织行业从业人数这一指标,通过历年的数据收集与处理,从而对相关增长速度指标进行了比较分析,并对纺织产业向浙江省转出的趋势进行了检验验证。

如图 4.5 所示,从 2006 年到 2020 年,浙江省纺织产业的从业人数增长速度在整体上呈现下降态势。中国纺织产业的从业人数增速,除去 2009 年的金融危机的特殊原因,其他历年指标都超过了浙江省纺织产业。2010 年浙江省纺织行业整体发展仍将保持平稳增长态势,但受世界经济形势和国内宏观经济环境影响较大。在未来一段时期内,浙江省纺织企业应加快调整产业结构、推进科技创新等步伐;积极应对各种风险挑战,提升竞争力,优化资源配置,促进转型升级,提高经济效益,实现可持续发展。全国纺织产业增长速度和浙江省纺织产业增长速度走势步调大体一致。但是整体上前者还是比后者要大一些。2010 年后,这一趋势变得更为明朗,主要表现为:第一,从行业结构上看,纺织服装制造业和化学纤维工业都有了较快发展;第二,从区域分布上看,东部地区纺织服装业发达而中西部则相对落后;第三,从产业转移来看,沿海地区多于内陆地区。从以上的数据分析与总结得出结论,从宏观总体上我们可以判断:由于生产优势下降、发展空间压缩与产业升级需要等推力因素,浙江省的纺织产业属于转出产业;周边地区都有可能承接其转移的产业。

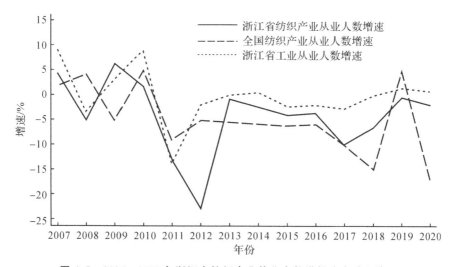

图 4.5 2006—2020 年浙江省纺织产业从业人数增长速度对比情况

(2)生产优势下降、发展空间压缩与产业升级需求等原因

从实践来看,浙江省近二十年的经济持续发展对相关产业产生了多方面的影响。除了生产优势下降、发展空间压缩和产业升级需求等压力外,企业还面

临着生产资源短缺、要素成本上升、环境压力增大等诸多问题。这些压力使得浙江省一些粗放式增长型产业难以持续发展。面对日益激烈的竞争环境,浙江需要寻求新的发展路径,即转变发展方式,从高能耗、高物耗型向低污染、低排放型转变,通过创新驱动实现产业转型升级,培育新兴产业,增强自主创新能力。浙江省纺织产业面临的挑战包括:大力发展高新技术产业、提高竞争力、提升国际地位、提高效率、降低成本和增加收入。为了应对这些挑战,浙江省需要将已不具备或将要丧失比较优势的边际产业向周边地区扩散或转移,采用"腾笼换鸟"的方式促进产业结构升级和优化。这已成为浙江省产业转型升级规划中的一个重要选择。同时,环保、转型、升级和创新是浙江省纺织产业在新一轮发展中面临的重要压力与挑战。特别是对于以传统产业为代表的纺织产业,浙江省人民政府办公厅在《关于印发浙江省贯彻落实长江三角洲地区区域规划实施方案的通知》中明确提出"推动传统纺织产业向周边转移",直接建议将纺织产业转移出去。

4.3.3 江西省承接纺织产业的动因

(1)江西省的纺织产业发展基础

前文提到,江西省纺织产业经历了快速发展。然而,江西目前仍主要依赖粗放型生产方式和劳动力成本优势。近年来,江西省纺织工业逐渐承接了来自浙江、广东等地的产业转移。受市场环境等因素影响,江西省纺织行业整体发展速度有所放缓,劳动生产率下降明显。尽管如此,其在全国乃至全省所占比重的增加,仍证明了江西在承接产业转移方面的成效。与前文对浙江省的分析类似,本章将通过比较江西省纺织产业从业人数增长率、全国纺织产业发展速度以及江西省各行业发展速度,进一步证实江西省承接纺织产业转移的发展趋势。因此,坚实的产业发展基础是江西省承接产业转移的重要因素之一,同时还有其他动因推动了这一进程。

如图 4.6 所示,江西省纺织产业从业人数增长速度整体呈下降态势,2009年至 2014 年期间波动幅度较大,这同金融危机的发生、国内外市场的影响有着一定的联系。全国纺织产业和江西省各行业的平均增长速度均发生了相似变化。从行业内部来看,纺织服装、皮革毛皮及制品等劳动密集型行业发展较好,而纺织服装业则表现为增长放缓且增速下降幅度较大。从地区比较来看,江西各地区纺织产业增长速度差异不明显,整体呈现上升趋势。尽管在某些年份受到波动的影响,但从整体上看,江西省纺织产业的发展速度仍然高于全国纺织产业的发展速度,也高于江西省纺织产业发展的平均水平。这表明江西省作为纺织产业承接地的趋势更加明显,纺织产业已成为江西省重要的产业承接领域。

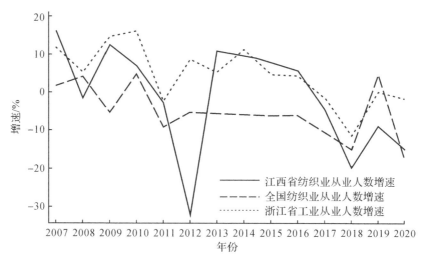

图 4.6 2007—2020 年江西省纺织产业全年从业人数增长速度对比情况

从实际情况和数据分析来看,江西省在承接纺织产业转移方面具有诸多优势。作为东部与西部的融合交接地区,江西省近年来在成本优势、产业基础、产业政策和市场需求等方面表现突出,吸引了周边省份的边际产业,尤其是东部地区的劳动密集型产业。这些企业在进行产业转移与升级时,往往面临诸多挑战。

江西省的地理优势尤为显著。它东接浙江与福建,南邻广东,且靠近长三角、珠三角等经济发达区域,区位优势明显。这使得江西省在承接产业转移过程中受到发达地区的青睐。同时,周边发达地区的经济辐射和拉动作用,也为江西经济发展带来了诸多益处。

根据国家发展和改革委员会的专项研究,江西省承接的东部地区产业转移主要来自浙江、广东和福建等 6 省(市)。其中,转移行业集中在劳动密集型行业,主要通过新建项目实现。2014 年,江西省引进了约 1700 个规模以上项目,获得投资资金约 3300 亿元,分别占全省的 76% 和 72%。其中,来自广东、浙江、福建三省的投资占比超过 60%,浙江省的投资占比达 26%。这表明江西省在承接东部沿海地区产业转移方面已取得一定成效,且浙江省作为主要转出省份,有相当一部分企业选择了江西作为承接地。

(2)江西省成为纺织产业承接地的其他原因

通过不断夯实承接基础和改善投资环境,按照工信部对江西承接产业转移的相关要求,近年来江西省的招商引资工作成效显著,吸引了大量重点项目入驻,其中不乏以劳动密集型产业为代表的纺织产业。2009 年之后的两年内,江西省纺织行业在政策与市场的双重牵引下,首次完成固定资产投资超千亿元,在省际层面,这样的成绩相当突出,该指标占全国比重超过了 7.6%。

江西省承接纺织产业的途径主要体现在以下两个方面:①以工业园区为重要载体:纺织产业已成为招商引资的主导产业,也是各大工业园区的主要承接载体。②以产业基地为产业集聚抓手:通过产业集群建设,吸引更多纺织企业入驻。与此同时,江西纺织行业发展迅速,规模不断扩大,并向中高端产业水平升级,形成了良性循环。优势纺织产业集群逐渐显现,技术水平显著提升,区域纺织产业协同发展模式逐步完善。

从 2006 年到 2020 年的十五年间,江西省持续夯实本地纺织产业发展基础,提升知识积累、人才汇聚和技术水平等各方面能力。尽管最初几年相关措施成效不明显,但随着时间推移,在政府政策支持下,人才、知识、技术与创新等关键问题逐步突破,浙赣区域协同效应逐渐显现,区域协同发展进入良性轨道,这与第七章的仿真模拟结果相吻合,具有数据和技术上的实证支持。

4.4 浙赣两省纺织产业转承特征对比分析

4.4.1 产业转承动态性的表达

通过上述章节的分析与总结,我们发现浙江纺织产业存在积极的转出推力,这不仅体现在产业发展的空间需求上,也体现在产业升级的需求上。浙江纺织产业正在积极寻找具有竞争力的承接地以解决这些问题。江西凭借其较强的产业承接能力和产业发展基础,展现出强大的吸引力。鉴于本书在现阶段需要通过实证方法对浙江与江西的纺织产业转承态势进行判断,这将为后续研究浙赣两省纺织产业效率与协同发展提供方向指引。

产业转移在中国的大规模发生始于改革开放之后。由于学者们对产业转移的研究起步较晚,目前对于产业转移的定义及内涵尚未形成统一认识。特别是对于地区间产业转移规模的测度方法,学术界尚未达成共识。然而,对于产业转入和转出对区域内产业结构及其在国内同行业中产业份额变动的影响,学术界的看法相对统一。

尽管相关实证研究方法包括数据包络分析法、层次分析法、模糊综合评价法、偏离—份额分析法等,但偏离—份额分析法因其较强的综合性和动态性,被学者们广泛应用于区域经济、产业部门结构和竞争力分析。与其他方法相比,偏离—份额分析法已成为学术界分析区域发展差距变动决定因素的基本方法。

从产业发展规模和所占份额的演变来衡量其转移规模时,一个关键问题是要剥离该行业原有的地区属性和行业属性。也就是说,产业发展规模和比重的变动应排除所在区域属性和行业属性的影响,其余比重则来源于产业转移的促进作用。因此,本书采用偏离一份额分析法。这种方法为本书的研究提供了一种相对较好的实证工具。在相关数据的支撑下,能够综合运用该方法判断产业转承的动态性。同时,学术界也存在相对成熟的理论与研究,为本章节的实证研究提供了理论支撑。本书参考了成艾华和赵凡(2018)的研究,采用偏离一份额分析法对产业转移规模进行测算,为浙赣两省之间的纺织产业转移动态性与特征分析提供理论与方法支持。

偏离一份额分析法将区域内某一行业的成长划分为三个成分:区域成长成分(RS)、产业结构偏离比例成分(PS)和竞争力(区位)成分(DS)三个阶段。

$$\Delta X_{ij} = X_{ij(t)} - X_{ij(t-1)} = X_{ij}r + X_{ij}(r_i - r) + X_{ij}(r_{ij} - r_i) \quad (4.1)$$

$$r = \frac{\sum_{i=1}^{m}\sum_{j=1}^{n}(X_{ij(t)} - X_{ij(t-1)})}{\sum_{i=1}^{m}\sum_{j=1}^{n}(X_{ij(t-1)})}; r_i = \frac{\sum_{j=1}^{n}(X_{ij(t)} - X_{ij(t-1)})}{\sum_{j=1}^{n}X_{ij(t-1)}}; r_{ij} = \frac{X_{ij(t)} - X_{ij(t-1)}}{X_{ij(t-1)}}$$

$$(4.2)$$

其中,X_{ij} 表示 j 地区 i 产业经济指标值($i=1,2,\cdots,m$；$j=1,2,\cdots,n$)；$X_{ij(t)}$ 与 $X_{ij(t-1)}$ 表示 j 地区 i 产业的经济指标变化值与末期值；r 表示地区产业增长率；r_i 表示整个区域 i 产业增长率；r_{ij} 表示 j 地区 i 产业增长率。

式(4.1)左边为地区产业规模变化值,右边三项依次为 RS、PS、DS,分别表示一个地区某一行业基期内按国家全部行业增长速度增长的那一部分,按国家这一行业增长速度增长和按国家全部行业增长之间的差额,以及按国家这一领域这一行业增长和按国家这个领域这一行业这一部分增长之间的差额。由此可看出,将区域和产业属性分开对产业所带来的成长,也就是去掉区域成长成分,产业结构背离成分,竞争力(位置)成分就能表示产业转移成分。竞争力(区位)分量超过 0,则说明行业因自身发展速度和全国差异而导致增长和转入；竞争力(区位)分量低于 0,则说明行业因为自身发展速度和国家差异而导致下降和转出。竞争力的分量(区位)等于 0 的时候就不会发生转移。也就是说,竞争力(区位)是影响产业转移规模的重要因素之一。为此,参考现有文献中的研究方法,本书以偏离一份额分析法来判断产业转移的方向和大小。

4.4.2　两省产业转承特征对比

按照实证研究计划,获取 2007—2022 年的两省统计年鉴,然后整理了浙江省与江西省相关年份关于纺织产业与纺织服装业规上企业的工业数据,利用偏离—份额分析法,计算得到最后所需的计算纺织产业三大指标 RS、PS 与 DS,结果,如表 4.8 所示。

表 4.8　浙赣两省采用偏离—份额分析法计算结果　　　（单位:亿元）

年份	RS		PS		DS		方向	
	浙江	江西	浙江	江西	浙江	江西	浙江	江西
2006	766.90	29.57	714.62	27.48	−696.38	−101.41	−	＋
2007	1240.40	80.78	−56.51	−2.53	−101.18	288.68	−	＋
2008	1043.92	79.10	−100.80	−3.81	−555.27	31.22	−	＋
2009	542.16	52.88	0.50	2.34	−353.49	133.78	−	＋
2010	1293.46	153.73	374.39	35.49	−259.16	205.69	−	＋
2011	1303.71	193.63	−316.31	−55.94	−958.64	124.79	−	＋
2012	767.49	143.01	−123.40	86.68	31.30	389.82	＋	＋
2013	807.16	178.37	146.64	28.66	−306.89	292.13	−	＋
2014	701.86	190.05	−133.50	−15.85	−328.86	406.55	−	＋
2015	575.59	173.75	−185.80	−48.77	−435.64	143.71	−	＋
2016	677.40	220.15	−393.41	−97.32	−351.25	55.41	−	＋
2017	790.65	263.85	−1597.78	−535.08	−213.84	−13.80	−	−
2018	662.62	191.25	−1978.33	−548.55	794.44	−18.83	＋	−
2019	481.44	124.70	−1212.22	−310.34	1005.20	75.08	＋	＋
2020	164.84	43.29	−575.93	−171.65	−106.86	11.67	−	＋
2021	899.63	228.36	−44.78	−22.66	307.98	24.34	＋	＋

注:根据 2006—2021 年各省统计年鉴整理所得,在方向指标中减号表现纺织产业转出;加号表现纺织产业转入。

从表 4.8 可以看出,在 2006 年至 2021 年的常规年份中,浙江省纺织产业的地区增长分量贡献了其工业销售产值上的绝大部分增长。而经过指标地区增长分量、产业结构分量的结合运算,得出浙江省纺织产业竞争力(区位)分量DS,我们可以看到截至 2017 年及以前该指标一直呈现连年为负的现象,在2018 年以后出现反转。主要原因是 2017 年之后浙江与江西的产业规模都呈现严重收缩,造成竞争力(区位)分量 DS 出现为正的现象。反观江西省纺织产业,自 2006 年到 2021 年的 16 年期间,除了 2017 年与 2018 年之外,DS 指标均表现出积极的信号。综上数据表明,本书可以判断浙江省纺织产业处于转出状态,而江西省纺织产业却处于承接的状态。实证结果与本书的研究思路是一致的。

根据以上所述,DS 指标值大小与方向代表着纺织产业转移的规模及其相关的变化情况。因此,根据相关的指标参数,本书可以基本判断浙江省纺织产业的转移规模有不断加强趋势。作为承接省份,江西的相关指标也没有意外,数据指标显示承接地的接收规模也在稳步加强。结合实地调研与相关的地方数据,我们可以看出浙赣两省的产业转承已经成为一种常态。根据 2015—2021 年对浙江与江西近 30 个代表性经济开发区与 50 多家企业进行走访与深入调研,我们发现在江西的外省企业当中,浙江企业占比高达 60% 以上。这也证实了本书的判断,印证了实证的结果。

综上所述,浙赣两省产业转承特征明显,表现出东部发达地区作为转出区,中西部欠发达地区作为承接区。我们更能深入地看到转移动机的本质,浙江省在高成本与低效率的转移推力作用下,自然就会对接成本优势与政策优势的省份,并完成产业升级甚至是转型发展。因此,在此基础上,本书将在下一章节中对浙赣两省的发展效率进行测度并进行深入分析,借此来判断两省纺织产业转移的状态与效果,从而对浙赣两省转出地与承接地产业协同发展进行深入研究。

第5章 浙赣两省纺织产业发展效率与产业转移驱动效果分析

本书第4章阐述了浙江、江西两省的纺织产业发展现状,经过数据对比分析可以发现两省的纺织产业发展趋势是截然相反的。在2006—2016年间,浙江省纺织产业增长趋势有明显放缓,并且占全国纺织产业以及省内工业的比重均有所下降。浙江省纺织产业得益于技术、资金等资源的投入,率先实现行业调整升级,试图用机器取代人的生产方式实现劳动力成本降低,然而浙江省纺织产业却容易受到国内外宏观经济环境的影响,2012年受国内外棉花价差扩大、国内外需求低迷等冲击,纺织产业的销售产值和营业利润都出现了大幅下跌。在这一转折之后,销售产值和营业利润均有所回升。相比较之下,江西省纺织产业规模却实现快速增长,得益于当地的劳动力和土地成本优势。同时,该省纺织产业的运营能力和盈利能力也不断提升,并且纺织产业销售产值在全国纺织产业和本地区工业中的相对份额都有所提高。

浙江与江西两省纺织产业相反的发展趋势为产业的转出与承接提供了联想,为了进一步验证浙江省纺织产业是否存在产业转出趋势以及江西省纺织产业是否存在产业承接基础,本书基于日本经济学家小岛清的边际产业扩张理论,分别将两省纺织行业的从业人数增速与全国纺织产业的增速与区域内部工业产业的平均增速相比较。比较的结果表明了浙江省是纺织产业的转出区,纺织产业是浙江省转出产业;江西省是纺织产业承接区,纺织产业是江西省承接产业。在技术没有完全渗透纺织行业之前,它仍然是一种典型的劳动密集型产业,而江西省也正是依靠资源和劳动力优势吸引产业转入。基于偏离—份额分析法对两省产业转移规模的测算也进一步验证了浙江省纺织产业的转移规模呈现增长趋势,江西省纺织产业除了在2012年出现逆趋势转出,总体上呈现规模上升的转入趋势。梯度转移理论认为产业转移是由于不同地区间的经济发展梯度不同,低梯度区域承接着高梯度区域转移出来的产业,带动经济发展。我国经济发展区域呈现了"东—中—西"的发展梯度,由东部地区率先掌握先进技术,再将技术及所形成的产业向中部地区转移。在东部地区,纺织产业集聚带来了土地、劳动力等生产要素价格攀升,生产经营成本上升,以及市场份额趋于饱和,逐渐使东部地区丧失产业竞争优势。纺织产业开始向具有要素禀赋、市场潜力较大的中部地区转移。浙江省纺织产业的转移趋势和江西省纺织产业的转入趋势也在很大程度上验证了梯度转移理论,产业转移的特点可以归纳为从东部沿海地区向西部地区转移,从经济发达地区向经济欠发达地区转移。

根据西方经济学中的"经济人"假设,每个从事经济活动的人都是利己的。企业作为产业转移的主体,追求的也是自身利益最大化,因此其是否进行产业转移考量的是不同区域内经营所能带来的收益,导致收益差的诱导因素包括要素禀赋、生产成本和市场规模等差异。要素禀赋和市场规模对产业转移的驱动是属于外部动力,而来自生产成本的压力对产业转移的推动是一种内部驱动。内部驱动也包括产业发展效率,发展效率的差异必然也会影响产业转移的速度与效率,那么它是如何影响产业转移的,以及效率驱动下的产业转移效果如何?下文将通过相关产业发展效率测度方法对浙江、江西以及区域间的发展相对效率进行测算,总结出产业转移效果与相关效率,为下一章的效率视角下的产业协同发展提供理论与数据支撑。

5.1　产业发展效率测度方法与说明

5.1.1　DEA 模型与窗口分析法原理

DEA 模型建立在线性规划模型之上,用于评价有多个输入和输出的同类决策单元相对有效性的非参数评估方法。本方法对相对效率进行评估,不需设置特定的生产函数,也无须事先对参数和权重进行估算,因此能够很好地避免那种来自主观因素对评估结果所造成的干扰,同时它又能保证计量评估结果的相对客观性,理论上是比较实用与高效的产业效率评估计量模型。

传统实证中,DEA 模型多用于截面数据分析中,也就是利用同年度不同决策单元投入产出数据分析和评价效率。但是这样并不考虑时间,使决策单元不能基于时间序列来比较相关效率问题。1985 年,Charnes 等人进一步发展了 DEA 模型,并将其用于面板数据计量分析。数据包络分析法的思路是先把决策单元按时间分成不同子决策单元,然后再确定各窗口宽度,并把这些相应年的子决策单元置于相应窗口内应用 DEA 模型,最后通过对比分析不同视窗下的评估结果。在该方法下,假设研究的时间长度为 T,选择的窗口数目是 d,窗口宽度为 $w(w=T/d)$,则每一个决策单元需要在 $T-d+1$ 个窗口依次进行测算,得出不同窗口相同时点下的$(T-d+1)\times d$个效率值。站在企业逐利角度,产业各类成本的增加,导致企业会尝试各种办法,甚至会去降低劳动力成本来维持企业利润的平稳与增长。

最后,在决策单元时间序列中也可以对比效率值,即通过对其不同时窗内各时间点效率值进行均值得到。本书对上述计量模型进行了分析和讨论,并通过实例说明了这两种模型在实际中的应用效果。该方法的基本思想和统计学中滑动平均的思想是相似的。

$$h_k = \frac{u_1 y_{1k} + \cdots + u_q y_{qk}}{v_1 x_{1k} + \cdots + v_p x_{pk}} = \frac{\sum\limits_{j=1}^{q} u_j y_{jk}}{\sum\limits_{i=1}^{p} v_i x_{ik}}, \quad k = 1, 2, \cdots, n \qquad (5.1)$$

$$\max h_0 = \frac{\sum\limits_{j=1}^{q} u_j y_{jk_0}}{\sum\limits_{i=1}^{p} v_j v_{jk_0}} = \frac{u_1 y_{1k_0} + \cdots + u_q y_{qk_0}}{v_1 x_{1k_0} + \cdots + v_p x_{pk_0}} \qquad (5.2)$$

DEA 模型中,设有 n 个同类型的决策单元,它们都有 p 种投入和 q 种产出,分别构成投入与产出向量。

$$\text{s.t} \begin{cases} \dfrac{\sum\limits_{j=1}^{q} u_j y_{jk}}{\sum\limits_{i=1}^{p} v_i x_{ik}} = \dfrac{u_1 y_{1k} + \cdots + u_q y_{qk}}{v_1 x_{1k} + \cdots + v_p x_{pk}} \leqslant 1, \quad k = 1, 2, \cdots, n \end{cases} \qquad (5.3)$$

其中,h_k 表示效率指标,u、v 为选择权系数。在效率指标 h_k 不大于1的约束下,通过选择合适的 u、v 使第 k_0 个决策单元效率值 h_0 达到最大,如式(5.1)所示。

5.1.2　相关效率评价指标选取规则与数据的相关说明

为了让 DEA 模型下的效率评价结果能更加真实地反映产业内部效率的实际情况,本着指标系统性、可比性和可获得性的原则,同时又参考了大量现有文献的研究,在符合指标体系科学化要求的基础上,为了使得产业发展效率能够更加完整地展现出来,本书选择了从产销两方面相结合的视角出发,选取了工业总产值和营业收入作为产出指标,固定资产、流动资产、从业人数为投入指标。

针对我国工业统计年鉴中工业总产值和某些指标欠缺等问题,选择了经过加工的中国工业企业数据库为数据来源。参照谢千里等(2008)的方法,对数据库主要进行了以下几个方面的处理:(1)行业标准方面。根据 2011 年度行业分类标准局部变动情况,调整上一年度行业类别,同时将原《中国统计年鉴》中的

数据重新整合入其中。（2）数据处理。根据实际情况对数据进行相关的调整。

本书对研究对象企业在职员工少于 8 人的小微企业、流动资产大于总资产非常规性企业，以及缺少关键指标和休眠状态下的企业进行剔除或是删除，以增加研究结果的科学性与合理性。

受数据库更新的影响，本书针对效率进行测度的时段是 2006—2013 年。通过对历史数据进行分析发现：目前我国各地区纺织行业的整体效率水平不高；而经济发展较为发达地区的纺织行业总体上仍处于相对有效状态；并且随着时间的推移其效率呈现逐渐降低的趋势。同时根据 Charnes(1994)等对窗口宽度问题的研究结果，本书选取窗口宽度为 4 期，在效率测度的可信度与稳定性之间取得一个良好的均衡。从 2006—2013 年，以 4 年为一个窗口，每年平移，直到 2009—2013 年。

5.2　浙赣纺织产业发展效率测度

5.2.1　浙江省纺织产业地区内部的相对效率

本书对 2006—2013 年的中国工业企业数据进行了处理，选取行业加总数据，运用 DEA 模型对浙江省 2006—2013 年间两位数代码行业每个时间点每个窗口平均效率值进行了测度，从而得到了纺织产业相对于浙江省及全省其他行业的效率值和排名。

应该提一下，因为在 2006—2013 年的中国工业企业数据库中，我们统计了所有国有企业和规模以上非国有企业的相关数据，但是还有少部分行业并不存在数据库中，某些企业的连续记录也存在断档。因此，本书所讨论的行业效率值并不能代表全社会整体产业层面的效率水平。在此仅以浙江省 2006—2013 年间有连续企业记载的行业效率值为例，对纺织产业效率多年排序进行分析。

从表 5.1 中各产业多年效率平均值可以看出，浙江省效率值最高的前 10 位产业中，不乏一些技术含量很高的高技术产业。浙江在 2007 年的经济增长和就业水平均高于全国平均水平。同时，随着经济结构优化调整步伐的加快，第三产业增加值比重不断提高，对国民经济贡献份额逐年增大。这说明浙江已由传统制造业大省转变为现代服务业强省。而在连续多年位居前 10 位的高效率产业名单中，我们看到高技术产业项数增多，这种情况也说明浙江省产业结构转型和结构升级趋势日益显著。反观纺织产业，其整体效率在浙江省 33 个行业中排名第 24 位。尽管从 2006 年到 2013 年呈现出波动增长的态势，但总体效率水平仍然偏低。

同时通过比较该地区其他行业的平均发展效率,我们又发现纺织产业在浙江省表现出了较慢、滞后的发展趋势。针对这一研究结果提出相关对策建议:首先要加快转型升级步伐,提升纺织服装产品附加值;其次应积极承接国内外先进技术转移,增强自身科技创新能力;最后需要加大政策扶持力度,促进纺织产业可持续发展,实现良性竞争。这也符合本书前面关于浙江省纺织产业的研究结论,即浙江纺织企业总体经营效益低下,在省内经济地位存在相对降低的趋势,也为后文提供了佐证,即证明了基于产业区域内部发展相对效率视角剖析下,浙江省纺织产业作为转出地存在转出动力,这是本书要分析与研究的内容之一。

表 5.1　2006—2013 年浙江省各产业间相对效率及均值排名

行业代码和名称	2006 年	2007 年	2008 年	2009 年	2010 年	2011 年	2012 年	2013 年	均值
17 纺织产业	0.33	0.40	0.37	0.59	0.38	0.41	0.46	0.50	0.43
纺织产业排名	25/33	25/33	24/33	22/33	27/33	25/33	17/33	17/33	24/33
10 非金属矿采选业	0.38	0.47	0.49	0.92	0.47	0.60	0.65	0.65	0.58
13 农副食品加工业	0.42	0.49	0.50	0.80	0.46	0.56	0.64	0.67	0.57
14 食品制造业	0.31	0.42	0.42	0.74	0.41	0.44	0.45	0.47	0.46
15 酒、饮料和精制茶制造业	0.36	0.43	0.41	0.65	0.45	0.38	0.41	0.38	0.44
16 烟草制品业	0.89	0.91	1.00	1.00	0.97	0.91	1.00	1.00	0.96
18 纺织服装、服饰业	0.39	0.47	0.43	0.67	0.46	0.41	0.45	0.53	0.48
19 皮革、毛皮、羽毛及其制品和制鞋业	0.47	0.55	0.50	0.77	0.54	0.57	0.59	0.66	0.58
20 木材加工和木、竹、藤、棕、草制品业	0.40	0.54	0.52	0.94	0.49	0.65	0.65	0.70	0.61
21 家具制造业	0.33	0.41	0.38	0.61	0.40	0.42	0.45	0.47	0.43
22 造纸和纸制品业	0.25	0.31	0.32	0.48	0.29	0.31	0.33	0.34	0.33
23 印刷和记录媒介复制业	0.25	0.30	0.28	0.44	0.31	0.31	0.33	0.36	0.32
24 文教、工美、体育和娱乐用品制造业	0.36	0.44	0.42	0.64	0.43	0.50	0.48	0.60	0.48
25 石油加工、炼焦和核燃料加工业	1.00	1.00	0.89	1.00	1.00	1.00	0.82	1.00	0.96

续表

行业代码和名称	2006 年	2007 年	2008 年	2009 年	2010 年	2011 年	2012 年	2013 年	均值
26 化学原料和化学制品制造业	0.33	0.41	0.42	0.62	0.41	0.46	0.48	0.50	0.45
27 医药制造业	0.26	0.32	0.33	0.47	0.32	0.33	0.36	0.35	0.34
28 化学纤维制造业	0.42	0.49	0.50	0.68	0.50	0.57	0.57	0.53	0.53
29 橡胶和塑料制品业	0.33	0.44	0.39	0.66	0.43	0.50	0.51	0.50	0.47
30 非金属矿物制品业	0.36	0.45	0.42	0.67	0.46	0.47	0.49	0.37	0.46
31 黑色金属冶炼和压延加工业	0.23	0.28	0.28	0.44	0.27	0.36	0.34	0.57	0.35
32 有色金属冶炼和压延加工业	0.38	0.51	0.55	0.67	0.49	0.53	0.54	0.52	0.52
34 通用设备制造业	0.38	0.46	0.44	0.64	0.45	0.47	0.50	0.47	0.48
35 专用设备制造业	0.34	0.42	0.40	0.57	0.41	0.43	0.44	0.42	0.43
36 汽车制造业	0.30	0.37	0.33	0.52	0.37	0.40	0.41	0.43	0.39
37 铁路、船舶、航空航天和其他运输设备制造业	0.36	0.40	0.36	0.58	0.39	0.41	0.45	0.33	0.41
39 计算机、通信和其他电子设备制造业	0.37	0.47	0.45	0.64	0.46	0.47	0.49	0.57	0.49
40 仪器仪表制造业	0.40	0.48	0.44	0.60	0.50	0.46	0.46	0.44	0.47
41 其他制造业	0.34	0.41	0.34	0.54	0.41	0.41	0.42	0.43	0.41
42 废弃资源综合利用业	0.38	0.44	0.42	0.63	0.43	0.54	0.46	0.56	0.48
43 金属制品、机械和设备修理业	0.91	0.97	0.85	0.66	0.78	0.87	0.93	0.73	0.87
44 电力、热力生产和供应业	0.40	0.67	0.55	0.75	0.69	0.70	0.71	0.76	0.65
45 燃气生产和供应业	0.15	0.32	0.34	0.64	0.31	0.74	0.70	0.65	0.48
46 水的生产和供应业	0.12	0.16	0.17	0.19	0.16	0.24	0.21	0.21	0.18

注:根据 2006—2013 年中国工业统计年鉴相关指标整理与计算所得,前两位为行业代码,后面为行业名称。

5.2.2　江西省纺织产业地区内部的相对效率

类似于浙江省,本书选取工业总产值和营业收入为产出指标,固定资产、流动资产和从业人数为投入指标,采用 DEA 模型得出江西省纺织产业相对于全省 33 个行业的效率值和排序,结果见表 5.2。

· 87 ·

表 5.2 2006—2013 年江西省各产业间相对效率及均值排名

行业代码和名称	2006 年	2007 年	2008 年	2009 年	2010 年	2011 年	2012 年	2013 年	均值
17 纺织产业	0.77	0.86	0.82	0.96	0.80	0.91	0.97	0.97	0.88
纺织产业排名	8/33	8/33	11/33	6/33	9/33	7/33	9/33	9/33	7/33
10 非金属矿采选业	0.85	0.81	0.83	0.94	0.78	0.73	0.71	0.59	0.78
13 农副食品加工业	0.80	1.00	0.95	1.00	0.91	1.00	1.00	1.00	0.99
14 食品制造业	0.63	0.68	0.73	0.95	0.63	0.85	0.92	0.94	0.79
15 酒、饮料和精制茶制造业	0.47	0.51	0.54	0.43	0.56	0.45	0.48	0.54	0.50
16 烟草制品业	0.77	0.97	0.91	0.85	0.87	0.76	1.00	0.88	0.93
18 纺织服装、服饰业	1.00	1.00	0.86	0.95	1.00	1.00	1.00	1.00	0.98
19 皮革、毛皮、羽毛及其制品和制鞋业	1.00	1.00	1.00	1.00	1.00	0.93	1.00	1.00	1.00
20 木材加工和木、竹、藤、棕、草制品业	0.49	0.71	0.71	0.63	0.65	0.78	0.87	0.81	0.71
21 家具制造业	0.75	0.84	1.00	0.94	0.84	0.93	0.86	0.92	0.91
22 造纸和纸制品业	0.53	0.72	0.72	0.74	0.67	0.81	0.81	0.67	0.71
23 印刷和记录媒介复制业	0.49	0.68	0.76	0.61	0.63	0.65	0.71	0.67	0.65
24 文教、工美、体育和娱乐用品制造业	0.71	0.67	0.70	1.00	0.60	0.83	0.93	0.96	0.80
25 石油加工、炼焦和核燃料加工业	0.90	0.88	0.94	0.89	0.98	1.00	0.93	1.00	1.00
26 化学原料和化学制品制造业	0.55	0.71	0.75	0.79	0.65	0.72	0.67	0.60	0.68
27 医药制造业	0.52	0.55	0.56	0.51	0.58	0.67	0.66	0.73	0.60
28 化学纤维制造业	0.35	0.45	0.31	0.32	0.45	0.40	0.37	0.48	0.39
29 橡胶和塑料制品业	0.45	0.23	0.65	0.50	0.18	0.70	0.83	1.00	0.57
30 非金属矿物制品业	0.61	0.77	0.97	0.81	0.73	1.00	1.00	0.70	0.85
31 黑色金属冶炼和压延加工业	0.43	0.65	0.53	0.63	0.62	0.71	0.67	0.91	0.65
32 有色金属冶炼和压延加工业	0.70	0.77	0.60	0.52	0.78	0.86	0.82	0.80	0.76
34 通用设备制造业	0.72	0.78	0.77	0.76	0.75	0.86	0.90	0.65	0.77
35 专用设备制造业	0.49	0.57	0.48	0.66	0.54	0.59	0.68	0.81	0.60

续表

行业代码和名称	2006 年	2007 年	2008 年	2009 年	2010 年	2011 年	2012 年	2013 年	均值
36 汽车制造业	0.36	0.46	0.62	0.67	0.44	0.74	0.78	0.65	0.59
37 铁路、船舶、航空航天和其他运输设备制造业	0.46	0.43	0.40	0.50	0.43	0.48	0.64	0.64	0.50
39 计算机、通信和其他电子设备制造业	0.64	0.68	0.55	0.43	0.69	0.75	0.79	0.72	0.66
40 仪器仪表制造业	0.46	0.71	0.64	0.70	0.74	0.76	0.73	0.47	0.65
41 其他制造业	0.41	0.51	0.43	0.36	0.51	0.45	0.64	0.71	0.50
42 废弃资源综合利用业	0.63	0.90	0.85	0.67	0.90	0.90	0.94	0.92	0.85
43 金属制品、机械和设备修理业	0.91	0.97	0.85	0.66	0.78	0.87	0.93	0.73	0.87
44 电力、热力生产和供应业	0.40	0.67	0.55	0.75	0.69	0.70	0.71	0.76	0.65
45 燃气生产和供应业	0.15	0.32	0.34	0.64	0.31	0.74	0.70	0.65	0.48
46 水的生产和供应业	0.12	0.16	0.17	0.19	0.16	0.24	0.21	0.21	0.18

注：根据 2006—2013 年中国工业统计年鉴相关指标整理与计算所得，前两位为行业代码，后面为行业名称。

表 5.2 中均值栏为 2006—2013 年江西省效率前 10 位产业。值得关注的是在排名前 10 位的比较高效率的行业中，出现了纺织服装和服饰业等纺织产业。这从一个侧面说明，江西省纺织产业具有良好的产业基础和配套设施。从整体上看，纺织产业与江西省其他行业相比属高效率行业，它在江西省 33 家行业效率排名中整体呈现平稳上升趋势，位于第七。相对于其他行业的平均效率值而言，纺织产业更具有地区优势。通过对各行业全要素生产率进行分解分析可知：从总体来看，江西省纺织产业全要素生产率水平较高。这表明江西省纺织产业区域产业发展效率水平较高，并呈增长态势。这也符合本书前面关于江西省纺织产业相对于全省地位提升、效益提升的预判方向。

5.2.3　浙赣地区间纺织产业发展的相对效率

前两节对浙赣两地的相对效率分析可以得出：浙江省与江西省两省纺织产业在本地区和其他行业发展效率的相对比上表现为一下降与一上升。纺织产业对浙赣两省效率的这种一降一升的变化趋势，为产业转移提供了一种地区内部解释。与此同时，浙江省纺织产业在全省效率排名比较低，但并不能说明它是全国低效率的纺织产业,江西省纺织产业在全省相对效率排名高并不能说明它在全国范围内属于高效率行业。因此,本书将进一步通过比较浙赣两省纺织产业在全国发展效率的数据与排名情况,深入研究关于转承接两地行业发展效率梯度状况。

综上所述,本书将继续对浙赣两省纺织产业相对于国内纺织产业的发展相对效率进行进一步测度,并根据前面计算出的效率指标及收集整理的相关数据,采用数据包络分析法进行计量计算与分析,并得出数据结果以供参考(见表5.3)。

由表5.3全国纺织产业发展效率表中的数据可见,从2006年到2013年,浙江省的发展效率总体呈现平稳下降趋势,由最初的0.89降到0.87;江西省纺织产业发展效率整体上呈增长态势,由原来的0.79提高到0.91。与此同时,这一时期浙江省纺织产业地区内部发展效率平均值达到了0.87,江西省从效率来看纺织产业地区内部平均效率达到了0.84。从名次上看,浙江省纺织产业在国内同行业中名次由2006年第7位降至2013年第13位,但其整体名次基本稳定于第6位。江西省纺织产业在国内同行业中排名由2006年第12位提升至2013年第9位,但其整体排名基本保持稳定。浙江省纺织产业与国内同行业比较,浙江省仍处于较高的效率状态,江西省纺织产业与国内同行业相比仍处于较低的效率。

表5.3 2006—2013年全国纺织产业发展效率

省份	2006年	2007年	2008年	2009年	2010年	2011年	2012年	2013年	均值
山东	1.00	1.00	1.00	0.94	1.00	0.93	1.00	1.00	0.98
江苏	1.00	0.90	1.00	0.92	1.00	1.00	1.00	0.98	0.97
湖南	0.97	0.94	1.00	0.75	1.00	1.00	1.00	0.95	0.95
河南	0.98	0.96	0.99	1.00	1.00	0.82	0.80	0.81	0.92
河北	0.94	0.96	0.98	0.75	0.75	0.92	0.93	0.98	0.90
浙江	0.89	0.93	0.95	0.83	0.86	0.86	0.88	0.90	0.87
湖北	0.85	0.80	0.81	0.84	0.87	0.87	0.95	1.00	0.87
吉林	0.84	0.96	0.86	0.84	0.71	0.92	0.93	0.86	0.87
福建	0.90	0.86	0.84	0.86	0.85	0.92	0.82	0.87	0.87
上海	0.85	0.80	0.82	0.78	0.87	0.84	0.92	0.97	0.86
四川	0.62	0.79	0.96	0.80	0.85	0.96	0.92	0.95	0.86
广东	0.88	0.83	0.91	0.83	0.75	0.81	0.82	0.95	0.85
江西	0.79	0.81	0.85	0.83	0.84	0.84	0.93	0.91	0.84
辽宁	0.78	0.79	0.83	0.77	0.72	0.79	0.88	0.79	0.79
安徽	0.78	0.77	0.85	0.69	0.72	0.73	0.79	0.87	0.78
广西	0.51	0.64	0.85	0.77	0.82	0.84	0.86	0.90	0.77

省份	2006 年	2007 年	2008 年	2009 年	2010 年	2011 年	2012 年	2013 年	均值
重庆	0.66	0.70	0.73	0.86	0.60	0.79	0.88	0.90	0.77
北京	0.77	0.75	0.77	0.81	0.82	0.73	0.69	0.79	0.77
贵州	0.77	0.81	0.81	0.87	0.47	0.65	0.91	0.71	0.75
青海	0.70	0.64	0.68	0.54	0.48	0.55	0.78	0.91	0.66
甘肃	0.56	0.61	0.54	0.97	0.40	0.61	0.80	0.74	0.65
陕西	0.70	0.63	0.65	0.56	0.42	0.72	0.70	0.82	0.65
天津	0.64	0.62	0.65	0.71	0.64	0.52	0.62	0.59	0.63
宁夏	0.56	0.60	0.60	0.52	0.60	0.64	0.76	0.62	0.61
新疆	0.71	0.62	0.63	0.69	0.52	0.52	0.60	0.57	0.61
内蒙古	0.51	0.58	0.64	0.71	0.63	0.65	0.51	0.62	0.61
黑龙江	0.62	0.62	0.57	0.43	0.48	0.56	0.65	0.85	0.60
海南	0.60	0.55	0.69	0.63	0.39	0.50	0.57	0.58	0.57
山西	0.63	0.58	0.51	0.39	0.49	0.58	0.59	0.65	0.55
云南	0.56	0.47	0.48	0.45	0.32	0.38	0.74	0.63	0.50
均值	0.75	0.75	0.78	0.74	0.70	0.75	0.81	0.82	0.76

注：根据 2006—2013 年中国工业统计年鉴相关指标整理与计算所得，西藏为特殊情况，数据缺失，总体不影响，故剔除。

5.3　效率驱动下的纺织产业转承效果

5.3.1　浙赣两省纺织产业的比较优势与产业转移

结合表 5.1 和表 5.2 中 2006—2013 年浙赣两省纺织产业区域内效率的排序，我们用图 5.1 对比了浙赣两省的排名情况，可以看到浙江省纺织产业的发展效率在全国范围内始终居于中等偏下位置，这表明浙江省纺织产业相对于其他产业而言并没有效率方面的相对优势。这一比较优势不足，使得该地区纺织产业盈利空间和水平有限。同时也说明，比纺织产业更有效率的其他产业，对于产业转移微观主体——纺织企业有很强的吸引力。纺织企业在本地区选择较有效率和较具竞争力的产业或向较具优势和较有效率地区转移的动机由此而来。地区纺织产业相对低效率和比较优势不足，提供了转出核心驱动力。相比于江西省，2006—2013 年，该地区纺织产业排名整体稳定在前 10 位，表明江西省纺织产业相对于其他产业存在效率方面的比较优势。维持这一比较优势意味着有一个很好的生存空间吸引浙江省纺织产业。从效率排名动态演变来看，浙江省纺织产业效率排名呈不显著提高趋势，江西省呈不显著降低趋势。

两者纺织产业的地区间排名差异后 2 年呈缩小态势，说明江西省和浙江省纺织产业比较优势缩小，转移吸引力下降。

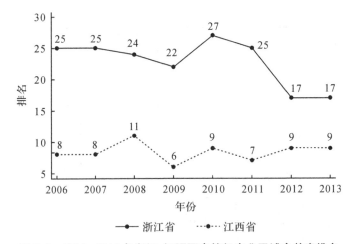

图 5.1　2006—2013 年浙江、江西两省纺织产业区域内效率排名

5.3.2　浙赣两省纺织产业的绝对优势和产业转移

结合前面的分析得到浙江、江西两省纺织产业在 2006—2013 年间的效率值及其变动情况,如图 5.2 所示。通过效率值横向比较,浙江省纺织产业与江西省纺织产业相比,整体效率还是有绝对优势的。而从效率值动态变化来看,2009 年后浙江省和江西省效率值逐步趋同,表明浙江省纺织产业相对江西省而言绝对优势不断降低。浙江省纺织产业的发展效率呈下降态势,而江西省纺织产业的发展效率呈上升态势。在影响两省纺织行业技术进步因素中,资本和劳动力投入是江西省纺织产业技术创新的重要力量,促进浙江与江西纺织产业协调发展。推动了浙江省纺织产业转向江西省,以期获得一个较好的产业发展环境。而且江西省纺织产业还可以通过接受纺织产业的转移,达到技术进步。本书最后针对江西纺织行业存在的问题提出相应的政策建议:从政府层面上来说,应完善相关法律法规体系,为纺织企业提供更好的发展环境;加强对纺织产业的扶持力度,促进其转型升级。值得关注的是 2012 年江西省纺织产业逆梯度产业转出。这标志着江西省纺织产业效率在 2012 年以较大的幅度第一次超越浙江省。

事实上,2006—2015 年期间全国纺织产业工业销售产值同比一直保持增长,2016 年首次出现下滑趋势,同时全国纺织产业特别是东部沿海地区纺织产业营业利润也出现了整体下滑的趋势。有所不同的是,江西省是纺织产业少数盈利省份之一。究其原因在于江西省在经济发展过程中存在着产业结构合理、投资结构平衡等优势,这些优势不仅造成了江西纺织工业规模经济效益提高,而且促进了产业升级和可持续发展。而江西省纺织产业的地区间效率明显高于东部沿海地区的效率,使江西省出现扩张性转出。

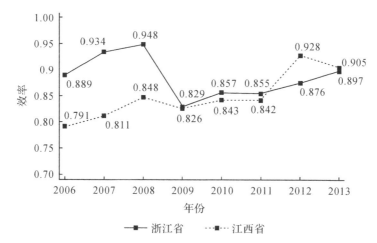

图 5.2　2006—2013 年浙江和江西两省纺织产业效率值与变化情况

5.3.3　效率驱动对纺织产业区域转移的效果分析

前两个小节对浙江、江西两省纺织产业在效率方面所具有的比较优势和绝对优势的差异进行分析,从而探究两省成为转出地与承接地所具有的内部动因。本小节立足于产业转移发生的基础,将进一步以转出地为视角来剖析浙江省纺织产业在效率方面所存在的比较优势不足,以及浙江省纺织产业在效率方面所具有的绝对优势;同时分析在产业转移过程中,其所维持的水平及变化对产业转移中规模变化的影响方向及大小。

纺织产业地区间效率离差表明纺织产业发展相对效率与该地区主要产业效率均值之间的差距,体现了纺织产业对该地区相对优势的占有程度。当效率离差全部为负时,离效率平均值越远的纺织产业发展效率和主要产业发展效率差距越大,表现为效率方面比较优势丧失越多,对新增资本吸引力降低越多,继而使得生存空间被挤占。现有资本退出纺织产业的动力也因此进一步增强,使得转出的意愿增强,转出的规模也较大。图 5.3 显示了 2006—2013 年间浙江省纺织产业地区内部效率离差呈波动减小的态势,并经历了 2 次减小和 3 次增大的阶段。其中极小值出现在 2008 年与 2011 年,极大值出现在 2009 年。相应地,2006—2013 年间浙江省纺织产业的转出规模呈波动增长态势,并经历了 2 次增长、3 次衰退的阶段。其中转出规模在 2008—2011 年间达极大值,而在 2009 年间则为极小值。该地区效率离差趋势与纺织产业转出的规模趋势表现为高度契合的对应。而从表 5.4 中可以看出,该地区比较优势和纺织产业转移规模皮尔逊相关系数为负,绝对值均超过0.8,并且该系数为显著负值。也就是地区内部比较优势和纺织产业转移规模之间表现出较为明显的高负相关关系。而区域内相对优势与纺织产业转移规模则呈现出显著正相关关系,即区域间的竞争压力越强,纺织工业转移规模就会越大;反之,纺织产业转移规模就越少。比较优势的丧失越严重,纺织产业转移的规模就越大。

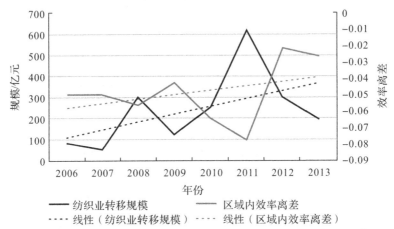

图5.3　2006—2013年浙江省纺织产业区域内效率离差与转出规模

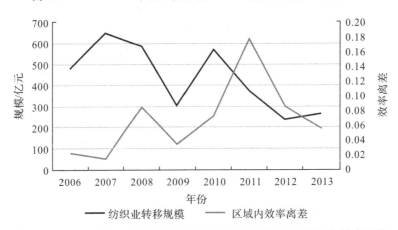

图5.4　2006—2013年浙江省经调整纺织产业区域内效率离差与转出规模

表5.4　区域内比较优势和区域间绝对优势与纺织产业转移规模相关性检验

	区域内比较优势	区域间绝对优势
纺织产业转移规模	−0.814***	−0.443***
显著性(双侧)	0.236	0.462

纺织产业地区间效率离差表明了纺织产业发展相对效率和国内同行业效率均值之间的差距,体现了地区间纺织产业对同行业绝对优势的占有程度。当

效率离差都为正时,离效率平均值越远的纺织产业发展效率相对于国内同行业而言在效率方面的绝对优势越强,在地区竞争中的优势越强。图 5.4 显示 2006—2013 年浙江省纺织产业的区域间效率离差呈波动递减态势,并经历了 2 次递减和 3 次递增的阶段;并且纺织产业转出的规模变化趋势和浙江省纺织产业区域间效率离差变化趋势比较一致,但是吻合度没有地区间效率离差大。而纺织产业转出规模极值点发生的年份比地区间效率离差晚 1 年。浙江省纺织产业地区间效率离差是正值却呈下降态势,说明它在地区间绝对优势降低,为了寻求较好的行业发展环境和维持效率竞争优势而转移行业动力生成;并且对于有转出意愿的公司来说,地区间观测产业的效率表现没有地区间观测产业及时,从而使根据该观测进行转出决策和转出行为落后 1 年左右。而从表5.4中可以看出,该地区比较优势和纺织产业转移规模皮尔逊相关系数均为负,绝对值均低于 0.5,且系数均显著处于较高水平,也就是该地区绝对优势和纺织产业转移规模之间表现出较为明显的中低度负相关关系。因此,绝对优势减少越多,产业转出动力越强,产业转移规模也就越大。

综合分析可知,纺织产业的核心驱动力"地区间的比较优势"和基本驱动力"绝对优势"成为产业转移的两个重要驱动力,它们分别与产业转移规模表现出显著的高、中、低度负相关关系。那就是地区内部比较优势的丧失越严重,地区间绝对优势的减少就越多,纺织产业的转移就会更大规模地进行。

5.4　浙赣纺织产业的省级效率与全国的相对情况

本节选取了工业企业数据库中行业代码 17 开头的纺织产业和行业代码 18 开头的纺织制成品业的相关数据进行了进一步的分析,鉴于中国工业企业数据库部分指标的缺失和行业代码的几次重大变动,本书还对相关数据进行了如下处理:(1)行业标准处理方面,根据 2011 年最新行业分类标准,将以往年度数据标准化;(2)代码还原,鉴于中国工业企业数据库在 2008 年和 2009 年两个年份企业法人代码和组织机构代码的缺失,给后续对比筛选新增和退出企业的工作带来了极大的不便,因此使用"企查查"和"天眼查",对比法人和地址的方法,对这两年缺失的企业法人代码和组织机构代码进行最大程度的还原。

分析中使用的 1998—2011 年的全部数据均来自全国工业企业数据库,并且基于全国工业企业数据库本身的特点和相关指标的可得性,为了使得后续效率评价的指标体系能够更加真实可靠地反映实际情况,在查阅和借鉴了许多文献相关研究的基础上,结合生产和销售两个角度,选择工业总产值,主营业务收入为产出指标,并以固定资产、流动资产、从业人数为投入指标。

5.4.1 纺织产业的省级效率

在使用软件 DEAP 2.1 版本的基础上对全国 30 个省区市(西藏因其连续多年数据不全、指标缺失,无法进行效率测度的相关操作,且其省级效率对全国平均效率影响较小,故而予以剔除)1998—2011 年的截面数据进行了分析,在查阅和借鉴了相关文献做法的前提下,下文中若无特殊说明,所使用代表产业效率的效率值均为产出角度下规模报酬可变的综合技术效率(即技术效率)。

全国纺织行业的省级效率值如表 5.5 所示,江苏、湖南、上海等具有良好纺织产业发展基础和资源的省份,其纺织产业效率始终保持在较高的水准。结合图 5.5,浙江省作为东部地区发展纺织行业的先锋省份,在 1998—2011 年全国纺织产业平均效率呈大体上升趋势的 13 年里,浙江省的纺织产业效率反而在 2005 年之后呈现出逐年下降的趋势,即便在 2010 年有所回弹(值为 1),但在次年 2011 年里仍然快速下降到只有 0.63,其纺织产业效率在全国 30 个省份的排名中也呈现总体下滑的趋势,甚至于 2009 年下跌至 17 名,2011 年下跌至 20 名。反观作为中部地区代表的江西省,其纺织产业效率的排名尽管在 2005 年以前始终徘徊在全国 20 名左右,但 2005 年之后直至 2011 年其纺织产业效率一跃上升到 1,其在全国的排名也始终居于首位,说明随着时间的推移,浙江省原先所具备的发展纺织产业的相关优势正在逐渐丧失,纺织产业效率也逐年下跌,纺织产业亟待转移,为浙江省腾出更多的资源发展其他产业,形成良好的产业结构。而江西省凭借其劳动力和土地成本优势,在短短几年内也已发展成为优质的纺织产业承接地。

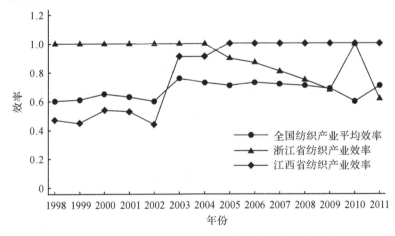

图 5.5　浙江、江西两省纺织行业效率与全国效率对比(行业代码 17)

注:根据 1998—2011 年中国工业统计年鉴相关指标整理与计算所得。

表 5.5　行业代码 17 开头的纺织类产品各省效率值与全国均值

省份	1998年	1999年	2000年	2001年	2002年	2003年	2004年	2005年	2006年	2007年	2008年	2009年	2010年	2011年
浙江	1.00	1.00	1.00	1.00	1.00	1.00	1.00	0.90	0.87	0.91	0.75	0.69	1.00	0.63
江西	0.47	0.46	0.54	0.54	0.45	0.92	0.92	1.00	1.00	1.00	1.00	1.00	1.00	1.00
浙江排名	1/30	1/30	1/30	1/30	1/30	1/30	1/30	9/30	10/30	12/30	13/30	17/30	1/30	20/30
江西排名	21/30	21/30	21/30	19/30	21/30	11/30	10/30	1/30	1/30	1/30	1/30	1/30	1/30	1/30
安徽	0.77	0.62	0.69	0.65	0.51	0.73	0.74	0.62	0.68	0.65	0.65	0.65	0.72	0.69
北京	0.57	0.51	0.57	0.67	0.49	0.72	0.67	0.59	0.65	0.71	0.53	0.56	0.68	1.00
福建	1.00	0.94	0.80	0.83	0.77	1.00	0.92	0.84	0.85	0.79	0.76	0.73	0.90	0.70
甘肃	0.46	0.38	0.71	0.44	0.47	0.48	0.39	0.38	0.39	0.45	0.36	0.36	0.28	0.45
广东	0.93	1.00	1.00	0.99	0.84	0.95	0.90	0.78	0.82	0.70	0.74	0.73	0.65	0.72
广西	0.46	0.46	0.56	0.51	0.50	0.64	0.66	0.77	0.86	0.79	0.74	0.83	0.35	0.97
贵州	0.27	0.26	0.28	0.20	0.15	0.45	0.42	0.48	0.66	0.71	0.65	0.57	0.22	0.47
海南	0.43	1.00	1.00	1.00	0.60	0.74	0.61	0.66	0.45	0.40	0.54	0.47	0.28	0.31
河北	0.73	0.85	0.85	0.83	0.70	0.98	1.00	0.92	0.91	0.95	0.98	1.00	0.58	0.91
河南	0.79	0.77	0.74	0.77	0.65	0.85	0.96	0.96	0.91	0.95	0.98	1.00	1.00	0.90
黑龙江	0.26	0.29	0.37	0.44	0.30	0.46	0.46	0.46	0.44	0.43	0.35	0.33	0.24	0.36
湖北	0.86	0.85	0.91	0.83	0.66	1.00	0.86	0.77	0.78	0.70	0.72	0.72	0.79	0.80
湖南	0.51	0.53	0.67	0.69	0.67	0.94	1.00	1.00	0.95	0.90	1.00	1.00	1.00	1.00
吉林	0.37	0.37	0.36	0.36	0.32	0.54	0.58	0.68	0.77	0.94	1.00	0.72	0.59	0.94
江苏	1.00	1.00	1.00	1.00	1.00	1.00	1.00	1.00	1.00	0.96	0.88	0.96	0.99	0.73
江西	0.47	0.46	0.54	0.54	0.45	0.92	0.92	1.00	1.00	1.00	1.00	1.00	1.00	1.00
辽宁	0.43	0.42	0.50	0.53	0.44	0.73	0.62	0.64	0.67	0.70	0.75	0.84	0.55	0.70
内蒙古	0.71	0.76	1.00	0.97	0.71	0.80	0.83	0.76	0.97	1.00	1.00	1.00	1.00	1.00
宁夏	0.31	0.23	0.23	0.61	1.00	1.00	1.00	1.00	1.00	1.00	1.00	1.00	1.00	0.98
青海	0.51	0.29	0.32	0.24	1.00	0.76	0.38	0.47	0.54	0.48	0.51	0.50	0.27	0.59
山东	0.69	0.68	0.74	0.75	0.67	0.96	1.00	1.00	1.00	1.00	1.00	1.00	1.00	0.97
山西	0.56	0.55	0.56	0.48	0.33	0.62	0.54	0.48	0.47	0.41	0.34	0.34	0.27	0.40
陕西	0.48	0.50	0.44	0.41	1.00	0.63	0.50	0.55	0.56	0.45	0.49	0.49	0.21	0.58
上海	0.99	1.00	1.00	0.96	1.00	0.95	0.93	0.79	0.79	0.75	0.72	0.60	0.64	0.76
四川	0.56	0.61	0.64	0.63	0.60	0.89	1.00	0.94	1.00	1.00	0.94	0.91	0.61	1.00
天津	0.61	0.59	0.68	0.47	0.42	0.44	0.52	0.46	0.47	0.46	0.48	0.49	0.43	0.39
新疆	0.37	0.42	0.41	0.33	0.33	0.35	0.49	0.45	0.50	0.50	0.46	0.41	0.37	0.36
云南	0.36	0.43	0.36	0.22	0.22	0.45	0.37	0.38	0.35	0.30	0.31	0.24	0.16	0.24
浙江	1.00	1.00	1.00	1.00	1.00	1.00	1.00	0.90	0.87	0.91	0.75	0.69	1.00	0.63
重庆	0.63	0.65	0.61	0.63	0.39	0.85	0.82	0.86	0.94	1.00	0.87	1.00	0.49	1.00
全国均值	0.60	0.61	0.65	0.63	0.61	0.77	0.73	0.72	0.74	0.73	0.72	0.70	0.61	0.72

注:根据 1998—2011 年中国工业统计年鉴相关指标整理与计算所得。

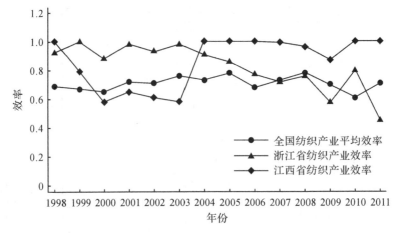

图 5.6　浙江、江西两省纺织制成品行业效率与全国对比(行业代码 18)

通过表 5.6 的研究分析发现,尽管全国平均纺织制成品行业效率在这 13 年里波动较小,也并未如同纺织行业效率一般呈现出较为明显的上升或下降态势,但浙江省的纺织制成品行业效率却在 2003 年以后呈现出显著的下跌趋势,其省级效率在全国 30 个省市的排名在 2011 年甚至一度跌落到 25 名,与之相反的江西省纺织制成品产业效率却在 2003 年之后显著上升,其排名跃居全国前 10 位,甚至一度成为全国第一。结合图 5.6,可以看出,在 2003—2004 年期间江西省纺织制成品行业效率不仅超越了浙江,同时也超越了全国平均水平。反观浙江省其效率水平在不断下降,2011 年降至全国平均水平以下。总体研究表明,浙江省原先所具备的纺织制成品行业的相关优势正在逐渐丧失,产业效率也逐年下跌,与上文的纺织行业分析结论一致。

表 5.6　行业代码 18 开头的纺织制成品业各省效率值与全国均值

省份	1998年	1999年	2000年	2001年	2002年	2003年	2004年	2005年	2006年	2007年	2008年	2009年	2010年	2011年
浙江	0.93	1.00	0.88	0.98	0.93	0.98	0.91	0.86	0.77	0.72	0.76	0.59	0.81	0.46
江西	1.00	0.79	0.59	0.66	0.62	0.59	1.00	1.00	1.00	0.99	0.96	0.88	1.00	1.00
浙江排名	10/30	1/30	6/30	7/30	9/30	8/30	6/30	13/30	12/30	17/30	18/30	21/30	7/30	25/30
江西排名	1/30	12/30	17/30	19/30	19/30	21/30	1/30	1/30	1/30	4/30	8/30	8/30	1/30	1/30
安徽	0.81	0.79	0.54	0.62	0.70	0.83	0.69	0.78	0.52	0.59	0.69	0.66	0.60	0.76
北京	0.57	0.52	0.52	0.58	0.54	0.62	0.71	0.70	0.48	0.50	0.57	0.43	0.43	0.49
福建	1.00	0.85	0.87	1.00	0.88	0.99	0.99	1.00	0.90	0.96	0.95	0.68	0.99	0.74
甘肃	0.77	0.59	0.78	1.00	1.00	0.93	0.46	0.57	0.37	0.39	0.33	0.28	0.24	0.48

续表

省份	1998年	1999年	2000年	2001年	2002年	2003年	2004年	2005年	2006年	2007年	2008年	2009年	2010年	2011年
广东	0.96	0.90	0.87	0.90	0.89	0.93	0.83	0.85	0.72	0.77	0.76	0.60	0.56	0.84
广西	0.34	0.31	0.27	0.35	0.72	0.72	0.45	0.54	0.54	1.00	0.94	0.86	0.39	0.72
贵州	0.59	0.48	0.57	0.56	0.54	0.55	0.61	0.58	0.49	0.65	0.64	0.50	0.38	0.60
海南	1.00	0.86	0.78	0.67	0.63	1.00	0.83	0.61	0.37	0.10	1.00	1.00	0.07	1.00
河北	0.98	0.96	0.86	0.94	1.00	0.94	0.84	0.90	1.00	0.97	1.00	0.83	0.63	0.94
河南	0.74	0.66	0.69	0.87	0.79	0.80	0.74	0.80	0.86	0.88	1.00	0.86	0.95	0.91
黑龙江	0.28	0.38	0.39	0.40	0.46	0.53	0.73	0.78	0.83	0.90	0.79	1.00	0.80	0.96
湖北	0.83	0.83	0.79	0.90	0.87	0.83	0.78	0.74	0.66	0.67	0.75	0.62	0.67	0.76
湖南	0.78	0.95	0.66	1.00	0.80	1.00	0.87	1.00	1.00	1.00	1.00	1.00	1.00	0.00
吉林	0.52	0.55	1.00	0.79	0.45	0.58	0.52	0.75	0.63	0.71	0.84	0.78	0.68	1.00
江苏	1.00	1.00	1.00	1.00	1.00	1.00	1.00	1.00	1.00	1.00	0.92	0.77	1.00	0.72
江西	1.00	0.79	0.59	0.66	0.62	0.59	1.00	1.00	1.00	0.99	0.96	0.88	1.00	1.00
辽宁	0.91	0.77	0.60	0.69	0.79	0.80	0.69	0.91	0.71	0.72	1.00	0.89	0.62	0.95
内蒙古	0.51	0.74	0.28	0.66	0.45	0.59	0.64	0.58	0.60	0.89	1.00	0.89	0.69	0.43
宁夏	0.33	0.42	1.00	1.00	1.00	0.37	0.50	1.00	0.37	0.38	0.54	0.00	0.26	0.32
青海	0.30	0.42	0.22	0.58	1.00	1.00	0.68	0.81	0.44	0.75	0.65	0.45	0.49	0.42
山东	0.94	0.87	0.84	0.85	0.96	0.98	1.00	1.00	0.88	0.95	0.98	0.93	0.98	0.92
山西	0.45	0.36	0.39	0.53	0.44	0.57	0.41	0.53	0.45	0.44	0.53	0.44	0.44	0.63
陕西	0.54	0.59	0.50	0.50	0.41	0.55	0.62	0.63	0.56	0.78	0.91	0.84	0.92	0.55	0.55
上海	0.95	0.99	0.92	0.91	0.98	0.97	1.00	0.93	0.91	0.86	0.84	0.56	0.80	0.58
四川	0.45	0.42	0.42	0.58	0.60	0.67	0.77	0.91	0.81	0.95	0.78	1.00	0.65	1.00
天津	1.00	1.00	1.00	1.00	1.00	0.98	0.70	0.94	0.52	0.56	0.55	0.65	0.41	0.70
新疆	0.38	0.41	0.40	0.38	0.29	0.42	0.52	0.53	0.51	0.67	0.66	0.47	0.44	0.79
云南	0.53	0.38	0.35	0.32	0.29	0.38	0.55	0.38	0.72	0.65	0.63	0.40	0.42	0.23
浙江	0.93	1.00	0.88	0.98	0.93	0.98	0.91	0.86	0.77	0.72	0.76	0.59	0.81	0.46
重庆	0.51	0.38	0.54	0.68	0.54	0.75	0.88	0.95	0.73	0.51	0.66	0.60	0.37	0.79
全国均值	0.70	0.67	0.65	0.73	0.72	0.76	0.73	0.78	0.68	0.73	0.79	0.71	0.61	0.71

注:根据 1998—2011 年中国工业统计年鉴相关指标整理与计算所得。

5.4.2　浙江和江西两省的效率指标

对于浙江省级层面的企业数据,同样筛选了行业代码为 17 开头纺织产业和 18 开头纺织制成品业的全部数据,并且对比相邻两个年份的数据进行筛选,将出现在当年年份而下一年份不出现的企业视为当年的退出企业,再用当年的原始数据剔除退出企业即得到当年留存企业,之后利用与前文相同的方法做 DEA 的截面数据模型,以当年全部退出或留存企业效率的平均值作为 1999—

2011 年每一年份省级层面退出或留存企业的平均效率,得到的折线如图 5.7 和 5.8 所示。

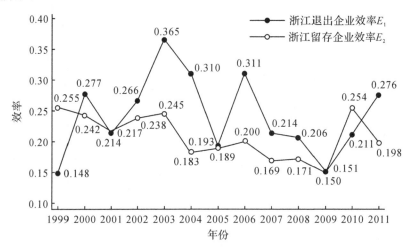

图 5.7 浙江退出与留存企业的平均效率对比(17 开头纺织产业)

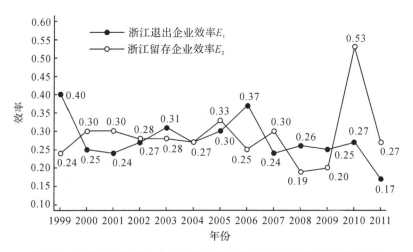

图 5.8 浙江退出与留存企业的平均效率对比(18 开头纺织制成品业)

从图 5.7 可以看出,浙江省纺织行业留存企业的平均效率从 2001 年至 2009 年呈现出整体低于退出企业的平均效率的态势,留存企业平均效率在多年来甚至不足 0.25,尽管在 2010 年留存企业平均效率有所反弹,高于退出企业平均效率近 0.5,但其在 2011 年再次跌落到仅有 0.2 的水平,这样的效率特点反映出浙江省作为曾经的纺织产业大省,尽管在近年来其纺织产业工业总产值等指标在全国的占比仍然较高,但是其留存下来的纺织企业平均效率实际上处于较低水平,反映出浙江省发展纺织产业后劲不足的态势,而从浙江省退出的企业平均效率虽然高于留存企业效率,但受浙江省整体环境影响,仍然处于较低水平,导致这些企业退出的原因可能是其对更高效率的追逐,更确切地说是对更低生产成本与劳动成本及相关优惠政策的追逐。

而浙江省纺织制成品业的留存和退出企业平均效率相对于纺织产业来说,虽然有着更小的差距,但其同样处于较低的水平,于2011年退出浙江的纺织制成品企业平均效率甚至不足0.2,而留存企业的平均效率也不足0.3,在如此之低的效率下,浙江省近年来纺织制成产业呈现出向外转移的趋势实属正常。

对于江西省的相关数据,本书同样用相邻两个年份的数据做对比,筛选出于下一年出现而当年不出现的企业作为当年的新增企业,之后用DEA截面数据模型测算出每一年新增企业的平均效率,其与浙江省留存和退出企业样本的平均效率对比如图5.9和图5.10所示。

由图5.9和图5.10可知,不论是纺织产业还是纺织制成品业,江西新增企业的平均效率整体显著高于浙江退出和留存企业,这反映出江西省相对于浙江省而言,不仅具有劳动力和土地的成本资源优势,且转移到江西的企业会具有更高的技术效率,这样的相对优势使得江西省可以更好承接浙江省转出的纺织产业和纺织制成品产业。

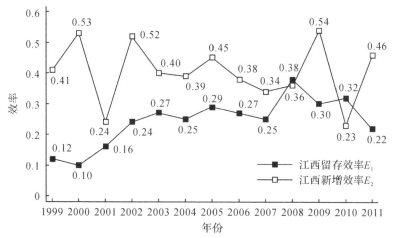

图5.9 浙江和江西两省不同企业的平均效率对比(17开头纺织产业)

对于纺织企业承接地的江西省内部来说,其留存企业平均效率与新增企业平均效率如图5.11所示,其中江西省的留存企业筛选方法与浙江省不同,是用当年的全部企业剔除掉新增企业的部分,剩下的算作江西省的留存企业。就行业代码为17开头的纺织产业来说,单看留存企业平均效率的折线图,可以发现其存在着缓慢上升的趋势,在2009年达到顶峰0.54,而新增企业的平均效率随

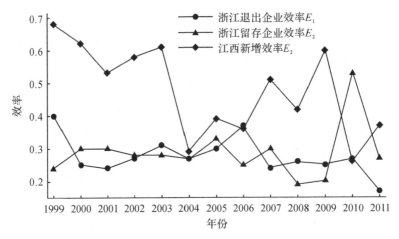

图 5.10　浙江和江西两省不同企业的平均效率对比（18 开头纺织制成品业）

年份波动较大，但总体上维持着比留存企业平均效率更高的趋势。两者呈现这样趋势的原因很可能是由于江西省多年来通过自身努力和对东部地区纺织产业的承接，使得其固有的留存企业得到了转入本地寻求更低成本的高效率企业的带动，并通过向同行学习和引入技术人才等方式提升了自身效率，逐步呈现出上升的趋势。而对于江西省的新增企业来说，本身可分为两类，一类是中小型企业为延续自身生存发展而被迫转入，另一类规模较大、效率较高的大型企业为了拓宽市场并寻求相对优势而自愿转入，故江西新增企业平均效率的波动受到当年度这两类企业的多少和比例影响较大，呈现高达 0.31 的年度企业平均效率差异。

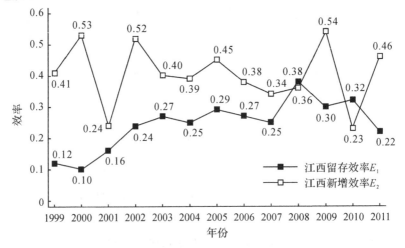

图 5.11　江西新增与留存企业的平均效率对比（17 开头纺织产业）

如图 5.12 所示,对于江西省行业代码为 18 开头的纺织制成品行业来说,其留存和新增的企业平均效率趋势与其他纺织产业不尽相同。最重要的区别在于,江西省纺织制成品行业不论是留存企业平均效率,还是新增企业平均效率,都呈现较为明显的下降趋势,而与纺织产业情况相同的是,纺织制成品行业的新增企业平均效率仍然长期呈现大于留存企业平均效率的趋势。而造成这种下降趋势的原因很可能与图 5.8 中浙江省退出企业效率的逐年降低有关,江西本地留存企业的平均效率自然也会受到连带影响。尽管我们并不能断定从浙江省退出的纺织制成品企业会全部转移到江西省,但是鉴于两省相邻的地理位置和江西省良好的纺织制成品产业基础,以及笔者对纺织制成品产业转移情况的了解,至少可从一定程度上断定,江西省作为产业承接地,其产业效率会受到诸如浙江省这样的产业转出地所转出的企业平均效率影响。

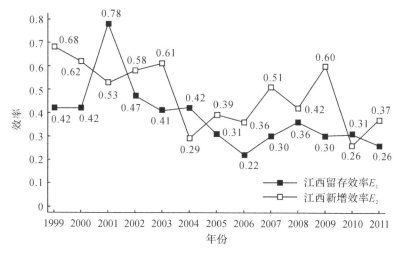

图 5.12　江西新增与留存企业的平均效率对比(18 开头纺织制成品业)

5.5　实证分析小结

本章主要是采用 DEA 模型进行效率测度,分别对浙江省和江西省纺织产业在各自区域内与其他产业的相对效率和排名情况、两省纺织产业效率和纺织制成品行业效率、两省省内留存企业和退出企业平均效率进行分析,以此来检验作为纺织产业转出地的浙江省和纺织产业承接地的江西省两者之间的关系,进一步验证东部地区纺织产业集聚带来的生产要素优势不断削弱、市场发展空间受限,从而使得纺织产业向发展潜力较大的中部地区转移的发展趋势。

首先,一个企业要想获得市场的竞争力,必须要有所创新,而效率驱动是创新驱动的前导阶段,它具有承前启后的作用,尤其是在要素优势殆尽、人口红利消失、投资收益递减的背景下,传统的产业发展模式难以为继,这些原来促进产业发展的优势将会走向各自的对立面。"穷则思,思则变,变则通",效率驱动便会应运而生,对落后的产能进行淘汰,制定优化方案,形成可持续的产业集聚形态。那么我们从本章中可以发现,纺织产业的发展效率相对于其他产业在浙江省处于劣势地位,而在江西省的发展方兴未艾,在区域内有着较大的盈利空间和强大的发展势头,处于一个较好的产业生存和竞争环境,对于想要将纺织产业进行产业转移的企业来说,江西省对企业的吸引力相对比较大,可以是一个很好的选择。尽管浙江省的纺织产业水平在总体上相比江西省存在绝对优势,但是从近几年的走势来看,浙江省的这种绝对优势正在逐渐减弱,表现为在东部沿海地区盈利水平普遍下降的背景下,江西省扭转了在纺织产业上的亏损状态,实现了盈利扩张。进一步通过相关性检验分析浙江和江西两省纺织产业在效率上存在的比较优势和绝对优势差异以及与产业转移规模间的关系,也恰好说明了上述两省的发展趋势。浙江省的纺织产业区域内效率离差呈现波动下降的趋势,也正是其在区域内比较优势缺失程度和绝对优势的下降程度加大,难以吸引新的资本来注入新的动力。生存空间受到更大的挤压的重要原因,是由于现有的市场环境带给企业的盈利空间受限,这些现有的产业资本就会不断强化对纺织产业的转出与撤离动力,使其转出意愿更强,转出规模更大。

其次,计算全国纺织产业的省级效率作为检验两省纺织产业效率和纺织制成品行业效率的重要比较依据,浙江省呈现总体下滑的趋势,江西省却居于全国纺织行业的先锋省份,说明了以浙江为代表的东部沿海城市原先所具备的发展纺织产业的相关优势正在逐渐丧失,纺织产业效率也逐年下跌,纺织产业亟待转移,为浙江省腾出更多的资源发展其他产业,形成良好的产业结构。

最后,通过建立 DEA 的截面数据模型,得到每一年份省级层面退出或留存企业的平均效率。为追求企业利润的最大化,实现最低的土地、劳动力、资源成本,浙江省留存纺织企业平均效率水平较低,退出效率较高,发展纺织产业的后劲不足,倾向于产业转出;而江西省作为近年来全国纺织产业发展的龙头省份,相较于浙江,不论是纺织产业还是纺织制成品业,江西新增企业的平均效率都要整体显著高于浙江退出和留存企业的平均效率。这反映出江西省相对于浙江省而言不仅具有劳动力和土地的成本资源优势,并且江西省不断地提升自身的技术效率和人才质量,使得江西省可以更好地承接浙江省转出的纺织产业和纺织制成品产业,很好地验证两省之间作为转出区和承接区的相互关系。

以浙江省和江西省两者纺织产业近几年的发展态势为例,可以进一步地推出随着东部发达地区纺织产业内部结构优化升级的需要和外部市场环境、生产要素的日趋饱和,为减轻土地、劳动力成本以及资源环境压力,扩大纺织产业规模和提高纺织产业效益,产业整体呈现东部向中部转移的大体趋势,这是各纺织行业生产者为实现预期的产业产值,提高生产要素的生产效率,追求利润最大的最佳方案之一。

第6章　浙赣两省纺织产业集聚与测量

产业集聚对区域产业发展和推动区域经济发展具有重要作用,产业集聚水平的测量能为政府制定相关政策提供指引。本书利用空间基尼系数测算了2016—2020年浙赣两省纺织业与部分制造业(共20个制造行业)的产业集聚程度。结果表明,浙江省纺织业存在产业集聚现象,而江西省的纺织业不存在产业集聚现象,且受纺织行业区域转移的影响,其产业集聚程度呈现下降趋势。本书还运用区位熵深入分析了浙赣两省在2020年各地级市的产业集聚情况,发现了纺织业在部分地级市存在集聚情况。此外,制造业中计算机、通信和其他电子设备制造业的集聚程度远超其他行业,在省会城市呈现高度集中的情况。

6.1 浙赣两省纺织产业的发展背景与现状

纺织工业是我国的传统产业,更是国民经济的重要组成部分,在推动社会经济增长、解决劳动问题、促进就业和扩大进出口贸易上具有积极的影响。中国是世界上规模最大的纺织品服装生产国、消费国和出口国,纺织服装生产量占全球市场50％以上,纺织产业链完整涵盖了从原材料加工到成品生产的各个环节,形成了一个高效协同的产业生态系统。纺织产业的发展伴随着大量产业集群的产生,依据中国纺织经济信息网统计目前从行政区域上统计,市(县)级纺织服装产业集群113个,镇级集群103个,分布在全国的21个省区,以长江三角洲、珠江三角洲、海西地区和环渤海三角洲为主,其中浙江、江苏、广东、山东、福建等沿海五省最为集中,五省集群数量占全国的四分之三;其中,浙江省44个、江苏省43个、广东省29个、山东省26个、福建省15个。

产业集聚是指在特定地理区域内,同一或相关产业的企业、供应链和相关服务机构相互聚集并实现基础设施、信息、技术及劳动力等生产资源的共享。这种集聚的特点是相对密集的产业组织和人才集聚,形成了一个具有竞争力和合作性的生态系统。近年来有许多学者关注纺织业产业聚集问题,宗成峰(2008)运用区位商指数测度了2003—2005年中国纺织产业整体集聚情况。丁美玲等(2010)研究发现,纺织业在空间上有集聚的趋向,在山东、江苏、浙江、广东 4 个省份具有明显的集聚现象。江心英等(2014)发现纺织业主要以产业集聚的方式发展,且生产规模迅速扩大。周笑等(2019)通过马尔科夫转移矩阵法分析中国纺织业发展格局,并将其特点归纳为"俱乐部趋同"和"两极分化"。姚蔓蔓(2012)发现浙江省的纺织工业布局是以大城市为中心的纺织大企业和以中小企业为主体的市(县)镇纺织产业集群相结合的产业组织布局,陈平(2011)发现江西凭借地理位置与成本优势承接了来自东部的纺织产业转移,并推动了纺织产业集群的产生。总体来看,当前对中国整体纺织产业集聚情况的研究较为充分,但具体对浙赣两省的纺织产业集聚情况进行深入研究的文献较少。因此,本书对浙江、江西两省的纺织行业聚集程度进行测度,并探讨两省在纺织业聚集程度上的区别以及产业集聚对纺织业发展的影响。

纺织行业是浙江省重要民生产业和传统优势产业,是中国纺织产业发达地区,产业规模大,集聚程度高。江西省同样在纺织服装领域已跻身全国纺织行业发展前列,形成了从纺纱、织布、印染到成衣的完整产业链。但江西省内数量众多服装企业普遍以代工贴牌为主,存在盈利能力弱、资金链薄弱、自主创新能力不足等问题。品牌和设计是江西纺织业必须加快补齐的短板。表 6.1 和表 6.2 列出了 2011—2020 年两省纺织业的生产总值,可以发现江西省截至 2020 年纺织工业的生产总值为 1323.26 亿元,而浙江省为 4231.77 亿元,要远远高于江西省的生产总值,占全国纺织业生产总值的 18.03%。此外,还可以关注到 2019 年和 2020 年江西、浙江两省纺织产业规模总体呈不断萎缩之势,基数变小,行业运行呈下行趋势,尤其疫情以来,行业面临较为严峻的发展环境。欧美需求萎缩,加上多重因素引起的订单转移,造成外销订单持续低迷,内销订单竞争加剧,行业需求端严重不足。同时,还面临原材料、人工成本上升、利润率下降等问题,企业亏损面扩大,行业景气度不高。

表 6.1　2011—2020 年江西省纺织业规模指标

规模指标	2011 年	2012 年	2013 年	2014 年	2015 年
纺织业工业总产值/亿元	650.45	618.52	736.83	1034.76	1176.49
利润总额/亿元	41.79	44.97	56.37	73.35	84.45
从业人数/万人	12.43	8.41	9.32	10.22	11.04
规模指标	2016 年	2017 年	2018 年	2019 年	2020 年
纺织业工业总产值/亿元	1264.37	1370.58	1476.11	1425.92	1323.26
利润总额/亿元	88.19	84.36	55.07	50.19	47.63
从业人数/万人	11.66	11.13	8.93	8.14	6.93

表 6.2 2011—2020 年浙江省纺织业规模指标

规模指标	2011 年	2012 年	2013 年	2014 年	2015 年
工业总产值/亿元	5805.65	5416.9	5855.93	6037.54	6026.48
营业收入/亿元	618.22	567.12	634.99	643.91	652.8
从业人数/万人	103.69	79.81	79.07	77.24	74.67
利润总额/亿元	280.9	235.84	276.79	289.75	308.35
全国纺织业产值/亿元	32068.29	31776.73	35446.74	37704.25	39392.98
江西纺织业工业产值占全国比重/%	2.03	1.95	2.08	2.74	2.99
浙江纺织业工业产值占全国比重/%	17.78	16.80	16.19	15.77	15.07
规模指标	2016 年	2017 年	2018 年	2019 年	2020 年
工业总产值/亿元	6030.74	4875.01	4319.74	4494.57	4231.77
营业收入/亿元	661.71	566.69	526.39	561.59	595.88
从业人数/万人	71.26	63.49	59.24	58.92	57.72
利润总额/亿元	324.12	243.37	203.76	190	222.62
全国纺织业产值/亿元	40287.42	36114.43	27863.1	24665.8	23473.8
江西纺织业工业产值占全国比重/%	3.14	3.80	5.30	5.78	5.64
浙江纺织业工业产值占全国比重/%	14.77	13.50	15.50	18.22	18.03

目前纺织产业发展低迷,随着国内外市场需求减少、行业间的竞争愈发激烈,其发展速度放缓,以往发展路途中所忽视的积弊也逐渐显现,创新能力不足、供大于求等将导致纺织企业的利润空间被逐渐压缩。中国纺织业的未来不在于扩大产能,我们应该关注到纺织业存在的现实问题。例如,技术落后,产品缺乏创新且附加值低,在纤维材料、工业物联网、智能纺织机械等关键领域仍存在相当的技术难题。随着电子商务的快速发展,服装的个性化需求越来越多,而企业缺乏个性化定制,生产效率较低,缺乏品牌意识。江西省纺织产业的整体产品层次不高,除鸭鸭、良良等少数几个品牌,大部分企业都是贴牌生产,自主品牌比重低。与时代脱轨,企业信息化程度不高。工业 4.0 背景下,数字信息技术向传统产业渗透,数字化、智能化是未来产业发展的主要方向,而纺织业在数字化转型方面进展较慢,大部分纺织企业规模较小,存在资金不足、转型困难等问题。

6.2 浙赣两省纺织产业的集聚现象

6.2.1 浙赣两省产业集聚的动因分析

(1)要素禀赋

要素差异会导致同一生产资料在不同地区的价格不同,基于利润最大化的原则,产业会向投资回报率更高的地区集中。纺织产业属于劳动密集型产业,人力资源与原材料是影响该行业的主要因素。浙赣两省均位于我国东南部,气候宜人,省内水系发达适宜于种植棉花、黄洋麻和苎麻等多种可作为纺织原材料的农作物,具有发展纺织工业的原材料的成本优势。江西和浙江的常住人口分别为 4515 万人和 6627 万人,人口数量庞大,具有丰富的劳动力资源,近年来江西省更是凭借低价劳动力和土地资源承接了来自东部发达地区的纺织产业转移。

(2)外部经济环境

由于产业集聚所产生的地理集中会促进该地区实现资源共享、优势互补,知识技术溢出和外在资源的共享机制能够加快生产技术和生产要素在集群企业间的流动,从而推动行业市场的良性发展,进一步提高该产业的产品附加值,实现区域行业的经济规模化增长。

(3)经济水平

经济发展与产业发展存在关联效应,经济发达地区往往基础设施完善、交通便利、人口密集、消费需求旺盛,往往能吸引大量企业集聚。具体表现为江西纺织产业主要围绕着省会南昌市在周边发展出了青山湖针织服装产业集群、共青城羽绒服产业集群、奉新县纺织业产业集群等多个大规模产业集群,浙江的纺织业产业集群则集中在杭州、绍兴、宁波三地。

(4)政策扶持

政府可以通过财政补贴、税收优惠、土地供应等方式来影响产业集聚的地域选择。江西省发布了《江西省纺织服装产业链现代化建设行动方案(2023—2026 年)》,计划到 2026 年,实现省级纺织服装产业集群数量达到 10 个,规模超 200 亿元的产业集群达到 4 个。浙江省经信厅、省财政厅则通过"浙江制造"省级特色产业集群核心区协同区财政专项激励计划,对萧山、柯桥等地的纺织服装业集群提供了资金支持。

6.2.2　浙赣两省的纺织产业集聚情况

表 6.3 为中国纺织工业联合会 2023 年公布的浙赣两省超百亿元纺织产业集群地区的建设情况,可以看到浙江省共有六个市级纺织产业集聚区生产总值达百亿元,其中浙江省的杭州市萧山区、绍兴市柯桥、桐乡市的产业集聚区工业总产值突破了千亿,江西省有四个集群地区上榜但没有千亿规模的市级纺织产业集群。根据江西省商务厅公布的纺织服装产业集群主要分布在南昌市青山湖区(被称为"中国针织服装名城")、共青城市(被称为"中国羽绒服装名城")、分宜县(被称为"中国苎麻纺织名城")、于都县(被称为"中国品牌服装制

造名城")、奉新县(被称为"中国新兴纺织产业基地县"和"中国棉纺织名城")、德安县、万年县、瑞昌市、濂溪区和都昌县等。根据浙江省"415X"先进制造业集群培育工程的相关信息,第一批"浙江制造"省级现代纺织业特色产业集群的分布情况:核心区(3个),分别为杭州市萧山区、桐乡市和绍兴市柯桥区;协同区(7个),分别为杭州市临平区、宁波市海曙区、温州市瓯海区、温州市鹿城区、海宁市、象山县和兰溪市。结合两组数据来看,江西省纺织产业集群数量较多但是在规模上与浙江省的纺织产业集群存在较大的差距。

依据江西省商务厅发布的数据,到2023年底江西省纺织服装产业主营业务收入达到5000亿元,其中规模以上企业营业收入达到2500亿元;纺织服装产业集群经济总量占比65%以上,主营业务年收入过500亿元的产业集群达到3个。从产业布局上看,南昌市重点推进针织服装提质创牌、专业市场建设以及提高印染后整理水平,着力打造全国针织服装出口基地及休闲面料生产基地、全力推进全国低碳环保非织造产业基地和医疗卫生产业基地;九江市重点推进服装、棉纺织印染、生物基纤维和丝绸四大基地建设,形成在全国具有较强竞争力的纺织产业集群;赣州市重点发展于都、兴国、宁都、石城、瑞金等县区品牌服装服饰,着力以于都为核心的"赣州纺织服装产业带";上饶市重点发展服装、家纺、丝绸等特色产品,抚州市重振棉纺织产业,吉安市着力重点发展服装产业、非织造产业。

浙江省在纺织产业具有成熟的产业链。上游化纤领域,桐乡、绍兴、萧山是全国知名的化纤新材料生产基地;中游印染领域,绍兴柯桥集聚超百家印染企业,印染量接近全国三分之一;下游的服装服饰领域,全省已形成多个服装产业集群并逐渐形成"杭州女装""宁波男装""温州休闲装""织里童装"等区域服装品牌。在未来浙江省纺织业发展将注重于产业链数字化赋能、核心技术自主突破、企业品牌建设等方面。依据浙江省经信厅印发的《关于促进浙江省纺织产业高质量发展的实施意见》,预计到2025年,浙江省将培育纺织产业营业收入1200亿以上的县(市、区)3个、500亿以上的县(市、区)6个、100亿以上的县(市、区)25个。

表6.3 2023年浙赣两省超百亿元纺织行业集群分布

序号	县(市、区)	序号	县(市、区)
1	浙江省海宁市	6	江西省于都县
2	浙江省长兴县	7	浙江省义乌市
3	江西省南昌市青山湖区	8	江西省共青城市
4	浙江省平湖市	9	浙江省兰溪市
5	浙江省象山县	10	江西省奉新县

6.3　浙赣两省纺织产业集聚程度测量

6.3.1　产业集聚的测量方法和指标综述

（1）空间基尼系数

$$G_j = \sum_{i=1}^{M} \left(\frac{q_{ij}}{\sum_{i=1}^{M} q_{ij}} - \frac{\sum_{j=1}^{N} q_{ij}}{\sum_{i=1}^{M} \sum_{j=1}^{N} q_{ij}} \right)^2$$

其中，G_j 表示 j 产业空间基尼系数，q_{ij} 为 j 产业在 i 地区就业人数，$\sum_{i=1}^{M} q_{ij}$ 为 j 产业全部地区就业人数，$\sum_{j=1}^{N} q_{ij}$ 为 i 地区全部产业就业人数，$\sum_{i=1}^{M} \sum_{j=1}^{N} q_{ij}$ 全部地区全部产业就业人数。空间基尼系数也可以用产值和增加值等指标进行计算，空间基尼系数值越大，表示该行业在地理上的集聚程度越高。

（2）赫芬达尔指数

$$H = \sum_{j=1}^{N} \left(\frac{X_j}{X} \right)^2$$

其中，X 代表某个产业的市场总规模，X_j 代表 j 企业的市场规模，N 是该产业内企业数。$\frac{X_j}{X}$ 代表第 j 个企业的市场占有率。H 指数越小，则说明该产业集聚程度越小，反之产业集聚程度越大。

（3）产业空间集聚指数

产业空间集聚指数综合了空间基尼系数和赫芬达尔指数，不仅考虑了由空间基尼系数反映出的区域差异，也兼顾了赫芬达尔指数反映的企业规模影响，具体计算公式为：

$$\beta = \frac{\sum_{i=1}^{M} (p_i - q_i)^2 - \left(1 - \sum_{i=1}^{M} q_i^2\right)\left(\sum_{j=1}^{N} S_j^2\right)}{\left(1 - \sum_{i=1}^{M} q_i^2\right)\left(1 - \sum_{j=1}^{N} S_j^2\right)}$$

其中，N 代表某一产业的企业数量，M 代表区域数量，β 为产业空间集聚指数，p_i 为 i 区域某产业就业人数占全国该产业总就业人数的比重，q_i 为 i 区域就业人数占全国总就业人数的比重，S_j 为第 j 家企业的市场占有率，$H = \sum_{j=1}^{N} S_j^2$ 指数表示该产业中以就业人数为标准计算的企业规模分布。

（4）区位熵指数

$$LQ_{ij} = \frac{E_{ij}/E_i}{E_j/E}$$

式中，LQ_{ij} 为 i 地区 j 产业，E_{ij} 为该地区的某个产业的产值，E_i 为该地区总产值，E_j 为全国或者全省某个产业的总产值，E 为全国或全省总产值。$LQ_{ij} > 1$，则说明该地区的某个产业存在集聚情况，数值越大集聚程度越高。

6.3.2　浙赣两省纺织产业集聚程度计算

本书搜集了浙赣两省各个地级市的统计年鉴，整理出了 2016—2020 年浙江省和江西省的纺织业和部分制造业产值，如表 6.4 和表 6.5 所示。由于吉安市、鹰潭市两地的统计年鉴缺失较多，本书剔除了两市的数据，对部分缺失值使用线性插值法补齐，最后采用空间基尼系数的方法计算两省纺织业和部分制造业的集聚程度，空间基尼系数大小在 0～1 之间，数字越大代表产业集聚程度越大。此外，本书加入区位熵指数来进一步判断浙赣两省的地级市产业集聚情况，深入讨论纺织业与各产业的集聚情况，如表 6.5 和表 6.6 所示。

表 6.4　2016—2020 年浙江省部分制造业空间基尼系数

制造业	2016 年	2017 年	2018 年	2019 年	2020 年
农副食品加工业	0.056375	0.066893	0.060961	0.055812	0.039214
食品制造业	0.045742	0.056363	0.049835	0.050080	0.058533
酒、饮料和精制茶制造业	0.104535	0.112309	0.118533	0.120978	0.099692
纺织业	0.090301	0.066473	0.055309	0.063179	0.066671
纺织服装、服饰业	0.019824	0.018987	0.018269	0.022791	0.027224
造纸和纸制品业	0.043646	0.048313	0.058831	0.046173	0.037422
印刷和记录媒介复制业	0.025743	0.020905	0.031298	0.042459	0.035542
文教、工美、体育和娱乐用品制造业	0.019202	0.016639	0.021999	0.031358	0.036030
化学原料和化学制品制造业	0.008306	0.012262	0.019585	0.021107	0.017697
医药制造业	0.070582	0.084505	0.118561	0.147806	0.163929
橡胶和塑料制品业	0.006488	0.006056	0.009645	0.010400	0.009722
非金属矿物制品业	0.025918	0.029863	0.043524	0.094540	0.136067
有色金属冶炼和压延加工业	0.026234	0.022672	0.027488	0.033947	0.034164
金属制品业	0.032507	0.020044	0.024034	0.035047	0.044558
通用设备制造业	0.005690	0.005630	0.003084	0.004131	0.007503

续表

制造业	2016 年	2017 年	2018 年	2019 年	2020 年
专用设备制造业	0.016492	0.015445	0.022682	0.019623	0.025729
汽车制造业	0.064198	0.104993	0.116673	0.117251	0.109364
电气机械和器材制造业	0.014661	0.011709	0.011683	0.012010	0.020826
计算机、通信和其他 电子设备制造业	0.080889	0.131730	0.194069	0.275116	0.368367
仪器仪表制造业	0.058473	0.051953	0.053589	0.109610	0.161609

表 6.5　2016—2024 年江西省部分制造业空间基尼系数

制造业	2016 年	2017 年	2018 年	2019 年	2020 年
农副食品加工业	0.052148	0.060953	0.076607	0.069674	0.092849
食品制造业	0.036767	0.058477	0.039748	0.045318	0.044639
酒、饮料和精制茶制造业	0.035550	0.024712	0.010567	0.013733	0.022688
纺织业	0.095957	0.085258	0.056721	0.045093	0.045803
纺织服装、服饰业	0.050393	0.047979	0.031421	0.024689	0.041290
造纸和纸制品业	0.011975	0.017809	0.012575	0.015129	0.488832
印刷和记录媒介复制业	0.016325	0.015289	0.007758	0.008536	0.013753
文教、工美、体育和 娱乐用品制造业	0.328486	0.405382	0.574921	0.516866	0.313971
化学原料和化学制品制造业	0.031543	0.024405	0.026933	0.030027	0.043911
医药制造业	0.037357	0.038245	0.025083	0.033645	0.035595
橡胶和塑料制品业	0.077749	0.099071	0.090078	0.090275	0.026442
非金属矿物制品业	0.066530	0.044207	0.039088	0.048038	0.052653
有色金属冶炼和压延加工业	0.059642	0.059473	0.052747	0.056871	0.060602
金属制品业	0.026548	0.025458	0.052102	0.065059	0.081813
通用设备制造业	0.010665	0.014586	0.023971	0.026570	0.037201
专用设备制造业	0.030843	0.013253	0.011485	0.021318	0.020688
汽车制造业	0.231542	0.335334	0.429100	0.454137	0.418326
电气机械和器材制造业	0.027921	0.021011	0.010675	0.009844	0.017157
计算机、通信和其他 电子设备制造业	0.061907	0.117654	0.205136	0.271579	0.332169
仪器仪表制造业	0.048819	0.081791	0.071722	0.121692	0.209549

表6.6 2020年浙江省及各地级市部分制造业区位熵值

制造业	杭州市	宁波市	温州市	嘉兴市	湖州市	绍兴市	金华市	衢州市	舟山市	台州市	丽水市	浙江省
农副食品加工业	0.737	0.563	0.820	1.107	1.292	0.488	0.941	1.922	8.336	0.768	0.636	0.259
食品制造业	1.903	0.462	0.708	1.408	1.147	0.244	1.655	1.785	0.199	0.333	0.229	0.414
酒、饮料和精制茶制造业	2.178	0.314	0.271	0.453	1.493	1.712	0.463	3.851	0.084	0.030	0.906	0.381
纺织业	0.776	0.335	0.461	1.764	1.474	2.853	1.623	0.413	0.052	0.239	0.384	2.581
纺织服装、服饰业	0.481	1.453	1.852	1.233	0.385	1.108	1.934	0.136	0.022	0.035	0.158	1.967
造纸和纸制品业	1.021	0.618	0.762	1.654	0.813	0.457	1.474	5.675	0.215	0.644	0.486	1.559
印刷和记录媒介复制业	0.700	0.771	2.808	1.273	0.564	1.335	0.816	0.749	0.028	0.636	0.518	1.111
文教、工美、体育和娱乐用品制造业	0.450	1.498	0.743	0.472	0.967	1.624	2.061	0.244	0.020	0.549	2.285	1.605
化学原料和化学制品制造业	0.712	1.247	0.429	1.512	0.690	1.545	0.516	2.444	0.047	0.474	1.002	1.200
医药制造业	1.906	0.208	0.257	0.152	0.902	1.868	1.280	0.490	0.082	3.910	0.637	1.055
橡胶和塑料制品业	1.110	0.757	1.339	0.924	0.610	0.906	1.059	0.619	0.049	1.729	0.915	1.567
非金属矿物制品业	1.116	0.490	0.946	1.279	2.128	0.945	1.210	1.649	0.625	0.226	1.064	0.914
有色金属冶炼和压延加工业	0.814	1.327	1.011	0.179	0.622	2.254	1.264	1.855	0.007	0.369	0.895	0.613
金属制品业	0.844	0.859	0.874	1.120	0.975	0.629	3.263	0.756	0.216	0.641	1.073	1.274
通用设备制造业	1.128	0.837	1.199	0.807	1.114	0.953	0.746	0.761	0.243	2.099	1.031	1.908
专用设备制造业	0.745	1.156	1.179	0.686	1.096	1.207	0.641	0.490	1.066	2.434	0.539	1.007
汽车制造业	0.679	2.052	0.890	0.431	0.298	0.262	0.699	0.087	0.217	3.868	0.305	0.895
电气机械和器材制造业	0.895	1.272	1.899	0.830	1.061	0.709	0.726	0.962	0.073	0.752	0.674	1.685
计算机、通信和其他电子设备制造业	2.230	0.978	0.444	1.348	0.282	0.309	0.648	0.485	0.017	0.370	0.145	0.675
仪器仪表制造业	1.743	1.207	2.225	0.505	0.248	0.306	0.444	0.339	0.085	1.021	0.120	2.167

表 6.7　2020 年江西省及各地级市部分制造业区位熵值

制造业	南昌市	九江市	景德镇市	上饶市	抚州市	宜春市	新余市	萍乡市	赣州市	江西省
农副食品加工业	2.485	0.659	0.083	0.446	0.112	0.785	0.395	0.612	1.297	1.054
食品制造业	0.584	0.956	0.424	1.145	0.335	2.978	0.447	1.361	1.031	0.536
酒、饮料和精制茶制造业	1.094	1.809	0.636	0.554	3.604	2.173	0.487	0.227	0.597	0.493
纺织业	0.420	2.576	0.030	1.154	0.518	1.821	0.663	0.157	0.546	0.927
纺织服装、服饰业	0.717	2.658	0.156	0.882	0.479	0.292	0.231	0.212	2.500	1.685
造纸和纸制品业	1.583	1.387	0.081	0.764	1.323	0.674	0.187	1.462	1.358	0.822
印刷和记录媒介复制业	1.009	1.880	0.539	0.589	1.084	1.845	0.995	1.293	0.650	1.133
文教、工美、体育和娱乐用品制造业	0.025	3.980	8.728	0.138	0.196	0.559	0.180	0.756	1.173	1.302
化学原料和化学制品制造业	0.296	1.745	4.761	0.735	1.031	1.251	0.929	1.539	0.644	0.768
医药制造业	0.842	0.790	3.682	0.511	1.135	2.538	0.326	0.570	0.821	1.508
橡胶和塑料制品业	1.181	1.181	0.101	0.599	3.395	2.131	0.391	0.506	0.455	0.805
非金属矿物制品业	0.368	1.769	2.308	0.732	0.591	2.124	0.632	3.714	0.963	1.483
有色金属冶炼和压延加工业	0.144	0.212	0.027	1.730	1.497	0.730	0.071	0.016	0.172	3.760
金属制品	0.892	1.879	0.151	0.747	1.123	2.122	0.754	0.190	0.032	0.789
通用设备制造业	1.009	1.604	5.196	1.237	0.623	0.924	0.649	2.522	0.034	0.647
专用设备制造业	1.575	1.027	0.932	0.947	0.919	0.631	2.111	0.979	0.081	0.506
汽车制造业	3.654	0.515	0.830	0.420	1.357	0.050	0.214	1.007	0.026	0.592
电气机械和器材制造业	0.750	0.760	0.263	2.078	1.077	1.125	0.608	0.417	0.149	1.304
计算机、通信和其他电子设备制造业	1.667	0.317	0.086	0.241	0.906	0.179	0.734	0.479	0.117	0.940
仪器仪表制造业	0.260	2.707	0.030	3.770	0.342	1.239	0.357	0.546	0.089	0.587

从上表中可以看到,2020 年浙江省的纺织业的区位熵值为 2.581,纺织服装业区位熵为 1.967,两个产业均存在产业集聚现象。从地级市的层面来看,浙江省的嘉兴市、湖州市、绍兴市、金华市的纺织业区位熵值均在 1 以上,存在产业集聚现象,其中最高的是绍兴市区位熵值达到了 2.853,而台州市、丽水市、宁波市的纺织业区位熵值偏低,没有达到产业集聚的判断标准。江西省的纺织业区位熵为 0.927,纺织服装业区位熵为 1.685,表示江西的纺织业并没有存在产业集聚。从地级市的层面来看,江西九江市、上饶市、宜春市的区位熵值超过 1,存在产业集聚现象,其中最高的九江市区位熵值达到了 2.576。再结合空间基尼系数,可以发现浙江省的纺织业空间基尼系数波动不大,在 0.06 附近波动,而江西省的纺织业空间基尼系数从 2016 年的 0.09 下降到 0.045,呈现下降趋势,且整体基尼系数要小于浙江省,说明江西省的纺织业集聚程度弱于浙江省,并且呈现下降趋势。这是因为江西纺织业发展要晚于浙江、江苏等沿海地区,近年来才迈入国家纺织业发展的第二梯队。而浙江、江苏等地又因劳动力成本上升和土地价格上涨,导致一些传统产业发生区域转移。凭借地理位置优越、劳动力成本较低等优势,江西省承接了大量来自浙江等地的纺织业产业转移。各地级市纷纷出台相关政策,吸引外省企业到本市发展。受各地政策影响,转移至江西的纺织企业在省内分布较为分散,进而降低了产业集聚程度。

根据空间基尼系数表可以发现,计算机、通信和其他电子设备制造业是浙江省集聚程度最高、增速最快的产业,从 2016 年 0.081 快速增加到 2020 年的 0.368。江西省平均集聚程度最高的产业是文教、工美、体育和娱乐用品制造业,最高达到了 0.575,计算机、通信和其他电子设备是集聚程度增速最快的产业,从 2016 年 0.062 快速增加到 2020 年的 0.332,并且在 2020 年集聚程度超过了文教、工美、体育和娱乐用品制造业。通过区位熵值表可以发现计算机、通信和其他电子设备制造业只有在杭州市、南昌市两个省会城市集聚,其他城市均表现为不集聚的情况。这主要是因为此类技术密集型产业对人才的要求较高,且前期资金投入较大,所以大部分都集聚在省会城市。此外,从区位熵表中可见浙江省和江西省的计算机、通信和其他电子设备制造业区位熵值均低于 1,这是区位熵和空间基尼系数的计算方式差异导致的。空间基尼系数是某一地区某行业产值占全省该行业产值的比重减去该地区产值占全省总产值的比重差值的平方,再对所有地区相加,而计算机、通信和其他电子设备制造业大型企业高度集中在省会城市就导致了空间基尼系数要远大于其他行业,而省级层面的区位熵并未考虑地级市的集聚情况,这也就导致了该区位熵值的结果和空间基尼系数有差异。

6.4　浙赣两省纺织产业集聚效应分析

浙赣两省纺织业产业集聚形成了规模经济与范围效应,带来了成本优势和知识技术外溢。纺织业对于浙江来说是优势产业,在全国纺织业产量中占据重要地位,浙江纺织业集聚作为经济发展的核心基点凭借经济实力强、技术水平高以及要素丰富等优势通过乘数效应,合理配置区域内部资源,发挥辐射作用,促进纺织业跨市域合作,提升知识和技术外溢效率,带动周边地区经济发展和科技创新。而江西省凭借其地理位置、劳动力成本等优势承接了大量来自浙江等地的纺织业产业转移,同时江西省各地级市不断出台相关政策吸引外省企业,促进两省纺织企业经济联系更为紧密。

6.4.1　产业集聚的规模经济效应

首先,浙赣纺织产业集聚区的形成大大降低了两省纺织业的生产成本,对其经济效益的提高具有积极的促进作用。一方面,集聚区内劳动力市场可以为企业提供充足的专业型人才,同时劳动力市场的信息流动性高,大大减少由于信息不对称产生的内生交易费用,即企业在寻求所需劳动力过程中的搜寻成本和监督成本会降低,有效地降低了失业率,节省了人力资源成本。同时,在同一区域内,企业之间的关联度或者技术、资源等互补关系更为密切,更有利于实现企业之间的信息共享、技术交流、资源互补以及创新互动,一定程度上降低了信息搜寻和谈判的成本。另一方面,产业集聚使得企业间可利用资源的空间距离大大缩小,使得企业间的资产流动性加强。各纺织企业在地理位置上较为相近,彼此之间能够更方便地获取原材料、零部件以及生产服务,促进了彼此间的分工协作,优化纺织业上下游的生产布局,企业间的产品交流较为频繁,有效减少了由于距离产生的外生交易费用,如运费、邮费及时间成本等。纺织产业的集聚有利于企业共享公共基础建设或者公共物品,促进相应的服务业和配套基础设施的建设,最大化地利用现有资源,大大节约相关附加成本,使得环境效益和经济效益最大化。

其次,集聚区内企业间的同质性较高,也会导致企业间的竞争加剧。资源基础理论指出,企业核心竞争力的塑造源于企业内部形成的具有异质性特征的竞争资源和能力,企业需要通过不断地创新和发展来优化资源的利用效率,从而持续挖掘自身潜在的竞争优势。因此,集聚区内的企业要想提高自身差异化的竞争优势,需要不断提高自身的技术创新和管理水平,降低交易风险,提升企业的经济效益和市场竞争力,有助于企业共同提高市场份额和市场影响力、扩大市场规模,从而形成专业化市场,实现规模较大的市场经济。由于中小企业具有生产规模小、融资困难、市场竞争力较弱等劣势,集聚区的形成可以帮助区域内的中小企业借助集群提供的良好生产环境、共享的经济资源以及优惠政策扶持弥补其先天的不足,不断增强其竞争力,实现与龙头企业的共同发展。

最后,规模经济的形成扩大了两省的就业空间,缓解了劳动力过剩问题。当前两省纺织产业尚处于劳动密集型阶段,而集群的发展为新兴纺织企业以及相关配套服务业的孵化提供了可能,从而大量就业岗位不断涌现,有效解决了失业率问题,在一定程度上缓解了社会经济矛盾。

6.4.2　产业集聚的知识与技术溢出效应

因为产业或产品生产的特定知识和技术的形成需要一定时间的积累,所以产业集聚的形成促使产业特定知识和技术在聚集区的企业间传播,从而形成掌握产业特定知识和技术特征的劳动力集群,并且吸引越来越多的企业加入,从而产生良好的知识和技术的外溢效应。产业在地理空间上的集聚发展,可以使得劳动力、资本、技术等生产要素流动性加强,利于信息传递,减少了信息中转,有效地提高了信息精度。

在各种渠道连接的地缘关系、供应的合作等诸多因素影响下,专业化的人才以及专业的生产者会相继被吸引,知识和技术的聚集效应加快,促使专业化市场的形成。一方面,企业间信息、经验、知识、技术和人才的流动性加强,有效实现资源共享与优势互补,集聚区内企业的总体生产效率不断提高;另一方面,纺织企业的技术创新对区域内的其他企业具有良好的示范和激励作用,促进企业间竞争氛围的产生,从而激发企业间潜在的技术创新能力,衍生更多的新产品、新技术,有利于增强行业竞争力。同时,集聚区可以充分发挥人才与人力资源优势,促进人才的流动和交流,提供更多的人才选择和发展机会,推动人才的培养和创新能力的提升。

6.4.3　产业集聚对产业创新的促进效应

(1)竞争效应与合作效应

首先,集聚区内的产业创新往往具有较强的传导性和竞争效应,纺织产业相关企业之间会形成一种创新连锁反应,促进相应的上下游产业的可持续创新或升级。一方面表现为企业在空间地理位置上的集中度的提高,加快信息传递速度,减少了信息中转,从而有效地提高了信息的精确度,降低信息不对称带来的不利影响,这些信息包含了企业间通过对产品生产制造各领域的产品、技术、生产模式以及管理组织形式的创新所带来的生产成本下降、市场竞争力加强等隐性市场压力,这会使得企业更容易受到同行业企业相关决策和竞争行为的影响。另一方面,集群中蕴含的丰富的市场机遇信息和企业内部潜在的优胜劣汰的竞争机制也会强化市场竞争压力。在市场竞争压力的驱动下,各企业会不断提高其创新水平和效率,对产品生产的全过程、各领域进行创新,开展差异化的创新活动,不断提高自身高度专业化的核心技术和创新能力,开发新的产品和纺织技术,扩大市场空间,实现技术创新的持续发展和全要素生产率的提高,从而形成区域性创新的良性发展。

其次,纺织业集聚发展大大增加产业间生产制造的各个领域的相关需求,包括生产、管理以及销售等。这有利于加强纺织产业与其上下游企业和相关配套基础服务业的黏性,有利于不同产业间的互动合作交流,进而为产业融合提供了许多发展机遇,为不同产业的技术、产品创新提供潜在的可能性。纺织产业的集聚有利于攻克纺织产业的共性技术难题,有效解决"卡脖子"技术问题,实现技术共享。同时集聚区内各企业可以建立技术联盟,企业间的创新资源可以进行有效整合,大大提升创新效率,加快开发新技术、新产品、新的管理模式等。

(2)过度竞争与拥塞效应

由于集聚区内企业具有同质性的特征,相同性质企业数量过多,势必会造成区域内的过度竞争甚至是恶性市场竞争,这也是两省纺织业集群发展面临的一大问题。那么由于承受着巨大的市场竞争压力,企业将会更加重视自身独有的竞争优势,包括创新型产品和先进的生产技术,此时集聚区内部分企业将会摒弃原有的合作理念,出现独自创新的倾向。这也导致了区域内产业的整体创新效率大大降低,创新水平的提升速度受到抑制。对于区域经济而言,纺织业的集聚使得其经济依赖性加强,这会导致的不良后果可能表现为一旦纺织业发生负面的非预期事件,则会对区域经济发展产生巨大的冲击,进一步抑制该地区的创新水平,如政府降低创新基础设施的投入,从而对纺织业创新发展产生抑制作用。

集群对纺织业创新的发展的另一负面效应表现为资源的拥塞效应,也就是地理空间上有限的资源承载力与企业的发展需求不相匹配,那么此时纺织业集聚产生的积极效应将会不断削弱,资源劣势将不断凸显。以土地为例,若集群内纺织企业过多,势必会导致土地租金持续上涨,进一步加剧企业的日常经营成本,对企业的研发资金产生"挤出效应",影响企业的研发创新。同时土地、交通、环境成本的进一步提高,可能会产生劳动力外溢的现象,同时对新的劳动力流入也会起到阻碍作用,人才的缺失成为企业产品技术创新研发受到抑制的关键因素。

6.4.4　产业集聚对企业长期发展的影响

根据相关学者的研究,集聚效应并非与其聚集度一直呈正相关,其会随着集群的生命周期发生变化。由于在各生产要素和经济要素的驱动下以及市场的引导下,位于集群内的各企业以追求利润最大化为目标导向,其生产、管理、销售等关系更为密切,彼此的依赖性加强。在集聚初期,纺织业的集中对区域经济的发展的促进作用更为显著。但伴随区域内企业数量的愈来愈多,地区的生产要素成本会不断上涨,那么初期所带来的正面效应将会逐渐被削弱,区域内的负面效应日益严重,表现为"产业同构—重复建设—过度或恶性竞争"。纺织企业间的差异化优势也随之减弱,并出现纺织市场饱和、资源配置效率不尽如人意、生产要素过度拥挤等问题,不可避免会出现市场失灵,从而出现"一损俱损"的局面,即产业内部存在经济效益、集聚效应与投入产出规模的倒挂现象。因此,对于产业集群的不同发展周期,需要实施不同的调控方式和干预对策,才有利于企业的长期发展。

产业集群的生命周期可以分为三个阶段。首先是"集聚成长期",该时期产业规模会随集聚的加强,经济效益不断增加。此时产业集聚还处于有效成长阶段,集聚效应还未形成。伴随一段时间后,集聚效应形成后,集聚度与集聚效应呈正向线性发展,即集聚效应随集聚度增加而不断积累增大。针对这一阶段,政府需要对企业进行积极引导,采取相关措施密切关注企业间的关系,培育产业关系网,消除对产业集聚区形成的障碍。其次是"集聚成熟期",该时期集聚处于适度阶段,产业的规模最优,集聚产生的效益最佳,利润尚未出现拐点。一旦利润出现拐点,即出现超额利润,在利润最大化的目标驱使下,将会吸引越来越多企业进入这个产业集聚区,产业规模会进一步扩大,促使产业集聚健康地发展。此时,政府应重点维持集聚程度的适当性,并且提高集聚质量和产业创新水平,打造整体的竞争优势,促进区域经济多样化。最后是"集聚衰退期型",该时期产业效益与集聚规模呈现负相关,即当产业集聚过度,就会出现市场失灵的问题,进入产业集聚的非经济区。此时需要政府发挥宏观调控和引导作用,促使部分处在过度集聚区有条件的企业进行区位转移、重组、转型,为企业提供一些外部的新产品和新技术信息,减少集聚区内的不良竞争,保持集聚区的持久竞争力。

当前,浙江省纺织产业集群处于成熟阶段,其中绍兴的集聚效应最为显著,因此对于集群发展,应重点关注企业创新水平,提升集聚的质量以及资源利用效率的提高,促进产品多元化、市场多元化、生产模式多样化。而江西省的纺织业集聚程度较弱,尚未达到最优阶段,江西省政府应发挥其主导作用,促进纺织产业链一体化,形成规模经济效应。首先,从提供相关配套企业入手,改善江西在承接纺织产业转移中的环境,引进先进的清洁生产、节水、环保技术,推进纺织服装产业绿色环保可持续发展;其次,加强内部协调,强化纺织企业之间的联系,加强产业的聚集力度,打造专业品牌产业园区;最后,加大资金投入力度,引进专业人才,发挥集聚区的知识和技术溢出效应。

6.5　浙赣两省纺织产业集聚的未来发展策略

6.5.1　当前浙赣两省纺织产业集聚中存在的问题和挑战

从浙赣纺织产业集群发展的情况看,在聚集层次和发展档次层面还存在以下问题。

第一,集群中企业间的分工协作不足,存在信息封锁现象。主要表现为处于产业链各环节的企业为避免技术泄密以及保持自身的差异性竞争优势,普遍存在主观上的信息闭塞现象,彼此间的合作不足,缺乏有效的产业分工机制,导致集群学习效应无法得到有效发挥,集群整体对外竞争合力大大被削弱,集群未能形成一个良性互动的有机整体。

第二,集群产品结构、产业结构不合理,结构性矛盾突出。一方面,集群内的产品同一性较强,产品结构不合理,盲目引进相关重复投资,导致集群内存在企业"大而全、小而全"的倾向,分工不协调使得资源的合理有效运用无法得到实现。这不仅会导致集群产生石墨化发展趋势,不利于集群整体竞争力的提高,纺织产品也呈现出低水平化、同质化,缺乏核心竞争力,产品附加值较低的态势。另一方面,产业结构存在明显的"低、散、弱"的低端化锁定倾向。一是组织结构散,表现为龙头企业尚未发挥带头作用,大量同质同类中小企业进行恶性竞争;二是企业自主创新能力弱,技术创新和产品创新能力有待改进。

第三,支撑集群发展的硬要素和软要素的保障不足。从硬要素看,两省各项配套条件较为完善,但工业空间紧缺,要素成本过高的问题日益突出,制约着纺织产业升级的空间需求。从软要素看,两省人才和技术要素的历史积淀不足,高层次创新人才较为匮乏,难以适应纺织产业集群发展的需要,普遍存在技术基础设施发展滞后问题和技术模仿现象的问题,无法有效发挥技术和知识溢出效应,内部的自主研发创新能力较差,从而对集群的持续竞争优势产生消极影响。同时在金融服务、法律服务、咨询服务等软性技术基础方面,存在结构不健全等问题,这也将制约企业的技术创新,进而抑制整个集群的创新水平。

第四,政府并没有充分发挥其指导和服务功能。政府在有关产业政策制定、经济杠杆运用等方面并没有为中小企业提供扶植政策,严重制约了小企业的发展,同时没有很好对企业间的合作进行合理的引导,如缺乏公平公正的营商环境和条件,导致集群未能形成整合优势。在产业政策导向上缺乏系统性,专业化分工的不足导致了重复引进和盲目投资现象,没有发挥产业导向功能,尚未实现集群外部经济性效应,导致了区域内恶性市场竞争。同时缺乏对产业结构的发展转型的系统性、战略性规划,尚未形成分工明确的弹性专业化地域生产系统。

第五,集群产业结构尚未实现绿色化转型,面临较大的减碳压力。近几年,在"双碳"目标的驱动下,制造企业的绿色转型是我国重点关注项目,其中纺织产业占制造业的比重较大。尽管各纺织企业不断改进清洁生产技术,进行绿色产品创新、技术创新、管理创新,并不断提高绿色质量,但是由于纺织产业部分行业本身具有高耗能的特质,因此对这部分企业来说,减碳的难度较大,所以纺织产业进行绿色转型升级的道路阻且长,全产业链绿色制造体系的构建是未来纺织业发展的目标。

6.5.2 浙赣纺织业产业未来发展的策略和建议

一般而言,产业集聚的发展需要市场、企业和政府三方的共同协作。

从宏观层面来看,为实现纺织业集群的可持续发展,政府应充分发挥其宏观调控和指导作用,规划纺织业整体布局,加强内部协调,强化产业集聚地区之间的联系,加强产业的聚集力度,提升市场的专业化水平,打造专业品牌产业园区,形成从原料采集、初加工以及深加工等一条综合性的产业链,由此能够更好地促进产业聚集。具体可以从以下几个方面进行改进。

第一,政府需不断优化和监管集群区纺织业的营商环境。一个公平竞争、宜商亲商的外部环境具有"栽得梧桐树,引得凤凰来"的效应,可以吸引更多优质企业、客户和投资者,从而营造一个浓厚的产业发展氛围。同时定期进行实地调研,对各纺织产业集群现时的发展优势与制约因素进行分析,并及时出台解决方案,完善相关基础设施,进一步优化集群的外部环境。公共服务平台的搭建在维护市场秩序、促进公平竞争上发挥重要作用,不仅可以促进信息交流共享,有效整合区域内的产业资源,提高纺织集群整体对外竞争合力,而且可以针对性地强化对技术创新的支持力度,有效地降低企业自主创新的成本与风险。对于目前集群创新氛围欠佳、集群软环境建设不足等存在的共性问题,政府应充分用好税收、利率等宏观调控工具,以行之有效的针对性政策、机制,主动为企业排忧解难,帮助企业科研创新成果的落地,相应地可以激发企业持续创新的积极性,促进集群内企业的全面转型升级。同时,政府应积极关注产业集群的正面效应,精准把握产业的最佳集聚度。针对当前集聚地土地资源稀缺、劳动力成本攀升等劣势,政府需积极推动建立区域间产业转移协调机制,实行科学合理的企业退出机制,引导集群中高耗低效企业向内部地区转移,同时与迁入地政府相互协作,做好相关企业的迁入工作,最终将集群规模稳定在最优区间内。另外,大力引进优势企业进而吸引外商投资,丰富产品结构,实现产品多元化。

第二,政府应注重人才战略,发挥人才优势,实现集群的多维度发展。伴随人口红利日益减弱和纺织业劳动力成本的劣势日益凸显,纺织产业亟须从劳动密集型向技术密集型转型发展。其中,充足的创新型人才是实现纺织业转型升级的关键所在。因此,政府应加强人才建设,大力推进产学研深度结合,实现纺织产业的高质量发展。一方面,做好外来人才的落地工作,在高校和企业之间建立良好的沟通合作机制,加强对创新人才培养的投入;另一方面,加强本土化人才的培养,通过建立实训基地,定期对纺织产业工作人员进行培训,实现劳动力整体素质的提高,推进先进的生产技术与经营理念在整个集群内部的传播,增强纺织产业的市场活力。

从微观层面来看,区域内企业要聚焦于高质量发展,要积极参与产业集群结构的转型升级,配合政府相关的政策措施有效实现资源配置和产品优化,最大限度地发挥自身优势、发挥产业集群的优势,不断提升集群的竞争合力,共同建设高质量集群,从而促进自身的可持续发展。

第一,贯彻创新理念,提升产业链稳定性和竞争力。一是提升产业链协同创新能力,可以通过建立产品创新服务平台、技术创新中心等,各企业间进行技术交流共享,发挥各自的创新优势研发新产品和技术,同时组织实施与纺织业相关的科技攻关项目和产业链协同创新项目,攻克目前产业内存在的"卡脖子"技术,实现创新质量优化。二是深化企业培育,培育打造纺织业龙头企业、专精特新企业、冠军企业等,以点带面,利用优势企业带动其他实力较差企业的发展,从而构建大中小企业融通协调发展的格局。

第二,聚焦数字化发展理念,推进产业数字化转型。集聚区内的企业应以智能化改造、数字化改革为抓手,沿产业链溯流而上,在同行企业及上下游企业间组建"1＋1＋N"产业生态联合体,共同制定产业链体系内各环节的数字化改造方案,以"5G＋工业互联网"试点为支撑,依靠数字思维、数字技术、数字化应用等强化数字赋能,实现纺织服装领域数字化改革的场景应用,进行数字化车间、智能工厂建设,创新品种,提升品质,从而打造纺织产业数字高地,全方位提升企业生产运营数字化水平,谋求纺织产业智能化制造新模式新业态的发展。

第三,贯彻"双碳"目标,推进纺织业绿色化发展。在政府政策的引领下,集群区企业制定绿色生产方案,推动区域内高耗低效企业进行环境整治,提升绿色生产能力,共同构建清洁生产、绿色低碳和再生循环的产业园生态。同时引进并推广低能耗、低排放的绿色生产技术,提高清洁能源的使用和效率,使用绿色环保材料生产,降低碳排放,同时鼓励纺织品的循环利用,开发并推行绿色创新技术和管理创新提高能效,建立绿色纺织产业园,打造全链条绿色制造体系。另外,产业园区依靠技术和知识等资源的集聚发挥极化效应,实现产业上下游的联动创新,加快绿色创新成果落地,开拓更大的市场空间。

第四,实现市场多元化,大力开拓国内外市场。除了传统的国内市场,还应积极开拓海外市场,实现市场多元化,提升产品的国际竞争力。不仅可以利用互联网平台开展跨境推销活动,实现销售模式的转型升级,同时可以通过举办具有地方"辨识度"的全球性时尚活动,形成产品知名度效应。集群内各企业还应及时关注行业动态,注重对集群内资源、自身优劣势以及国内国际市场的进入壁垒分析,重视上下游关系网络的建设和海内外市场经验的积累,提高自身的外部资源储备,进一步提升自身的竞争优势。

6.5.3 产业集聚促进纺织产业可持续发展

浙赣两省都处于长江三角洲地区,是经济发展速度最快、经济总量规模最大的区域之一,因此两省可以依靠地区区位优势的先天条件和国家优惠政策的后天优势,促进地区间的产业融合,进而发挥融合的"热"效应。既可以通过产业集聚中合理的分工协作和资源互补实现共同发展、提升竞争力,又可以通过交叉融合实现创新,促进不同的产业相互渗透形成了新的产业,促使新的经济增长点的形成,推动集聚区产业的可持续发展。

第一,当前东南沿海地区享受国家优惠政策的福利效应正在进入削弱阶段,因此完善与纺织产业高度专业化分工相匹配的相关配套条件对两省纺织产业发展的重要性日益凸显。也就是说,一旦这一"后天优势"形成并成熟,产业转移的成本就会大大提高,又加之当前产业集聚造成的工业空间紧缺、要素成本过高的问题日益突出,地区间的竞争日趋激烈。对于外来投资者来说,生产成本是其考虑投资与否的关键要素之一。因此,依靠产业集聚推动纺织业的可持续发展需要进一步完善纺织业配套体系,加快招商引资的进度,同时对纺织业集群进行优化,培育并推行纺织产业发展的新模式,提高专业化生产和社会化协作的细密度,实现集群内企业的创新互动和竞争协同,统筹优化区域生产力布局,围绕产业链做大、做强。

第二,创新是第一生产力,是实现企业可持续发展的关键。纺织产业作为我国重要的工业产业之一,可以依靠科技进步,不断提升技术平台,加快技术创新步伐,攻克技术难关,推进产业结构的优化升级,增强整体对外竞争优势。一方面,集群内的中小企业应及时把握投资契机,及时调整招商引资取向,有重点地引入与纺织业相配套的高新技术项目、人才以及技术,以此带动纺织业进行升级换代。另一方面,以信息化带动工业化,用工业化促进信息化,促进纺织技术升级,并通过开发创新产品,提高自身的竞争优势。另外,企业间积极实现信息资源共享、技术交流、资源互补和创新互动,提高协作能力,共同研发新技术,尤其是区域内的龙头企业,要发挥领头羊的重要作用,保证区域内人才、资金、成果、技术等的高度集聚,提升整个区域的对外竞争合力。

第7章　浙赣两省纺织产业协同
发展评价与实证

　　区域协同发展是指带动各个地区经济继续增长并使整个地区之间形成良好的互动机制,既能维护各地区经济系统、政治系统和文化系统协调发展,又可以实现社会系统和生态系统可持续的良性运转,并保持其持续发展能力。区域协同的实质就是各地区各群体之间利益的共同提高(王西贝等,2023)。对于中国纺织产业而言,以转型升级为依托的产业转移并非一种无奈选择,相反是一种更重要的主动调整战略。通过承接纺织产业转移,一方面可以促进纺织产业结构优化调整,另一方面可以加快纺织产业集群化进程。在这个过程中,我国纺织产业的布局会得到进一步的完善,从而促进纺织产业结构高级化和合理化,提高资源利用效率和经济效益,发挥各地专业特色与比较优势,彻底改变同质化的低水平竞争。通过承接纺织产业转移与改造,达到以实施均衡为特征的高清洁与循环经济的绿色增长模式。

　　本章从产业效率的角度出发,探讨了我国纺织产业在产业承接过程中如何提升集群竞争力,在对江西和浙江两地有关纺织产业工业园区进行访问和考察的基础上,以实现企业之间协同发展为目标,从产业转移、区域间协同、政府间协同三个角度出发,分析并提出了推动两地产业协同的政策和举措,并在此基础之上通过计算产业结构系数来判断与分析浙赣两地的纺织产业转移与其协同发展情况。

7.1　促进浙赣两省纺织产业转承的推拉力

7.1.1　浙赣纺织企业调研情况

(1)浙赣纺织企业调研目标

通过多次对浙江和江西省各地纺织产业园区的走访调研和问卷调查,主要的目的就是想探究影响浙江省纺织企业向江西省转移的主要因素,当前已经发

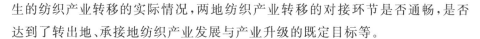

生的纺织产业转移的实际情况,两地纺织产业转移的对接环节是否通畅,是否达到了转出地、承接地纺织产业发展与产业升级的既定目标等。

（2）江西纺织企业的深入调研

在 2018 年 11 月份,先后走访江西省上饶市、抚州市和九江市三地承接纺织产业转入的工业园区,对园区内企业进行深入访谈与调研。

上饶市调研侧重点是深入调研江西承接浙江转移过来的纺织服装企业的产业转移动因。主要走访了三家,分别是一家做高端彩纺企业,一家做中低端服装加工的企业,以及一家做纺织化纤的企业。这三家企业都来自浙江省,其产品主要销往产业链中浙江的下游企业。在这次调研的过程中,我们发现推动这些纺织企业发生迁移的主要原因包括劳动力成本、土地使用成本以及自身在纺织产业链条中位置调整的适应等。

抚州市深入调研侧重点是劳动密集型企业产业转移动因。主要走访了两家企业。一家是做服装的企业,企业主是抚州本地人,曾到江浙地区务工,后来选择回乡创业,企业主要服务于外贸出口的订单。该企业规模不大,厂房设备均采用租赁模式,选择迁移的主要原因是承接地生产成本相对较低。另一家是从浙江迁移来的企业,从事劳保用品生产,属于劳动密集型加工企业,已有十几年的生产历史。本次调研的两家企业表明劳动力成本优势是江西省成为承接地的主要原因之一。

九江市深入调研侧重点是浙江企业产业转移的其他原因。第一家是生产蚕丝被的企业,其从浙江转移到江西的主要原因是浙江对企业污染的查处比较严格,因为在做蚕茧处理的过程中,带有一定的环境污染,而江西省对这样的企业相关政策较为宽松。第二家是做低端印染的企业,主要从事基础的坯布印花,此生产工艺也有一定的污染性。第三家是做高端棉纺织的企业,其原本计划是将江西这边作为工厂的上游原料供应基地,但是,通过近几年的发展发现,江西缺乏相应的高端技术人才以及配套设施。第四家是做纱线、化纤的企业,企业主是浙江人,但是由江西本地人代管,由于国际棉花价格的波动,整体企业发展没有达到预期,企业的效益比较差。最后一家是织布企业,其产品主要销往江浙一带下游企业,但是,由于企业规模相对较小,当地配套服务跟不上,整体发展受到阻碍。同时,各家企业也有不同的情况,但均反映缺乏企业中层管理人员和高端技术人才,而外地相应人才不愿到这里来。本次调研主要发现环境保护、人才技术等原因都是产业转移中必须考虑到的因素。

总体上来说,本次通过对江西地区三个地市十几家企业的深度访谈与调研,我们发现,很多浙江企业愿意把企业转移到江西来,其主要原因包括:①政府给出的政策比较优惠,特别是一些有污染的企业,当地政策也相对较宽松;②生产成本较低,特别是劳动力、土地和电力都有充足的保障;③良好的区位优势,可以作为江浙地区企业上游原材料供应地。但是,在调研过程中也发现江西地区对纺织企业发展存在阻碍力,主要包括以下几个方面:①缺乏专业基础配套设施,特别是不能满足高端纺织企业的专业需求;②缺乏高端技术人才;③缺乏专业的技术支持与指导。因此,江西省政府在以后的产业发展过程中,特别是承接其他地区产业转移过程中,必须注意以上的阻碍因素,出台相应的解决方案,持续发挥本地优势,形成良性循环发展。

(3)浙江纺织企业的深入调研

在调研的过程中,发现有一些企业仍然选择留在浙江本地,为了探究其原因,分别于 2020 年 12 月份和 2021 年 9 月份两次到浙江省绍兴市柯桥区进行实地调研。

第一次到浙江省绍兴市柯桥区企业深入调研侧重点在于浙江企业没有选择产业转移的表面原因。在 2020 年 12 月份的调研过程中,一共走访了 6 家企业。分别为一家高端针织企业;一家服装设计和代加工企业;一家消防类防火材料生产企业;两家印染企业,其中一家主要进行印工艺,另一家主要进行染工艺;还有一家纺织器械生产企业。本次调研发现企业设备投资量大、区域性市场的局限性与高端人才的稀缺性是阻止这些企业转移的主要原因。

第二次到浙江省绍兴市柯桥区深入调研侧重点在于浙江企业没有选择产业转移的深层次原因。在 2021 年 9 月份的调研过程中,一共走访了 4 家企业。分别为一家做特种防火纺织材料的企业;两家做高端印染的企业;还有一家做高端针织的企业,其拥有着千万级别的设备。本次深入调研发现高端产品与高端市场考虑发展的主要原因不是成本,而是技术与人才。

总体上来说,通过两次对浙江本地 10 家企业的走访与调查,我们发现那些留在浙江的企业都有这样一些特点:①所生产的产品都是高端产品,或者是特种材料产品;②整体的企业设备体量相对较大,拥有处于整个产业最前端的设备与技术;③拥有着企业研发中心和高端技术人才。从这三个方面的特点来看,这些企业之所以留在浙江本地而没有向外转移,主要原因是其高端的技术和人才只有在浙江本地才能够得到保障,而且,其所生产的特殊材料产品,也需要处在整个经济相对较发达的地区才拥有足够的市场。

7.1.2　浙江区域对纺织产业转移的推力

(1)供给因素推动纺织产业向江西省转移

浙江纺织产业的发展是以资源配置为特征的经济发展方式,然而资源供给关系发生改变必将对纺织产业的劳动力、原材料、能源等产生影响。当前,浙江省纺织产业对各项原材料的供给都很缺乏。然而,当这种微妙的市场供求关系发生改变时,供给减少势必会造成价格上升。原材料价格的上涨,使得浙江省本地的许多纺织企业由于生产成本过高而难以持续经营。在此背景下,恰逢政府积极呼吁东部纺织产业向中西部地区迁移。因而,很多浙江纺织企业在转移升级压力与国家政策驱动下,不会获得享受优惠政策的资格,也走上了"西进"式的产业转移发展之路。

第一,能源不足、原材料短缺及相关价格不断上升。纺织产业本身就是高耗能型产业,相关企业的运行对各类能源有着较高的需求。纺织机器设备需要电力,纺织品生产需要大量的工人。但是,浙江省却是一个相对在电力能源和劳动力资源等方面都比较匮乏的省份。浙江省纺织企业众多、厂房林立,再加上各种其他轻工业的发展,使得资源的供需矛盾更加突出。特别是随着能源成本、原料价格的不断上涨,纺织产业受到极大的影响。最终利润下降导致企业经营困难,甚至有的企业破产。事实上,浙江省纺织产业一些工厂已被迫停产,还有许多企业在苦苦地挣扎,导致许多执着的企业家开始转移纺织产业,以期望在别的地方寻到利润与成本相对合理的经营环境。

第二,土地储备不足、资源匮乏导致企业成本上升,发展空间受限。浙江省纺织产业以民营中小微企业以及小作坊为主,如果纺织产业的协同发展与土地资源贫乏之间的矛盾不可调和,再加上大量内地人选择到沿海城市打工或者创业,这将导致许多企业到城市郊区寻找新的用地,从而推动土地价格上涨。但行业要发展就必须扩大规模,因此很多企业纷纷向外迁移,以降低土地成本,匮乏的空间迫使浙江省的纺织产业开始外迁。此外,伴随工业发展,环境问题日益突出,特别是重金属污染等严重影响人们健康,浙江省政府对环保的关注程度也在不断提高,同时造成行业生产成本上升。

第三,交通运输紧张与油价不停上涨,造成运输成本不断上升。原油严重短缺导致油价上涨,交通运输业亦呈现吃紧,表现出运输价格上涨的态势,其中最突出的就是汽车运输行业。油价的上涨对汽车运输成本造成巨大的推动,压缩了利润空间,部分运输公司已经面临亏损或停产倒闭的局面。中国证券网调查资料显示,2022 年年初,油价上涨直接造成运输成本比上年增长近 40%。因此,资源加工型企业生存空间日益被压缩,导致运输成本太高考虑迁移到原材料地实行"原产原销"模式降低成本。

(2)需求因素推动浙江纺织品产业向外推移

中国近十年经济的快速发展与市场的瞬息万变,产品需求结构开始发生巨大的变化。劳动密集型产业产品,比如食品、纺织服装等产品需求逐渐下降;反之,对互联网产品、高新技术产品、医疗及运动健康用品等需求的比例迅速提高。正是由于这种需求的改变,对东部经济发达地区造成巨大改革压力,从而推进浙江等发达地区产业结构进行深入调整。造成这种改革与转移压力的主要原因是当前的产业结构是以低技术、劳动密集型产业为主,如低级纺织服装、小工艺品等。这种低附加值、低竞争力的产品市场,环境日趋恶化,而竞争的本质体现其产业特色。

现阶段,浙江省纺织产业主要以对外投资新建企业的形式进行转移,在中西部地区已初步形成了一定的规模,并已确立了以生产、加工、销售为一体的网络服务体系。这样的转移形式,既能拓展转承两地的市场空间,又能通过与转出地的协同发展提升新建企业管理水平。因此,在这种转承两地协同发展下,不仅可以提高转出企业在市场上的竞争力,还可以满足不断变化的市场需求,继续增加产品及产业市场的需求,提高转承两地产业的综合竞争力,逐步使产业结构达到最优配置,实现科学化的产业协同发展。

（3）纺织品产业结构优化升级推动浙江地区向外转移

借着改革开放的东风,浙江地区的工业化率先开始发展,对当地经济社会发展起到了积极的推动作用。但是,经历了四十多年的历程,也暴露出一些问题,最主要的问题就是低层次、粗放型的工业发展与自然资源、劳动资源短缺之间的矛盾。为了解决本地区工业发展的低效率问题,浙江省提出"凤凰涅槃"和"腾笼换鸟"等改革措施来推动本地产业结构的优化与升级。所谓"腾笼换鸟"就是从浙江本地现实情况出发,按照全省统一规划部署的要求,将不适合本地发展的中低端产业转移出去,为引进优质的产业资源提供环境,进而实现产业升级,改变原有产业链的不足,推动经济发展进入良性循环发展。

7.1.3 江西承接纺织产业转移的拉力

根据"雁形模式"理论,从地理位置上来看,江西省与东部沿海城市紧密相邻。但是,它们之间经济发展水平和资源储备量却存在巨大的差异,这就存在着纺织产业转移的势差。而对于浙江省的纺织企业来说,在毗邻的位置寻找合适的转移目标位置,不仅有利于对两地区资源进行有效整合,还可以充足地实现自身企业的生产能力和经济发展效应。综合来看,江西省能够成为浙江省以及其他东部沿海省份的纺织产业转移目标地,主要包括以下几种拉力因素:第一是低价与方便的原材料成本的拉力;第二是良好产业发展政策环境拉力;第三是相对完善的整体基础设施拉力;第四是相对丰富的劳动力拉力。对于纺织产业来说,江西省在以上四个方面都占有绝对的优势,并且还存在着一定的产业积累,因而,成功吸引中国东部沿海如浙江等省的纺织企业选择在此落户发展。

(1)区位优势和资源优势

从全国层面来看,江西省位于我国东南偏中部地区,地处长江中下游地区的南部,东部与浙江、福建相毗邻,南部与广东接壤。与其他内陆省份相比,江西属于距离沿海地区较近的省份之一。因为与长三角、珠三角和闽东三角都紧密相连,因而交通十分便利,距离上海、广州、厦门等地的重要港口路程都在六百公里以内,有利于产品或原材料的往来运输。此外,江西省内拥有纺织产业所需要的优质原材料,拥有鄱阳湖产棉区和全国最大的芒麻生产种植基地,而且还拥有着丰富的劳动力资源。

(2)低成本优势

按照最新的人口普查数据显示,江西省拥有总人口 4517.4 万人,劳动力资源相当丰富。其中,每年在浙江、江苏、广东等省的劳务工作者人数就超过 1700万人。纺织产业作为传统劳动密集型产业,需要大量的熟练工人,而江西省内现有纺织行业规模以上从业人数就可以高达 24 万人(李小玉等,2022)。因而,拥有承接纺织产业的丰富劳动力资源。不仅如此,相较于东部沿海地区,江西省的各项生产成本也比较低,其中,劳动力成本只有浙江地区的 50%,土地和水电只相当于浙江省的 60%,特别是相对于浙江省对纺织产业水电供应紧张的局面,江西省拥有充足的水电资源,水与电费成本都比浙江低了很多。

(3)投资创业环境优势

在全国创新创业与招商引资的背景下,江西省从自身发展的实际出发,不断加大本省对外的开放力度,以积极迎接东部沿海地区的纺织产业转移来提升本地区的工业化水平。为了能够有效地吸引各地企业到江西省投资建厂,江西省政府大力出台各项扶持政策,通过建设拥有优质配套设施的各类纺织工业园区,完善各项基础设施配套建设和配套服务,成功地吸引一大批纺织产业的入驻,包括龙达纤维、金源纺织以及中国织材等企业。从江西省现有的纺织产业承接情况来看,在政府的引导下全省上下一心,不断地优化整体的服务水平和投资环境,已经形成了一种文明包容、开放实干的创业经营氛围。在此氛围下,江西省的城市化建设步伐也在不断加大,经济水平已经得到显著提升。

7.2 浙赣两省纺织企业层次分析

7.2.1 浙赣两省纺织企业间协同

(1)企业协同发展的内涵

理解企业协同发展的内涵,首先要研究企业协同发展含义。一般来讲,企业的发展目标是指企业在未来一定时期内,可望达到的预期成果和整体综合性发展计划在内的远景目标。与经济发展相类似,企业的发展也包括两个方面,分别是量的增长和质的发展。其中,量的增长是指企业日常业务的具体数值的增加,是看得见的实实在在的数据;而质的发展则相对比较抽象一些,它是指包括企业品牌价值、企业形象以及行业影响力在内的宏观影响效果。因为协同发展具有很强的适应性和动态性,能够有效带动企业在量的增长和质的发展两个层面的提升。因而,越来越受到企业管理层面的重视。在企业发展的过程中,引入协同发展的概念,是企业为了自身远景目标的实现而运用的一种管理手段,也是企业为了实现自身长久经营的一种必然选择。因此,具体来说,企业协同发展就是企业管理层通过综合运用企业现有资源,来协调人员、部门、体制以及发展目标等企业运行系统,使得多个不同的组织部门为了达到预期发展目标而实现的相互配合、相互搭配的过程。

与其他大多数的系统发展相类似,企业发展在应用协同发展时也会不可避免地受到企业原有的结构、体制以及文化观念的制约,从而导致企业协同发展的效率水平远远低于预期目标。随着经济社会发展水平的不断发展,企业的协同发展也会受到整体环境的影响而达到阶段性的平衡和阻滞。因而,企业内部就必须及时作出调整与适应,从而突破现有的瓶颈和阻碍,以达到更高一层次的协同发展目标(陈龙等,2021)。

对于大多数的企业协同发展来说,系统内部的协同发展水平越高,企业整体的协同效应水平就会相应获得提升。因而,系统内部的整体功能就会越好。笔者认为,在企业系统发展的过程中,企业协同发展可以大致分为三类。

低协同类,通常发生在中小型企业的协同发展过程中。这一类的企业协同发展能够简单地形成企业内部各部门的组合与互动,使得内部系统各司其职地发挥所具有的专业效能,实现初步的专业化分工,总体的效率性能还是比较低,相对比各资源简单加总略高一些。

中协同类,这一类的企业协同发展相较于低协同类有了较大的发展,可以达到企业内部各子系统或者内部资源的一个复杂组合,在整体宏观企业的内部已经形成大大小小的子系统,并且,各子系统能够做到相互协调、配合默契,在本行业内具有一定的竞争力。

高协同类,能够达到这一程度的企业往往属于垄断类企业。该企业拥有持久的创造力和竞争力,可以有效地实现企业内部各子系统错综复杂但相当有效的组合,能够灵活地整合跨部门、跨系统的资源,从而实现有形资源和无形资源的最优搭配。

(2)影响浙赣纺织企业协同的因素

第一,产业发展基础与互补性。企业不仅是组成产业的最基本单元,同时也是提升产业基础能力的重要载体,纺织产业的基础再造和产业区域协同是相辅相成的关系,必须做到协调发展、有序推进。推动纺织产业发展基础的高级化,就需要以纺织产品为导向,在纺织产业内部的纤维材料、基础工艺、软件支持、零部件加工等方面做到锻造优势补齐短板,解决各项技术所存在的"卡脖子"难题。加强智能制造技术的开发与利用,使纺织产业可以与工业机器人、物联网、智能制造设备等产业链条进行深入融合,提升全产业链的数字化与智能化发展能力,构建不同产业之间发展的互补性。现代纺织产业体系的建设,需要把发展的着力点放在企业间的协同上,突出各环节的位势重构,加快形成"高效、稳固、协同、发展"的纺织制造业体系,研发科技含量足够高、产品附加值足、安全性能好的纺织产业链条,稳固提升纺织企业的行业竞争力。

第二,产业协同发展的成本因素。纺织产业属于劳动密集型产业,但同时也是资源密集型产业。对于浙江省纺织产业来说,随着本地劳动力、原材料和能源成本的不断飙升,企业的生产成本开始大幅度地上涨,进而导致企业的利润空间被不断地压缩,甚至出现亏损。而相较于浙江省,江西省不仅在地理位置上与其相毗邻,而且拥有丰富的劳动力和纺织原材料资源,并且价格要便宜很多。整体来说,江西省拥有众多的茧产业基地、麻和棉花生产基地、充足的电力资源和劳动力资源,这些充分的资源吸引了来自浙江地区的纺织企业向江西省转移,相反,浙江省地区的各项自然资源相对贫乏。

长期以来,浙江省纺织产业得以蓬勃发展有赖于当地丰富而廉价的劳动力资源。生产成本,尤其是劳动力成本,是影响浙江省纺织产业生存发展的重要因素。但是,伴随着当地经济快速发展,浙江省内劳动力优势正在逐渐消失,而与江西省劳动力相比较而言就很低,于是浙江省纺织企业便将生产环节转移到江西省,可以充分利用当地劳动力优势,继续提升企业整体竞争力。此外,劳动力的异质性特征也决定着不同地区的劳动力丰富程度和劳动力价格成本。劳动成本低,必然导致企业生产成本较低,而且可以获得较优质的劳动力资源;

相反,如果劳动力成本过高,企业获取一般的劳动力费用都已经相对较高,就更难以获得高素质的劳动力资源。

第三,产业技术水平与技术关联。伴随着我国经济发展进入新常态,产业结构调整与优化力度不断加深,纺织产业的企业也开始重新定位自己的发展目标与阶段,寻找自身在产业链中的合适位置(包彤,2022)。在这一宏观背景下,不少的纺织企业从浙江转移到江西已不再是仅仅寻找更低的生产成本以获得更高的经济利润,而是综合考虑自身发展目标与当地政府的发展规划下,以实现自身企业的升级发展。在转移的过程中,一部分企业开始走向产业链的上游,结合江西省优质的生产原材料,通过与当地企业合资或者自身投资但由当地人进行管理的方式,充分挖掘当地丰富的原材料优势,实现自身企业的转型。有的企业依托自身在浙江省所具有的先进技术,通过转移到江西省后所具有的技术优势,来实现产品的升级换代,走技术创新型发展道路。

7.2.2　浙赣两省区域间协同

(1)区域协同发展机制内涵

第一,市场调节机制。在对经济发展作出调整的过程中,市场通过价格机制可以有效地调动整个社会的资源实现合理配置,从而达到经济发展的一个动态平衡。市场对资源的调节机制是一种有效的资源配置方式,可以实现各项资源在不同的区域间实现合理配置与自由流动,带动企业的竞争活力,进而促进整体区域经济的有效运行,实现区域经济的协调发展。但是,在实际的经济发展过程中,也会出现市场调节机制的失灵,有时会出现资源的无序流动和错误搭配,进而影响到整个区域经济的稳定发展。

第二,政府调控机制。伴随着经济全球化发展的日益加深,各区域经济发展的联系也日益紧密,进而市场机制的失灵也越来越频繁。出现这一现象的主要原因有以下几个方面:首先,区域经济发展差距越来越大,阻碍了各地区资本与要素的顺利流动;其次,在区域经济发展过程中,经济主体只注重当下的经济利益,逃避承担相应的责任,进而导致经济的负外部性越来越突出,生态与环境问题越来越突出;最后,伴随着垄断和寡头的出现,市场竞争活力下降,进而阻碍要素的有序流动,降低了市场经济的活力。

当市场调节机制出现失灵时,就需要政府作出宏观调控来引导市场经济恢复正常。我国政府一般会通过运用财政政策或货币政策来进行有序调整。在我国的经济发展过程中,为了实现区域经济发展的有序协调,中央政府或者地方政府可以通过出台政策倾斜来影响地区经济发展的方向,通过制定优先发展

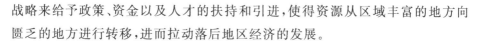

战略来给予政策、资金以及人才的扶持和引进,使得资源从区域丰富的地方向匮乏的地方进行转移,进而拉动落后地区经济的发展。

(2)浙赣两省区域协同发展成效

首先,浙赣两地通过区域协作推动纺织产业有效承接。在国家大力推进产业扶贫战略和浙江省实施"腾笼换鸟"的宏观环境背景下,江西省集中力量完善基础设施建设和优质配套服务建设,特别是针对浙江纺织产业的转移,建设了"浙江纺织产业协作示范园区"。通过借鉴其他地区的发展经验,形成以"管委会＋公司"的运作模式,进而实现产业园区化的集约化、规范化,通过两地政府的协商,由浙江省派出专业人才,重点帮扶示范园规划建设工作,扩大纺织产业转移的承接空间,切实引导浙江企业通过转移实现向江西升级落户。通过政策扶持和项目带动,鼓励有实力的浙江纺织企业到示范区投资建厂,加快园区工业化进程,鼓励引进国内外先进技术、设备,促进产业链延伸,实现规模效应。实现江西省与东部广大市场及销售网络接轨,充分发挥自身资源优势,打造东西协同智造新模式,以消除入园企业对原料及销售的顾虑。

其次,纺织工业园区建设取得初步成效。在承接纺织产业转移的新浪潮下,江西省政府愈加重视自身的管理和组织作用,加快健全纺织园区的管理服务与保障机制。截至 2022 年 10 月,江西省已建成 10 个省级以上纺织产业园区,其中国家级 6 个,省市级 8 个。江西省工业基础较为薄弱,但发展潜力巨大,省委和省政府对纺织园区实行"相对集中,封闭运行""权责统一,绩效挂钩""分级决策,高效运行"三项原则,充分赋予转入纺织企业在管理和运行过程中拥有高度的自主权,切实解决步步决策、层层审批问题,促进承接纺织产业转移效能提升。

最后,纺织产业集群初步形成竞争力。江西省率先将产业链中游纱线织造作为承接产业转移的切入点,利用当地用电成本较低的核心竞争优势,推出了15 项重点纺纱项目,初步实现了在纺织链上承接中游产业的目标。截至 2022年 10 月,已完成引进纺织企业 36 户,投产企业 24 户,预计总投资将达到 288.4亿元,纺织产业总产值有望达到 416.8 亿元,全产业链已初具规模,产能和产值将得到释放,正朝着西部重要的现代纺织基地方向发展(高素英等,2023)。相信,江西纺织品产业集群的影响力和竞争力将初步显现。

7.2.3　浙赣两省政府间协同机制

(1)府际协同内涵与形态

府际关系(Intergovernmental Relations,IGR)也称"政府间的关系",最早

由美国学者克莱德·F.斯奈德(Clyde F. Sinder)在《1935—1936年的乡村和城镇政府》一文中提出,其起源于20世纪30年代末美国联邦制下的府际运作实践。简单来说,府际关系就是指政府之间的相互关系,也就是在一国范围内中央政府与地方政府之间以及地方政府之间的相互协调的关系,其中包含着中央政府各部门之间、地方政府各部门之间以及中央与地方政府各部门之间的权力分工、职责划分及利益分配等内容。

府际合作就是不同的政府之间为了制定或完成某项任务目标所形成的一种合作关系。在这个过程中,需要协调各个政府部门之间的信息传递、权力划分以及责任分配等内容。根据合作对象的不同,可以分为中央与地方政府之间的合作、地方政府之间的合作以及各级政府与特定组织之间的合作。

从本质上来讲,府际合作也是一种各方利益相互博弈的关系,在这个博弈过程中,一个国家内的各级政府之间以各自的需求为基础来展开各种形式的合作。在形式上,各级政府作为府际合作的主体,组成了以横向、纵向以及网络化的各种不同类型合作体系,进而形成相互牵制和促进,以实现整体的利益最大化(江小涓等,2022)。

第一,横向府际合作。横向的府际合作是建立在同一级政府部门之间的一种合作关系,无论是中央政府内部的不同部门,还是地方各级政府之间的合作,甚至还包括跨地区之间的同一级政府间的相互合作。由于合作的对象都属于同一级别,因而不存在相互之间的领导与被领导关系,有利于相互之间的交流与互动,进而有效地实现跨区域资源的有效配置。

第二,纵向政府合作。纵向政府合作通常是指存在多级政府部门之间的相互合作关系,包括中央政府与地方政府之间、地方政府内部上下级部门之间的合作,一般表现出一种国家权力的强制性。例如,在产业政策的纵向府际合作过程中,通常包括政策的颁布、下发、学习与实施等过程,在这个过程中,下级政府部门是完全处于服从与配合的角色。

第三,斜向府际合作。斜向府际合作是建立在不同级别的政府部门之间的一种合作关系,通常参与合作的政府部门之间不存在直接的上下级关系,并且常常是不同的职能部门之间的一种合作关系。这种合作关系一般是建立在某一项事务需要从多个方面来进行资源的协调,因此,涉及多个职能部门的参与。

(2)政府协同促进浙赣纺织园区创新机制

浙赣两地区在纺织产业园区协同建设与治理的过程中,两地政府通过对相关企业的引导来加强相互之间的利益共同体建设,这种方式有效打破了两地区之间的行政壁垒,提高了相互之间的利益分配效率。这一种发展模式值得其他发展地区的学习和借鉴,通过政府的推动,以工业园区发展作为促进科技创新的关键环节,具体的表现形式主要体现在以下两个方面。

第一,浙赣两地政府的支持是推动纺织园区协同发展的基础性动力。在我国,各种不同类型的工业园区建设都是以政府为主导,浙赣两地区之间的纺织工业园区建设也不例外,两地政府的政策支持和引导是有序推进纺织工业园区发展的重要环节,这不仅符合促进协同发展的宏观战略,而且提高了培育创新型纺织园区的政策力度,从而有效带动两地区纺织园区的趋同趋势。在实际操作过程中,两地各级政府为了有效落实产业协同发展,也在多个层面进行了更深层次的尝试,为创新协同发展提供制度保障。

第二,两地政府营造的良好环境助力纺织园区的创新协调发展。一般来讲,在已有既定的制度体系和创新投入下,整体的创新氛围和相关投入力度将会对纺织产业园区的创新能力起到关键性的作用。在实践过程中,两地政府通过政策的统筹、市场的开放、信息的共享来展开各式各样的相互合作与交流,努力营造一种有利于两地纺织产业工业园区有效合作的市场与制度环境,进而推动纺织企业的创新发展能力。

（3）浙赣纺织园区的协同合作推动政府协同治理

浙赣两省之间的府际合作有效推动了两地区纺织工业园区的协同创新发展,反过来,两地区的纺织工业园区的发展,尤其是园区内纺织企业之间的合作与交流,也有利于推动两地区政府之间的协同治理。众所周知,在企业的发展过程中,企业的创新能力决定着企业的发展前景,同时,也带动着整个区域的发展进程,因此,两地区的纺织产业园区的协同发展在提升整体企业的创新发展能力的过程中,也推动了区域经济的协调发展,进而有利于两地政府之间的协同治理与发展。

从另一个角度来说,在两地合作共建的纺织产业工业园区内,大部分是以两地的纺织企业为合作主体的,还有一些是两地政府直接参与建设和治理。因此,从这个参与主体和参与过程中可以看出,两地区的纺织产业工业园区的协同创新发展是两地政府的合作基础,也为实现两地政府之间的多领域和全方位的合作治理作出重要贡献（宋晓玲等,2022）。

7.3　浙赣两省纺织产业协同发展的实证分析

7.3.1　方法选择与数据说明

产业结构相似系数是用于测量两个国家或是区域之间产业结构相似度的

度量方法。采用不同地区的相同时期的数据进行计算，S_{AB} 的取值为 $0\sim1$ 之间，如果两个地区的 S_{AB} 值接近于 1，这意味着它们之间的产业相似程度很高，接近一致。通常情况下，当产业结构系数超过 0.5 时，我们认为两地之间的产业结构相对比较趋同，可能需要进行调整（吕平等，2020）。本书在对产业内部结构相似度与产品结构相似度的实证分析中，都采用结构相似系数法。

$$S_{AB} = \frac{\sum_{i=1}^{n} X_{Ai} X_{Bi}}{\sqrt{\sum_{i=1}^{n} X_{Ai}^2} \sqrt{\sum_{i=1}^{n} X_{Bi}^2}} \tag{7.1}$$

式中，S_{AB} 为产业结构相似系数，X_{Ai} 为 A 地的第 i 个产业的当年增加值比重，X_{Bi} 为 B 地的第 i 个产业的当年增加值比重，n 是指产业分类个数。

分子 $\sum_{i=1}^{n} X_{Ai} X_{Bi}$ 为 X_{Ai} 与的 X_{Bi} 乘积的 n 个产业加和，分母 $\sqrt{\sum_{i=1}^{n} X_{Ai}^2} \sqrt{\sum_{i=1}^{n} X_{Bi}^2}$ 为 X_{Ai} 平方和的开方与 X_{Bi} 平方和的开方的两者之积。

同样，在式（7.1）中，我们也可以用于产品结构相似度分析，此时 S_{AB} 为产品结构相似系数，X_{Ai} 为 A 地的第 i 个产品的当年增加值比重，X_{Bi} 为 B 地的第 i 个产品的当年增加值比重。n 是指产品分类个数。

本书先后对浙赣两地的纺织产业内部结构相似系数与浙赣皖三地相互之间的产品结构相似系数进行计算与分析。前者的数据基础是 1998—2012 年的中国工业数据库，分成两个时间段：1998—2002 年与 2003—2012 年数据。原因是 2003 年与 2013 年进行两次的更新变化，工业企业数据库 17 大类的分类和 1998—2002 年时段的不一致。考虑到尽可能与 1998—2002 年时段的分析相衔接，对于 2003—2012 年时期，本书在 17 大类下面 6 个子类及细分的基础上，把数据归并成 9 种内部行业分类。但因为这一时段，未能区分出纺业和织业，而是统一放在棉、化纤等纺织细分子类，这也是为何相似系数比较大的原因。2013 年工业企业数据库代码又更新了，因时间仅为 1 年，故此不针对 2013 年度的数据做分析。总体上数据的收集与处理与第 5 章的方法一致，也是在第 5 章的数据基础上去整理计量的。

针对浙赣皖三地相互之间的产品结构相似系数的数据收集方法与数据的完整性，本书主要采用相关统计计量方法，通过中国年鉴与各地区年鉴收集了 2005—2020 年浙江、江西、安徽三省的历年纺织品各类产品的年均产量以及各类产品年均增加值，主要是围绕纱与布产品开展研究。其中纱产品，因为品种多、价格高的特点，所以本书采用了棉纱、人棉纱、纯涤纱，主要这三种产品的当年价格计算其数学平均价作为参考;布产品价格采用 S30 人棉布的价格,因为其产品用量大,价格相对平稳。其他产品的价格我们按实际情况收集。本书从浙江、江西、安徽三省的统计年鉴中收集各年各类纺织产品的年均各类指标,但是在产品价格收集过程中,发现缺少一些年份的价格,本书采用空缺年份后面一年的当年数据来替代,以弥补数据的缺失。

其他相关说明如下:整体上第二部分的数据整理截至 2007—2017 年,对 2018—2020 年的数据,我们基本上不分析,因为 2018—2020 年浙江省纺织产业数据明显下滑、赣皖的数据略有下降,所以这三年的分析不能说明问题。 2010—2011 年的相关数据,由于棉花的价格波动过大,在每吨 17000 元到每吨 35000 元之间波动,价格翻了一倍。有关棉类产品价格上涨幅度较大,导致了这个数据存在失真现象。2010—2011 年的数据剔除掉以后,总体上可以看到,浙江和江西之间的这种相似系数特别明显,而浙江和安徽之间也是出现两次下降。通过分析,发现这些都是短期现象(金浩等,2021)。浙赣两地纺织产业内部结构与浙赣皖三地的产品结构相似系数等具体分析请参考以下分析。

7.3.2　基于两省纺织产业内部结构相似度的分析

参考 1998—2002 年的数据,本书整理出的 9 个子类目,与 2003—2012 年时段相比,主要问题在于 2003—2012 年时段的数据难以区分出与棉、化纤相关的纺业和织业。因此有必要将 1998—2002 年的分析分成两个时段。从下文中可以看到 1998—2002 年时段的相似系数,其结果表明了浙赣两地纺织产业内部行业的分工专业化有明显增强现象,2003—2012 年时段中的 2005—2010 年的相似系数结果也基本表明了浙赣两地纺织产业内部行业的分工专业化有加强的态势。因此,本节将分两个时间段去分析解释浙赣两地的纺织产业内部结构相似系数。

(1)1998—2002 年时段产业内部结构相似系数分析

根据这个时间段的数据,本书整理了 1998—2002 年的中国工业数据库,把 1998—2002 年数据重新细分归并成 9 类,包括纺业(包括棉纺、毛纺,苎麻纺织产业)、织业(包括棉织业、毛织业)、印染业(包括棉印染业、毛染整业,丝印染业)、棉丝制品业(缫丝业、绢纺丝业、棉针织品业、毛针织品业、丝针织业)。数据中,棉是包括化纤的表达,也就是 2003—2012 年期间针对棉、化纤的表达。

在这个时间段中,从表 7.1 中看到江西纺织品产业的主要产品是棉、化纤印染精加工(毛、丝),其产值占比超过了 50%,虽然在 5 年内有一些波动,但总体水平保持基本稳定。结合表 7.2 并反观浙江,化纤印染(毛、丝)、绳、索、缆、绢纺和丝织等产品都有相当不错的产值表现。因此,从表面上的数据可以看出,在这个时间段,浙江整体的纺织品产业水平比江西要高出很多。从表7.3中看到1998—2002年的浙赣行业内部结构相似系数,从1998年的0.44682减到了2002年的0.41497,尽管只有3.52%幅度,但是结果反映出浙赣行业内部结构相似性下降,说明浙赣行业两地分工在逐渐展开,趋势较为明显。

表7.1 1998—2002年江西省各类纺织品年增加值 (单位:亿元)

行业小类代码	行业小类名称	1998年	1999年	2000年	2001年	2002年
1711+1712	棉、化纤纺织产业	1.66	1.54	1.11	0.75	0.74
1721+1742+1761	棉毛纺业(麻纺织)	17.20	18.32	20.99	15.93	16.15
1721+1722+1742	棉毛织业	1.88	1.73	1.25	1.26	1.65
1723+1724+1774	印染业	1.59	1.76	3.11	2.84	2.61
1724+1775	棉丝制品业	0.96	1.20	1.08	1.57	1.97
1774	缫丝业	1.06	0.72	1.11	1.23	1.62
1772+1773	绢纺业、丝织业	0.20	0.19	0.46	0.28	0.21
1781	棉针织业	2.82	2.45	2.72	5.42	6.57
1782	毛针织业	0.06	0.44	0.11	0.05	0.17
1783	丝针织业	1.66	1.54	1.11	0.75	0.74

注:根据1998—2002年工业企业数据库数据,筛选方法同第6章,得到每个企业纺织产业分年度数据,然后根据17大类中的代码与子类代码和9种内部行业进行分类。

表7.2 1998—2002年浙江省各类纺织品年增加值 (单位:亿元)

行业小类代码	行业小类名称	1998年	1999年	2000年	2001年	2002年
1711+1712	棉、化纤纺织产业	10.40	11.56	15.38	31.66	50.14
1721+1742+1761	棉毛纺业(麻纺织)	96.15	103.90	110.77	114.77	138.96
1721+1722+1742	棉毛织业	44.44	50.29	60.72	91.32	126.34
1723+1724+1774	印染业	98.43	110.87	139.82	169.59	221.55
1724+1775	棉丝制品业	38.92	59.42	80.33	86.98	106.02
1774	缫丝业	28.20	28.64	33.43	30.18	26.72
1772+1773	绢纺业、丝织业	212.91	238.77	271.55	342.43	407.55
1781	棉针织业	28.33	27.55	30.72	49.17	70.92
1782	毛针织业	18.54	22.50	21.84	28.08	34.63
1783	丝针织业	22.61	27.96	32.41	34.01	36.08

注:根据1998—2002年工业企业数据库数据,筛选方法同第6章,得到每个企业纺织产业分年度数据,然后根据17大类中的代码与子类代码和9种内部行业进行分类。

表7.3 1998—2002年浙赣两省纺织产业内部结构相似系数

年份	1998年	1999年	2000年	2001年	2002年
浙赣纺织产业内部结构相似系数	0.44682	0.43166	0.42846	0.40684	0.41497

注:根据工业企业数据库数据,筛选方法同第6章,得到每个企业纺织产业分年度数据,然后根据17大类中的代码与子类代码和9种内部行业分类,计算行业内部结构相似系数,大致按照纺业、织业、印染业、制品业、缫丝业、绢纺丝织业、棉针织品业、毛针织品业、丝针织品业计算,计算时去除了其他针织品业数据和其他纺织产业数据。

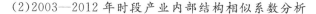

(2)2003—2012 年时段产业内部结构相似系数分析

2003—2012 年时段的分析,尽量照顾到了 1998—2002 年子类代码下的细分。但是由于不能区分出纺业和织业,数据库的数据是将纺业和织业放在一起的,统称纺织加工。

根据表 7.4 中的 2003—2012 年江西省各类纺织品年增加值,研究分析发现经过 1998—2002 年的产业分工,江西省在一些产品领域的生产水平有所提高。特别是棉、化纤纺织加工业,产值急剧上升,其他分类的增加值也在稳步增加,甚至在丝针织品及编织品制造方面,有了质的突破,因为在 2002 年以前该指标基本为 0。这也说明江西在纺织品产品的总体生产水平与生产能力上有了巨大的提升。结合表 7.5 浙江的数据,研究表明浙江省在所有 9 大分类中的生产增加值都在稳定上升中。数据表明,浙江与江西的产业协同发展起到了一定的作用,两地数据都在稳步增加,这正是产业协同发展的目的与方向。

表 7.4　2003—2012 年江西省各类纺织品年增加值　　（单位:亿元）

行业小类代码	行业小类名称	2003 年	2004 年	2005 年	2006 年	2007 年
1711	棉、化纤纺织加工(毛、麻)	28.06	40.72	51.98	72.63	108.89
1712	棉、化纤印染精加工(毛、丝)	4.94	3.25	8.40	9.17	12.90
1751	棉及化纤制品(毛、麻、丝)	1.18	1.55	3.40	4.64	8.07
1755＋1756	绳、索、缆的制造	0.02	0.25	0.56	0.50	0.63
1757	无纺布制造	0.00	0.05	0.20	0.57	0.60
1741	缫丝加工	1.60	2.76	4.41	5.57	6.87
1742	绢纺和丝织加工	0.44	0.57	0.94	3.04	3.30
1761	棉、化纤针织品及编织品制造	11.61	16.79	27.05	40.99	67.86
1762	毛针织品及编织品制造	1.19	3.04	3.37	4.41	8.44
1763	丝针织品及编织品制造	0.00	0.07	0.00	0.18	0.29
行业小类代码	行业小类名称	2008 年	2009 年	2010 年	2011 年	2012 年
1711	棉、化纤纺织加工(毛、麻)	130.15	108.95	142.87	345.42	491.44
1712	棉、化纤印染精加工(毛、丝)	16.29	16.59	22.34	23.55	30.65
1751	棉及化纤制品(毛、麻、丝)	10.31	10.93	15.49	32.30	46.85
1755＋1756	绳、索、缆的制造	0.94	0.13	1.46	3.37	5.95
1757	无纺布制造	2.77	2.09	0.75	5.12	6.38
1741	缫丝加工	7.16	5.18	11.25	11.58	16.86
1742	绢纺和丝织加工	3.20	1.89	5.43	5.58	5.59
1761	棉、化纤针织品及编织品制造	102.63	113.67	87.12	159.03	208.33
1762	毛针织品及编织品制造	15.72	2.77	11.88	25.49	32.56
1763	丝针织品及编织品制造	0.87	0.50	0.36	1.35	3.25

注:根据 1998—2002 年工业企业数据库数据,筛选方法同第 6 章,得到每个企业纺织产业分年度数据,然后根据 17 大类中的代码与子类代码和 9 种内部行业进行分类。

表 7.5 2003—2012 年浙江省各类纺织品年增加值　（单位：亿元）

小类代码	行业小类名称	2003 年	2004 年	2005 年	2006 年	2007 年
1711	棉、化纤纺织加工（毛、麻）	387.49	883.86	1005.44	1148.44	1455.81
1712	棉、化纤印染精加工（毛、丝）	299.08	512.47	604.81	660.98	770.39
1751	棉及化纤制品（毛、麻、丝）	79.04	163.51	208.89	269.98	313.33
1755+1756	绳、索、缆的制造	26.80	37.08	40.98	50.51	62.77
1757	无纺布制造	14.28	26.32	41.67	52.53	66.68
1741	缫丝加工	31.44	51.63	56.00	62.12	56.34
1742	绢纺和丝织加工	510.16	211.70	288.28	366.27	432.02
1761	棉、化纤针织品及编织品制造	110.63	334.33	418.18	520.53	595.48
1762	毛针织品及编织品制造	43.12	67.53	75.11	111.96	134.34
1763	丝针织品及编织品制造	47.03	42.07	50.55	58.18	61.36
小类代码	行业小类名称	2008 年	2009 年	2010 年	2011 年	2012 年
1711	棉、化纤纺织加工（毛、麻）	1516.93	1476.07	2824.67	1985.33	2122.73
1712	棉、化纤印染精加工（毛、丝）	820.35	718.95	1680.84	1089.52	1158.17
1751	棉及化纤制品（毛、麻、丝）	398.57	348.41	566.09	417.90	449.82
1755+1756	绳、索、缆的制造	78.83	89.36	122.60	634.78	100.88
1757	无纺布制造	91.39	91.88	104.87	146.48	163.81
1741	缫丝加工	39.61	35.79	91.16	58.60	56.92
1742	绢纺和丝织加工	312.64	315.60	846.16	265.01	309.93
1761	棉、化纤针织品及编织品制造	716.01	809.82	1045.99	1157.26	1261.09
1762	毛针织品及编织品制造	128.93	122.78	234.81	129.90	130.08
1763	丝针织品及编织品制造	87.48	75.56	115.22	52.79	52.97

注：根据 2003—2012 年工业企业数据库数据，筛选方法同第 6 章，得到每个企业纺织产业分年度数据，然后根据 17 大类中的代码与子类代码和 9 种内部行业进行分类。

通过工业企业数据库数据计算所有的 2003—2012 年浙赣两地纺织产业内部结构相似系数，发现从 2005—2010 年的结构相似系数相当平稳，稳定在 0.89~0.90。这表明，浙江与江西在 2005—2010 年期间的产业内部相似度高，进一步说明了浙江与江西的协调发展程度。这里的实证同时也印证了下文中针对纺、布这两种产品结构相似系数的结论。

表 7.6 2003—2012 年浙赣两省纺织产业内部结构相似系数

年份	2003 年	2004 年	2005 年	2006 年	2007 年
行业内部结构相似系数	0.62908	0.89096	0.90535	0.89944	0.89852
年份	2008 年	2009 年	2010 年	2011 年	2012 年
行业内部结构相似系数	0.89483	0.89446	0.89338	0.89402	0.91273

注：根据 2003—2012 年工业企业数据库数据，筛选方法同第 6 章，得到每个企业纺织产业分年度数据，然后根据 17 大类中的代码与子类代码和 9 种内部行业进行分类，计算行业内部结构相似系数，大致按照纺业、织业、印染业、制品业、缫丝业、绢纺丝织业、棉针织品业、毛针织品业、丝针织品业计算，计算时去除了其他针织品业数据和其他纺织产业数据。

（3）浙赣两省纺织产业内部结构相似系数的实证小结

总体上，从 2003—2012 年的分析结果看，2003 年因统计口径转变，数据结果可能造成一定的偏差。从 2005—2010 年的行业内部结构相似系数计算结果的变化趋势来看，呈现出缓慢减小的趋势，考虑到 2010 年中开始一直持续到 2012 年初的国际棉花市场价格的大幅波动，计算出的 2011 年、2012 年的行业内部结构相似系数有所增大。但从整体来看，2005—2010 年相似系数呈现出明显的减小趋势，大致表明了浙赣两省在纺织产业行业内部分工的专业化程度有所提升，结合实际的各子类主营业务收入在总量上的变化来看，浙江省的棉、化纤、化纤针织品、增长较快；绢纺、丝织加工呈现出先减少后缓慢增加，而后又减少的波动变化特征；江西省的棉、化纤纺织增长较快，其他各类均呈现出持续缓慢增加的变化特征。从两省各子类主营业务收入总量上的变化来看，也大致可以看出浙赣两省在纺织产业发展上的地区分工变化态势。

7.3.3　基于两省纺织产业主要产品结构相似度的分析

本小节先从浙江与江西两省入手讨论纺织产品的总增加值与产品结构相似系数，然后引入安徽作为一个隐藏竞争对手，再分析浙皖与赣皖的同类情况，以增加对浙赣两省产业转移趋势、产业分工及现状的判断。

浙江作为纺织大省，几乎生产了所有主要品种的纺织产品。其中纱、丝织品与服装是其最为主要的纺织类产品，所占比重超过了所有的产品总和。江西作为承接地，可以看出纱产品的增加量每年都在增加，一度接近甚至超越浙江。总体上，将浙江省与江西省各类纺织制成品历年产值进行对比，从表 7.7 与表 7.8 中可以看出浙江省是纺织大省，纺织品类更丰富，其中浙江省纱、丝、服装的产值高于江西省，同时浙江省布的产值也远远高于江西省。

表 7.7　2005—2020 年浙江省各类纺织制成品历年产值　（单位：亿元）

产品	2005 年	2006 年	2007 年	2008 年	2009 年	2010 年	2011 年	2012 年
纱	160.69	220.08	302.26	344.88	301.90	752.05	546.62	439.34
布	401.47	467.86	551.42	597.65	668.26	763.15	701.42	686.41
丝	4.55	4.35	5.66	6.27	1.41	1.24	1.30	1.24
纱布丝小计	566.71	692.29	859.35	948.81	971.56	1516.43	1249.34	1126.99
服装	955.72	1106.46	1286.74	1397.34	1351.64	1615.28	1420.39	2115.43
纱布丝＋服装	1522.43	1798.75	2146.09	2346.15	2323.20	3131.71	2669.73	3242.42
产品	2013 年	2014 年	2015 年	2016 年	2017 年	2018 年	2019 年	2020 年
纱	409.33	367.12	361.33	370.41	328.02	282.73	239.77	193.22
布	736.66	750.00	733.25	716.16	659.71	392.49	374.16	305.45
丝	1.22	1.33	1.08	1.20	0.95	0.57	0.39	0.22

续表

产品	2013 年	2014 年	2015 年	2016 年	2017 年	2018 年	2019 年	2020 年
纱布丝小计	1147.21	1118.45	1095.66	1087.77	988.68	675.79	614.32	498.89
服装	2276.39	2392.72	2410.90	2372.74	2174.73	2060.40	2153.79	1893.67
纱布丝+服装	3423.60	3511.17	3506.56	3460.51	3163.41	2736.19	2768.11	2392.56

数据来源:2005—2021 年全国统计年鉴与各省统计年鉴。

如图 7.3 和图 7.4 所示,从细分产品上看,浙江与江西两省纱的产值具有一致的发展趋势,都表现出先增长后降低,江西省纱产值在 2017 年之前总体上是稳步增长的,与 2005 年相比产值增长了 8 倍左右,2018 年开始纱产值出现明显下降;浙江省纱的产值在 2017 年出现转折,扭转以往增长趋势,开始逐年降低。这一现象可能是全国纱价格的下跌以及两省纱产品在 2017 年前后开始减产导致的,同时这也使得江西省纱产值在 2019 年反超浙江省。两省布产值均表现出复杂的变动趋势,但不具有一致性。江西省布的产值总体上保持稳健增长,由 2005 年 13.47 亿元增长至 2016 年 64.59 亿元,其中产值在 2013 年出现短暂下跌。2017—2020 年布产值呈现不稳定上下浮动。浙江省布产值由 2005 年 401.47 亿元增长至 2011 年 701.42 亿元,在 2011—2014 年之间表现出先降低后增长的波动,2015 年布产值又逐渐下降,下降幅度超过 50%。2005—2010 年两省丝产值的变化趋势相反,江西省缓慢增长,而浙江省丝产值先缓慢增长后大幅度下降。在服装产值方面,江西省在 2005—2009 年间保持增长,2010 年开始下降,2013 年又恢复增长,与此同时浙江省服装产值保持相对稳定的增长趋势。2017—2020 年两省服装产值均出现下降趋势。总之,两省纺织产品产值在 2010 年、2013 年、2017 年这三个时间节点前后有明显的变化。总体上,浙江的纱产量很大,但是它没有持续性地增加,反观浙江布的产量,增加较快;而对江西而言,布的基量本身就不大,增长比较平稳,而纱的增长非常快,甚至快接近浙江的产量规模与产值规模了。因此,可以看出浙江与江西之间已经形成了一定的分工。

考虑到两省之间产品结构的不同与数据的缺失,实证中最后选择了纱与布作为分析两省的产品结构相似系数的数据基础。经过数据筛选与整理,最后经计算获得结果如表 7.9 所示。通过浙赣两省纱、布产品结构相似系数表,可以看出从 2005 年至 2010 年,纱、布产品结构相似系数从 0.68687 一直增加到了 0.79854,这说明作为承接地的江西在产业转移过程中受到了作为转出地浙江的影响,产品的结构越来越趋同。事实也证明,在 2005—2010 年期间,浙江转移到江西的纺织企业的数量还是比较多的。经过第一阶段发展,从 2010—2015 年期间,纱、布产品结构相似系数又回落到 0.60968,此现象表明在此期间的产业转移是基于技术与产业升级之后,浙江选择了在产业链的高端经营与国际接轨并可能承接国际产业转移,而江西作为承接地,巩固发展现有的纺织产业,逐渐形成产业集群。在 2016—2020 年期间,纱、布产品结构相似系数重新回升,结合总体数据与结构系数,研究发现江西的纺织产业进入了新的发展水平与发展阶段,在某些纺织产品上也超越了浙江的水平。总体上,根据纱、布产品结构相似系数的三个阶段的变化,本书可以得到浙江与江西两省在产业转移后的协同发展历程与变化趋势。

表 7.8　2005—2020 年江西省各类纺织制成品历年产值　　（单位:亿元）

产品	2005 年	2006 年	2007 年	2008 年	2009 年	2010 年	2011 年	2012 年
纱	34.07	48.47	80.58	92.25	95.71	261.37	266.33	260.86
布	13.47	16.39	22.28	22.57	32.47	38.65	38.76	44.47
丝	0.12	0.14	0.21	0.22	0.32	0.31	0.23	0.00
纱布丝小计	47.66	65.00	103.07	115.04	128.50	300.33	305.32	305.33
服装	70.14	88.61	125.71	145.83	200.65	322.95	404.06	748.41
纱布丝＋服装	117.80	153.61	228.78	260.87	329.15	623.28	709.38	1053.74
产品	2013 年	2014 年	2015 年	2016 年	2017 年	2018 年	2019 年	2020 年
纱	275.27	251.26	274.08	279.27	293.56	247.94	258.41	202.38
布	37.26	46.45	54.93	64.59	61.14	38.18	50.50	36.24
丝	—	—	—	—	—	—	—	—
纱布丝小计	312.52	297.71	329.01	343.86	354.70	286.12	308.91	238.61
服装	977.92	1233.51	1349.90	1429.02	1173.01	955.89	876.25	817.51
纱布丝＋服装	1290.45	1531.22	1678.92	1772.89	1527.72	1242.01	1185.16	1056.13

数据来源:2005—2021 年全国统计年鉴与各省统计年鉴和纺织品价格网站。

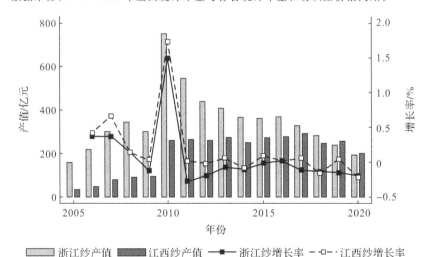

图 7.1　浙赣两省纱产值与增长率对比

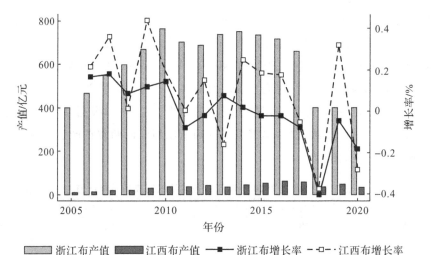

图 7.2　浙赣两省布产值与增长率对比

表 7.9　浙赣两省纱、布产品结构相似系数

年份	2005 年	2006 年	2007 年	2008 年	2009 年	2010 年	2011 年	2012 年
相似系数	0.68687	0.69301	0.69702	0.69136	0.68267	0.79854	0.72188	0.67296
年份	2013 年	2014 年	2015 年	2016 年	2017 年	2018 年	2019 年	2020 年
相似系数	0.59856	0.59558	0.60968	0.64775	0.61844	0.70119	0.69099	0.67518

　　浙赣两省在产业转移与承接当中,作为承接地的江西省也面临着其他省份的竞争压力,所以接下来从浙皖与赣皖纺织产品的历年总增加值与产品结构相似度来进一步实证分析浙赣产业转移情况。

　　通过比较浙江省和安徽省各类纺织产品产值(见表 7.7 和表 7.10),两省具有比较一致的纺织产品种类,如纱、布、丝织品是两省主要纺织产品。浙江和安徽两省纱的产值在 2005—2010 年之间拥有相同的变化趋势,先期稳定增长,到2009 年产值有所降低,在 2010 年又大幅度回升。然而两者在数量上相差较大,2010 年浙江省纱产值达到 752 亿元,安徽省的纱产值仅为 197.9 亿元。2011年开始,浙江省纱产值逐渐下降,到 2020 年降低至 193.2 亿元;而安徽省纱的产值在 2014—2018 年之间仍然保持增长趋势,说明 2011 年之后两省在纱生产上可能存在潜在竞争(见图 7.3)。浙江、安徽两省布的产值呈现出"M"形变化,浙江省布产值的两个峰值分别出现在 2010 年 763 亿元和 2014 年 750 亿元,而安徽省布产值的峰值则分别出现在 2011 年 56.5 亿元和 2016 年 79.4 亿元,说明两省在布的生产上具有一定相似性(见图 7.4)。

表 7.10　2005—2020 年安徽省各类纺织制成品产值　　　（单位:亿元)

产品	2005 年	2006 年	2007 年	2008 年	2009 年	2010 年	2011 年	2012 年
纱	63.84	73.14	87.35	87.50	74.49	197.90	178.69	155.65
布	27.02	28.61	29.81	23.59	27.00	52.16	56.53	46.77
纱布小计	90.86	101.74	117.17	111.10	101.49	250.05	235.23	202.43
服装	30.09	39.87	63.16	100.83	148.63	247.15	421.52	564.44
纱布＋服装	120.95	141.61	180.32	211.93	250.12	497.20	656.75	766.87
产品	2013 年	2014 年	2015 年	2016 年	2017 年	2018 年	2019 年	2020 年
纱	154.02	166.03	182.59	197.29	188.88	225.60	145.03	111.01
布	48.06	55.91	67.87	79.39	67.57	47.46	44.97	37.39
纱布小计	202.08	221.94	250.46	276.68	256.45	273.06	190.00	148.40
服装	718.04	874.41	1000.30	1102.35	1029.65	873.36	697.91	611.98
纱布＋服装	920.12	1096.35	1250.76	1379.03	1286.10	1146.42	887.91	760.38

数据来源:2005—2021 年全国统计年鉴与各省统计年鉴和纺织品价格网站。

　　两省丝产值的变化具有相似性,不同的是浙江省变化幅度更大,2008 年浙江省丝产值增长到 6.3 亿元,2009 年骤减至 1.4 亿元,随后产值缓慢降低,而安徽省 2008 年丝产值由 0.3 亿元增长到 0.7 亿元,之后产值总体上保持下降趋势,到 2020 年丝产值达到 0.2 亿元。浙江省丝织品产值总体上呈现先增长后降低的变化,2007 年增长至 362 亿元,到 2020 年下降至 67 亿元,而安徽省丝织品产值到 2013 年一直保持增长趋势,2013 年增长至 50.5 亿元,到 2020 年下跌至 12.8 亿元。这说明 2008—2012 年两省之间,丝织品可能存在短暂的竞争关系。在服装产值上,浙江、安徽两省总体上呈现增长趋势,在 2018—2020 年之间产值有所降低,这可能是外部客观环境变化导致的。

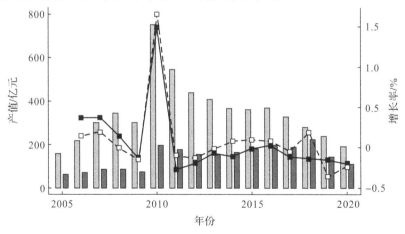

图 7.3　浙皖两省纱产值与增长率对比

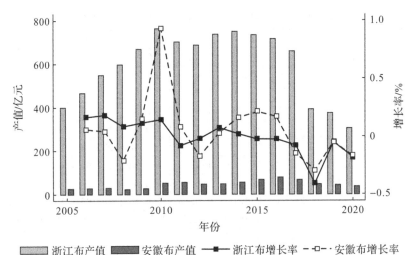

图 7.4　浙皖两省布产值与增长率对比

　　从浙皖的两省历年纱、布产品结构相似系数可以看出,结构相似度比较稳定。从表 7.11 看出,这 16 年期间浙皖存在不太明显的相似系数增大的态势,说明分工有促进或者分工态势有加强。剔除 2010—2011 年及 2018—2020 年,发现剩余年份的产品结构相似系数几乎是相同的。综上所述,表明两省的纺织产业产品结构相似度稳定,存在个别的分工,并且产品结构相似系数值平稳上升,虽然 15 年间只有 7% 的增加,但是也体现了产业升级发展的过程,安徽在逐步追赶浙江。

表 7.11　浙皖两省纱、布产品结构相似系数

年份	2005 年	2006 年	2007 年	2008 年	2009 年	2010 年	2011 年	2012 年
相似系数	0.70405	0.72604	0.73814	0.70805	0.69763	0.86026	0.82398	0.75867
年份	2013 年	2014 年	2015 年	2016 年	2017 年	2018 年	2019 年	2020 年
相似系数	0.72403	0.70331	0.72686	0.75779	0.72080	0.73902	0.76470	0.77638

数据来源:2006—2021 年全国统计年鉴与各省统计年鉴,以及纺织品价格网站。

　　最后再比较赣皖两地纺织行业总体情况,通过对比表 7.8 与表 7.10,把江西和安徽两省主要纺织产品产值进行比较,安徽省纺织产品种类更为丰富。从细分产品上看,如图 7.5 所示,江西省纱产值保持比较稳定的增长趋势,在 2014 年和 2018 年出现了小幅度下跌,与此同时安徽省纱产值是呈现增长趋势的,相比较而言,安徽省纱产值波动更加明显。两省纱的产值在 2005—2010 年增长迅速,其中江西省由 2005 年 34 亿元增长至 2010 年 261 亿元多,而安徽省则由 2005 年 63.8 亿元增长至 2010 年 197.9 亿元,相比起来江西省纱的产值增长速度更快,并且逐渐超越安徽省。2017 年江西省纱产值达到历史峰值 293.6 亿

元,而安徽省纱产值的峰值出现在 2018 年,达到 225.6 亿元,由此可见,江西省
纱的生产规模逐渐扩大并且超越安徽省。如图 7.6 所示,江西省布的产值增长
也比较稳定,由 2005 年 13.5 亿元增长至 2016 年 64.6 亿元,并且在 2017 年和
2018 年有明显的下降趋势。而安徽省布的产值呈现波浪式变动,由 2005 年 27 亿
元增长至 2016 年 79.4 亿元,其中 2008 年和 2012 年的产值相比前一年有所降低。
值得注意的是 2017—2020 年之间,安徽省布产值逐年降低。在服装产值上,两省
具有相同的变化趋势,2005—2016 年稳定增长,2017—2020 年产值出现下降。从
增加值数量上看,江西省服装产值规模是远大于安徽省。从时间趋势上看,两省
纱、布、服装的增加值有所区别,但两省纱、布、服装的生产表现出高度相似。

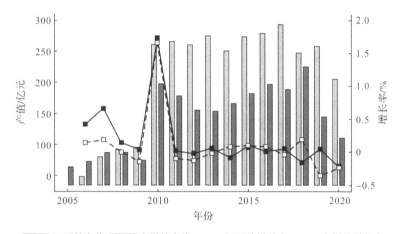

图 7.5　赣皖两省纱产值与增长率对比

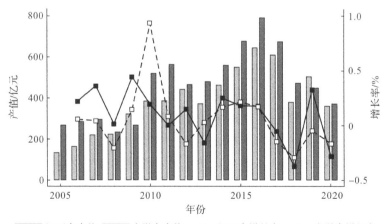

图 7.6　赣皖两省布产值与增长率对比

如表 7.12 所示,从赣皖的两省历年纱、布产品结构相似系数可以看出,赣皖两省的相似系数非常高并近似接近于 1,说明两省在纱、布产品结构上非常相似,两个地区在承接纺织产业转移时,存在明显的潜在竞争关系。

表 7.12 赣皖两省纱、布产品结构相似系数

年份	2005 年	2006 年	2007 年	2008 年	2009 年	2010 年	2011 年	2012 年
相似系数	0.99971	0.99890	0.99826	0.99973	0.99979	0.99386	0.98693	0.99244
年份	2013 年	2014 年	2015 年	2016 年	2017 年	2018 年	2019 年	2020 年
相似系数	0.98593	0.98993	0.98753	0.98797	0.99047	0.99851	0.99420	0.98911

数据来源:2006—2021 年全国统计年鉴与各省统计年鉴,以及纺织品价格网站。

7.3.4 实证分析小结

本书先后对浙赣两地的纺织产业内部结构相似系数与浙赣皖三地相互之间的产品结构相似系数进行计算与分析。通过整理中国工业企业数据库数据,分析了浙赣两地的纺织产业内部分类的具体情况,又实证研究了浙赣两地的纺织产业内部结构相似系数。同时结合浙赣、浙皖、赣皖之间纱、布、丝产品产量的变化特征,以及赣皖在纱、布产品数量上的变化等,解释了浙赣的主要产品生产分工、浙皖主要产品生产分工以及赣皖两省的高度相似或潜在的竞争。总体结论有以下几点。

第一,浙赣之间存在产业转移关系,同时也存在分工关系,浙江以生产布类产品为主,而江西以生产纱类产品为主。在数据上可以清晰看出两地的分工与合作。2005 年之后,浙赣两地的产业内部结构越来越趋同,说明其协同发展起到了一定的作用。

第二,浙皖之间纱与布的产品结构系数比较稳定,一直稳定在 70% 左右。但是在各类产品增加值的规模上,两省又不在同一个层次,可以看出安徽的综合竞争力明显弱于浙江,安徽存在成为浙江产业承接地的可能。

第三,赣皖两省的相似系数非常高并近似接近于 1,说明两省在纱、布产品结构上非常相似,两个地区在承接纺织产业转移时,存在明显的潜在竞争关系。

综合来看,笔者分析发现浙赣纺织产业在经历数十年的转出与承接的产业转移过程后,两省纺织产业专业化发展有所提高,纺织产业在两省的内部分工有了一定的发展,慢慢进入了协同发展的阶段。相关的研究办法与思路可以给其他的研究作为参考。

第8章 浙赣两省纺织产业协同 发展系统仿真

在前面四章基础之上,本章系统地建立区域协同发展的系统动力机制模型,主要包括区域产业环境子系统、区域产业集聚子系统、区域生产子系统和区域协同发展的系统动力流程图,进一步对纺织产业转移视角下区域协同发展机制进行仿真模拟。

8.1 区域协同发展的系统动力机制

区域产业协同发展是一个相对动态且复杂的系统。本节和下一节将根据前几章的理论与实证分析,利用所构建的纺织产业区域协同发展评价指标体系,采用系统动力学模型的研究方法,建立区域协同发展的系统动力学模型,对纺织产业在区域之间的协同发展情况进行综合分析。通过这一模型的分析,可以深入理解区域产业协同发展的影响因素和作用机理,从而为实现区域产业的协同发展提供科学依据和方法支持。

8.1.1 系统建模的边界

在进行系统动力学建模的过程中,首先需要明确所要分析的问题核心内容,并围绕问题的核心进行内部与外部的划分,分别找到问题内部与外部的界限,建立系统动力模型的边界。在系统动力模型的建立过程中,明确系统的边界就可以将与所研究问题有关的变量与其他部分分开,这主要是因为在系统动力学中,整个系统的反馈回路一般都是被设定为一个封闭的回路,那么就需要将与所研究的问题有密切关系的变量都划入系统之内,从而准确地进行问题的研究(李秋正等,2020)。

从纺织产业转移的视角来研究促进区域协同发展的问题,主要受到区域产业环境、区域产业集聚与生产系统三个子系统的共同影响。区域产业之间的协同发展是一个相对比较复杂的多层次系统,只有把各个影响因素之间的关系梳理清楚,才能建立起一个较为合理、科学的系统动力模型。

8.1.2 模型系统的因果关系分析

在区域协同发展的过程中,常常伴随着区域之间的企业迁移,分析系统动力模型的因果关系之前,需要明白企业在区域之间的迁移动力机制,于是本书建立了图 8.1 所示的企业迁移动力机制模型,从图 7.1 可以看出,企业在区域之间的转移同时受到来自转出地的推力和承接地的拉力共同作用,同时也会伴随着地区为了实现自身经济发展目标所产生的阻力。在推力和拉力之间,政府与中介组织为企业在区域之间的转移所做的推动力,起到一定的顺滑作用。

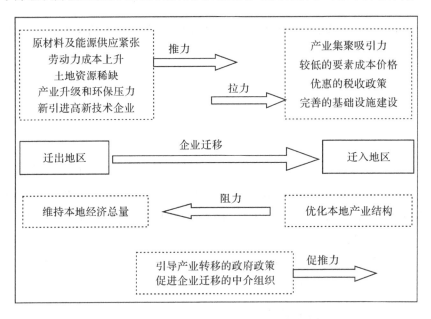

图 8.1   区域间企业迁移的动力机制模型

从转出地来看,由于当地的原材料价格、能源价格、劳动力价格的不断攀升,企业生产成本持续增加,利润率不断下降。土地资源的稀缺导致企业无法达到最有效的规模效应,特别是产业的升级和环保压力,使得企业不得不进行设备和技术的更新换代,或者是直接引进高新技术,如此各种影响因素使得企业不得不向外寻求出路。而相对于转出地,承接地拥有着相对较低的生产要素和价格、优惠的税收政策、完善的基础设施以及所形成的产业聚集效应优势,这些因素都在拉动着企业向本地区转移。但是,在转移的过程中,由于两地区都有着一定的经济发展目标,例如转出地为了维持本地区的经济总量、转入地为了优化本地产业结构,会对一些企业的转移进行阻挠。而起到助推作用的就是政府的产业引导政策与促进企业转移的中介组织。

这里的分析结果有效地验证了第 3 章有关纺织产业转移的动因分析。在第 3 章中,通过理论分析,发现影响纺织产业在转出地与承接地之间迁移的动因主要包括原材料因素、劳动力因素以及产业发展效率因素。这里的因果关系分析模型系统正是在前面的理论基础分析之上,进一步对纺织产业在转承两地间系统转移的探讨。笔者发现企业在转出地与承接地之间的转移同时受到推力与拉力的共同作用,并且在推力与拉力之间,伴随着政府与中介组织的顺滑作用。区域产业之间的协同发展是一个相对复杂的多层次系统,在跨区域发展协调过程中发挥着举足轻重的作用,只有把各个影响因素之间的关系梳理清楚,构建各个影响因素之间的有效衔接与转承,才能建立起一个较为合理、科学的系统动力模型,为纺织产业在跨区域之间的产业协同发展提供有效支持,为区域之间的经济合作提供动力。

8.2　区域协同发展的系统动力模型因果关系分析

在接下来的部分里,将从区域产业环境子系统、区域产业集聚子系统以及生产子系统来分别论述区域产业协同发展的影响因素。在这里,各个子系统之间既相互独立又彼此联系,相互之间的关联共同反映出整个动力系统模型的运行过程及状态。

8.2.1　区域产业环境子系统

区域产业环境是指包含区域地理位置的整体经济宏观环境,既包括国内的经济环境,也包括全球的整体经济状况(杨道玲等,2022)。区域产业经济发展与国内外宏观经济发展水平有着密切联系,两者相互影响。一方面,区域产业环境的发展受到国内外宏观经济发展水平的影响,国内外宏观经济的稳定发展有利于带动区域经济发展;另一方面,区域产业经济的提升也会促进国内经济的发展,进而保持整体宏观经济环境的稳定。从图 8.2 可以看出,区域产业集群的规模与集群创新能力是影响区域产业环境的最主要因素。其中,企业迁出速率、企业间合作程度、对资源的需求量等是企业集群规模所产生的正反馈效应,而相应的,技术设施建设投入、政策优惠力度、市场吸引力以及成本的吸引力是影响企业迁入速率最大的几个因素。在整体的循环关系中,集群创新能力增量影响着创新成果的产生,进而影响着创新收益和区域经济发展水平,从而提升市场吸引力,加快企业迁入速度,整体提升区域产业集群规模和集群创新能力。

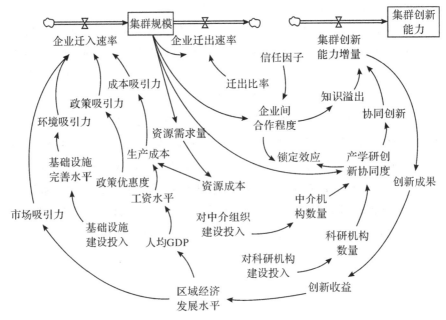

图 8.2　区域产业环境子系统因果关系

8.2.2　区域产业集聚子系统

在区域产业集聚子系统中,人才流、技术流与资金流起着决定性作用。人才流是形成区域产业集聚的前提,这里的人才主要是指具有先进技术技能的人员、具有先进管理技巧的管理者以及其他相应的职业技能人员(杨新华等,2023)。通过这些人才的集聚,才能够带动后续区域产业集聚的形成;技术流则是区域集聚效应发挥的关键与核心,这里的技术不仅包括生产技术的创新能力,还包括相应生产技术的传播与扩散以及各项知识资源的储备情况;而资金流则是形成区域产业集聚的基础,如果没有资金的支持,任何区域产业的发展都将会停滞不前,只有保障了资金投入的充足,才能够实现市场价值,这里的资金流主要包括各项直接投资以及从各种渠道所获得的风险投资。在区域产业集聚的反馈系统中,只有实现人才、技术和资金的良性循环,才能够充分发挥出区域产业集群的协同发展作用,进而实现整体区域的协同发展。

(1)人才流的因果关系

对于区域产业集聚而言,要保障区域产业的发展,必须确保专业技术人才的充足供给。为此,需要有专业的研究机构来培养这些人才,从而拓宽人才培养渠道。虽然这些措施有利于增加人力资源,但仅靠它们并不能完全解决问题。要确保高素质人才的数量,关键在于加强创新能力培养,推动产品更新换代,提升市场竞争力。这构成了区域产业集聚效应下的人才循环,如图 8.3 所示。然而,人才的持续增加并非无限制,它受到专业人才需求、研发机构数量以及政府资源条件的制约。其中,政府资源条件是最主要的限制因素。

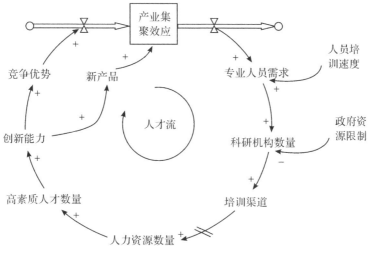

图 8.3　人才流的因果关系

（2）技术流的因果关系

从图 8.4 的整个大循环中可以看到,科研机构数量对知识资源具有显著的促进作用,同时对知识资源具有促进作用的还有高等院校的科研实力、产业信息以及产业集群的技术溢出效应,知识资源的增加可以有效地提升企业的技术水平,但是,对企业竞争力的提升并不是必然的。在企业技术以及外部环境限制下,企业的竞争力可以获得显著提升,进而提升企业的盈利性,增加企业之间的合作欲望,进而增加了产业的范围。这是区域产业集聚技术流的整体大循环,从这个循环里可以看出,知识资源的数量对提升区域产业集聚效应具有基础性的作用,但是,其受到政府资源的限制、高等院校科研实力的影响、产业信息的流畅性以及技术溢出的整体性影响（王小洁等,2019）。

（3）资金流的因果关系

区域产业集聚效应的资金流循环比人才流和技术流更为复杂,受多种因素影响,如图 8.5 所示。整体投资环境对区域产业的吸引力至关重要,只有稳定且具有发展潜力的投资环境才能吸引大量投资者。这需要完备的法律制度和完善的基础设施作为支撑。此外,投资成本也是影响投资吸引力的重要因素。良好的投资环境不仅能带来大量投资,还能提升企业资金增值能力,进而促进企业生产能力的提升。生产力的约束主要来自其他资源,如生产原材料价格、

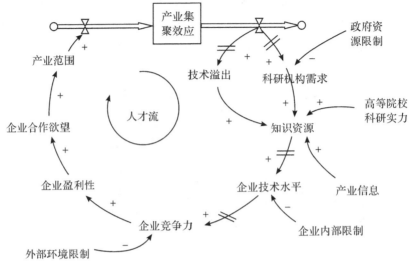

图 8.4　技术流的因果关系

劳动力价格和生产条件等。生产力的提高有利于提升企业的盈利能力,进而吸引银行贷款,实现企业资金增值,但同时也可能增加企业负债率。充足的资金有助于企业提升创新能力,增强竞争优势,这与技术流循环存在交叉关系。企业整体竞争优势的提升有利于实现区域产业集聚效应,进一步优化区域投资环境,促进新产业发展。新产业发展又能反哺企业创新能力与竞争优势,特别是竞争优势的提升能够直接优化投资环境,从而形成资金流循环的完整闭环。

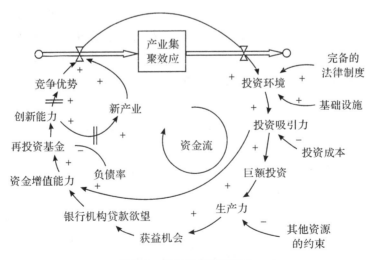

图 8.5　资金流的因果关系

8.2.3　区域生产子系统

区域经济协同发展过程中的生产子系统主要是指产业生产过程中的生产集合,参与区域经济协同发展的生产主体不仅包括各地区原来的生产企业,还包含着从一个地区转移到另一个地区的生产企业。通常,对于转出地而言,生产以本地区所留存的大企业为主,而对于承接地而言,生产则以转入的企业为主。同时也包含着这些主体在转移的过程中相互关联,共同参与生产的全过程(薛阳等,2021)。通常来说,影响区域协同发展的生产子系统包括四个方面的因素:首先是区域经济发展水平所决定的市场规模,市场规模越大,可以消化掉的产品越多,也就决定着区域生产子系统的上限;其次是区域财政政策与产业政策对企业的支持力度,支持力度越大,相应的企业生产积极性越高;再次是地区基础设施水平完善程度,基础设施越完善,相应的企业生产配套越健全,从而越有利于提升区域生产能力;最后是地区的人力成本与资源成本,相应的劳动力与生产原材料越便宜,区域生产能力就越高。

从图 8.6 中可以看出,对于区域生产子系统来说,区域经济产业集群规模可以增加资源的需求量。在生产资源供给量一定的情况下,资源需求量的增加必然导致获得资源的成本增加,进而提升了企业的生产成本,从而对区域生产子系统产生负反馈。同样地,区域企业集群规模也有利于提升企业间合作程度,

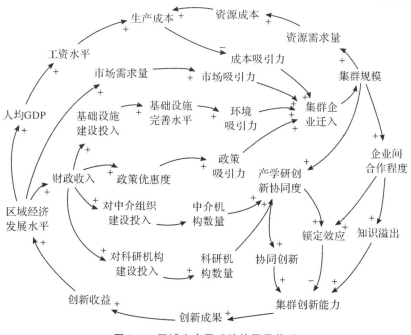

图 8.6　区域生产子系统的因果关系

进而产生知识溢出效应,增加了产业集群的创新能力,提升了创新成果的产出量,增加了企业创新收益,有效推动区域经济发展水平,从而提升人均GDP与工资水平,间接地导致企业生产成本增加。在整个大循环的内部,多个小循环在起作用,主要包括基础设施完善水平、市场规模、技术创新、政府政策吸引力、中介组织建设投入量以及集群企业迁入数量等因素。在各个循环之间的相互促进与协同的作用下,整个区域生产子系统的发展不断处于一个动态、稳定的发展过程中。

8.2.4 区域协同发展的系统动力流

本书前部分分别讨论了区域产业环境、区域产业集聚与生产系统三个子系统对区域产业协同发展的因果关系,在这里将三个子系统放在一起就得到图8.7的区域协同发展的系统动力模型。

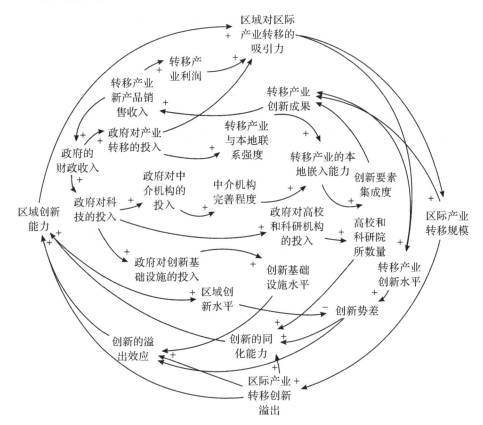

图 8.7　区域协同发展的系统动力模型

在区域经济协同发展的过程中,区域产业环境、区域产业集聚与生产系统三个子系统相互促进发展,共同构成了区域经济协同发展的整体大循环(孙冰等,2020)。在整体大循环的回路中,区域创新能力、区域对区际产业转移吸引力、区际产业转移规模以及区际产业转移创新溢出等因素起着至关重要的作用,在这些因素之间形成各种相互交错的细分回路,并形成各因素的相互协同与促进。区域产业转移规模不仅促进着转移产业创新成果的产生,也有利于转移产业创新水平的提升,进而促进创新的同化能力。转移产业的利润以及政府对产业转移的投入共同决定着区域对区际产业转移的吸引力,同时也在促进着转移产业创新水平。创新的溢出效应和创新的同化能力共同决定着区域创新能力的提升,同时区域创新能力的提升也在推动着区域创新水平。区际产业转移创新溢出同时促进着创新的同化能力和创新的溢出效应,间接地推动着区域产业的协同化发展。在这个过程中,政府中介机构的投入、基础设施的完善程度以及高校和科研院所数量等因素也在起着促进作用(李健等,2023)。

图 8.7 中主要包含以下几条主要因果回路:

①区域创新能力→区域对区际产业转移的吸引力→区际产业转移规模→区际产业转移创新溢出→区域创新能力;

②区际产业转移规模→转移产业创新成果→转移产业新产品销售收入→转移产业利润→区域对区际产业转移的吸引力→区际产业转移规模;

③区域创新能力→区域对区际产业转移的吸引力→区际产业转移规模→转移产业创新成果→转移产业新产品销售收入→政府的财政收入→政府对科技的投入→政府对创新基础设施的投入→创新基础设施水平→创新的溢出效应→区域创新能力;

④区域创新能力→区域对区际产业转移的吸引力→区际产业转移规模→转移产业创新成果→转移产业新产品销售收入→政府的财政收入→政府对科技的投入→政府对高校和科研机构的投入→高校和科研院所数量→创新的同化能力→区域创新能力;

⑤区域创新能力→区域对区际产业转移的吸引力→区际产业转移规模→转移产业创新成果→转移产业新产品销售收入→政府的财政收入→政府对科技的投入→政府对中介机构的投入→中介机构完善程度→转移产业的本地嵌入能力→转移产业创新成果;

⑥转移产业创新水平→创新势差→创新的同化能力→区域创新能力→区域对产业转移的吸引力→转移产业创新水平;

⑦转移产业创新水平→创新势差→创新的溢出效应→区域创新能力→区域对产业转移的吸引力→转移产业创新水平;

回路①到回路②分别从区域创新系统及区际产业转移的运行机制出发,描述了区域产业环境系统对区际产业转移的影响和区际产业转移对区域生产系统的影响。回路③到回路⑤分别从创新基础设施、高校和科研机构及中介机构的角度出发,描述了区际产业转移对区域创新系统的影响过程。回路⑥到回路⑦分别从转移产业创新的溢出与同化角度出发,描述了区际产业转移对区域创新能力的提升路径。

本节建立的区域协同发展的系统动力模型有效地验证了第6章对浙赣纺织产业协同发展的分析,在区域产业集聚的反馈系统中,只有实现人才、技术和资金的良性循环,才能够充分发挥出区域产业集群的协同发展作用,进而实现整体区域的协同发展。在第4章与第5章所进行的实证分析,分别使用偏离—份额分析法对纺织产业转移规模进行了度量,判断与分析了浙赣两省之间纺织产业转承动因与特征,运用 DEA 模型与窗口分析法对浙赣两省纺织产业发展效率进行了测度,发现浙赣两地纺织产业的协同主要包括企业、区域与政府间的有效协同,并在此基础之上建立产业环境子系统、产业集聚子系统和生产子系统,共同构成了区域经济协同发展的整体大循环。

8.3 区域协同发展的系统动力仿真与应用

8.3.1 系统动力模型的构建

根据前文的分析,我们可以看出,在区域协同发展因果分析中,无论是产业环境子系统、产业集聚子系统,还是生产子系统,最主要的影响因素都可以概括为人才、知识和资金三个方面,这也是本节所建立的系统动力模型仿真分析的主要影响因素。

在区域协同发展的系统动力因果关系分析中可以看出,人才是影响创新资源协同与集聚的决定因素,而区域创新人才的数量主要取决于人才增长速率和人才流失速率。一般来说,如果一个地区的高校和科研机构数量较多,并且对人才的培养机制较健全,人才交流市场的各项条件越完备,从而越有利于吸引创新型人才汇聚;此外,如果政府能够减少对人才创新实践的政策限制,支持与鼓励各类发明创新活动,对各种人才的吸引力就会越大,人才的流失量也就会越来越小,因此,该地区人才数量可表示为:

$$L_t = L_{t-1}(1 + L_i - L_d) \tag{8.1}$$

式中,L_t 表示 t 期该地区人才数量,L_{t-1} 表示上一期该地区人才数量,L_i 表示该地区的人才增长速率,L_d 表示该地区的人才流失速率。此外,$L_i = D_t(c, e, m)$,

其中,c 表示该地区所拥有的高校和科研机构总量,e 表示该地区所推出的人才引进方案,m 表示该地区所提供的人才交流信息服务;$L_d = D_t(g, \text{Time})$,其中,$g$ 表示该地区所存在的阻碍人才培养的有形和无形机制。

对于区域协同发展来说,如果一个地区的学校和科研机构数量比较充足,该地区的科技创新能力就较强,同样地,影响该地区科技创新能力的因素还有资金数量,只有保证科学研究的经费充足,才能有利于知识的积累与创造。区域内的资源禀赋将有利于知识的溢出效应,可以有效地提升该地区整体循环系统的知识和技术水平。与此相对应的是,如果该地区对科学研究的政策支持力度相对较小,科学研究与知识积累得不到应有的制度保证,就会限制知识水平的积累,进而不利于区域经济协同发展,因此,该地区的知识水平存量可表示为:

$$T_t = T_{t-1}(1 + T_i - T_d) \tag{8.2}$$

式中,T_t 表示 t 期该地区的知识水平存量,T_{t-1} 表示上一期该地区知识水平存量,T_i 表示该地区的科研创新水平增长速度,T_d 表示该地区对科研创新行为的不利因素。此外,$T_i = D_t(s, \theta)$,其中,s 表示该地区对科研创新与知识传播的支持,θ 表示该地区科研创新能力与知识积累的经济转化能力;$T_d = D_t(g, \text{Time})$,其中,$g$ 表示该地区所存在的不利于科研创新的各项影响因素,包括有形的和无形的。

对于一个地区来说,如果能够保障拥有良好的市场运行条件、有效的服务体系和稳定的投资环境,便能够源源不断地吸引外部企业和资金流入该地区的创新系统。而与此相反,如果该地区存在着较大的投资风险和政策服务上的制度限制,将会极大地阻碍着投资者对该地区的资金投入量,因此,一个地区的创新资金投入数量累计可表示为:

$$K_t = K_{t-1}(1 + K_i - K_d) \tag{8.3}$$

式中,K_t 表示 t 期该地区的资金水平存量,K_{t-1} 表示上一期该地区资金水平存量,K_i 表示该地区对投资的吸引能力,K_d 表示该地区对投资的各项限制条件。此外,$K_i = D_t(\lambda, i, m)$,其中,λ 表示该地区对投资所能够转化为资本的比率,i 表示该地区所具有的各项有利投资条件,包括有形和无形的,m 表示该地区的市场条件指标;$K_d = D_t(r, g)$,其中,r 表示该地区的投资风险系数,g 表示该地区的投资收益率指数。

8.3.2　模型的参数值及初始条件

从上面的模型构建过程中可以看出,区域产业协同发展的系统动力模型,在本质上是带有时滞效果的一阶导数微分方程组,其中,D_t 是整个模型在进行迭代过程中的时间间隔变量,按照惯例通常设定为 1,但是,在具体的问题分析过程中,也可以根据实际情况来进行适当改变。另外,对模型中的速率变量和辅助参数,已进行具体的函数形式设定,只代表一般意义上的迭代关系,因而可以进行具体的仿真模拟。从模型中可以更加清楚地了解各项影响因素对人才、技术和资金的作用效果,并且明确其对产业协同发展的具体途径。

区域产业协同发展是一个在多种变量共同作用、整体形态为螺旋式上升的动态发展过程,在索洛(Solow)生产函数模型中,我们可以假设技术的进步是希克斯中性,也就是模型的技术可以保持不变,此时,资本与技术的比值以及资本与劳动的边际效用也可以保持不变,并引入产业协同效应的转换因子,通过地区总产出的变动来整体衡量在产业转移视角下的区域协同效果:

$$Q = \mu A(t) K^{\alpha} L^{\beta} \tag{8.4}$$

式中,Q 表示该地区总产出,μ 表示产业协同效应转换因子,K 表示该地区资本投入,L 表示该地区劳动投入,$A(t)$ 表示在一段时期内该地区所形成的技术积累,即在 t 时刻该地区所拥有的技术水平。α 和 β 分别是资本和劳动的产出弹性系数,即在该地区所拥有的其他条件不变的情况下,资本或劳动量增加百分之一的投入,总产出所增加的百分比。运用该索洛生产函数模型来衡量产业区域协同效应具有两个优点:第一,通过设定 $\alpha + \beta \geqslant 1$,可以表示规模报酬递增的特性;第二,通过 μ 所表示的产业协同效应转换因子,可以在排除规模收益的前提下,反映出其他因素对整体区域协同发展的作用。

为了能够有效地展现出在产业转移的背景下区域经济协同发展效应,通过对模型方程的多次调剂和借鉴前人的实证经验,我们认为协同效应的转换因子与人才、知识、资金等变量成正比关系,并且设定各参数值为 $\mu = 1, A = 0.8, \alpha = 0.6, \beta = 0.7$。从这里可以看出 $\alpha + \beta > 1$,这样的设定可以保证两个方面的好处,一方面可以保证模型处于规模收益递增的阶段,另一方面可以体现出区域经济协同发展有利于提升经济发展效率。

由于各个变量的初始值代表着创新资源对区域协同发展效应的初始状态,因此,对初始值的设定,需要根据具体的现实情况来进行判断,这样才能够有效地反映出产业在区域协同发展中的变化。在本模型中,由于水平变量在量纲上不统一,在计算过程中会大大增加计算的烦琐程度,造成结果的不准确,根据前人的研究经验,可以对人才、知识和资本的初始值进行统一设定,考虑到当前浙赣纺织产业的实际情况与现有研究成果,我们选择将三个子模块的初始值统一设定为 10,而对三个子模块内部数值,包括人才增长率、人才流失率、技术水平提升率、资金流入率和资本限制率以及其他难以量化的指标等,统一将其取值范围限定在 0~1 之间(Chung et al.,2001;叶娇等,2012)。

8.3.3 模型有效性检验

按照通常的惯例,在使用所建立的系统动力模型进行仿真计算前,需要检验模型的有效性。主要有两种检验方法:第一种是理论检验方法,主要是从理论层面来对模型的设定进行检验,包括模型变量选取的合理性、模型边界设定的科学性以及变量之间量纲设定的统一性,还有辅助变量和参数取值设定的真实性等内容;第二种是历史检验,也就是通过将模型所输出的结果与以往的历史数据进行对比,观察模型所产生的结果与现实情况的契合程度,如果模型的结果与现实情况非常吻合,那么就说明模型的设定是合理并且有效的。在通常情况下,在系统动力模型的设定过程中,模型结构的设定比参数的选择更重要,因此,在模型的有效性检验中,更加注重模型的理论检验,保证模型在进行实际运算时的结果更加准确,通过输入变量的初始数值,得到不同时期区域协同发展效应的变化情况,如表 8.1 所示。

表 8.1 不同时间点水平变量的数值对比

时间/年	人才	资金	知识	协同效应
1	10.0	10.0	10.0	50.5
10	14.4	10.5	14.2	267.5
20	21.0	26.7	34.5	1818.7
30	30.2	40.7	99.5	5159.7
40	43.7	59.3	282.3	14903.0
50	64.0	83.0	770.7	43206.7
60	92.0	112.7	1971.1	120543.0

注:数据来自模型模拟结果。

从表 8.1 中可以看出,从第 1 年到第 60 年的变化过程中,无论是人才、资金和知识,所有的创新资源协同效应都是不显著的,其主要原因可能是在产业转移初期,区域间的政策扶持或主体产业扶持不到位,因而造成资源在区域经济协同发展中的低效率;随着时间的扩展,区域之间的政策支持到位、产业转移初步完成以及企业主体参与其中,各项创新资源在区域协同发展中的协同效应获得明显的提升,整体发展成效显著。对于具体的影响因素来说,无论是知识溢出、资金转化,还是创新能力的提升,都是需要一定的时间积累,因此,在早期时候,知识的增长较为缓慢,只有当知识的积累达到一定的程度之后,即知识积累达到临界点,后期才会获得快速增长。从长期来看,创新人才和创新资金都呈现出稳步递增的趋势。

从图 8.8 可以看出,对于人才和资金来说,在早期的时候曲线的斜率相对较高,对区域之间的协同发展具有显著的拉动作用,但是,到后期发展便会相对慢下来;而相对于知识来说,虽然早期的斜率相对较低,对区域间的协同发展带动较小,但是,到后期的发展便会相对较快一些,对区域间的协同发展具有较大带动作用。从整体的发展趋势来看,虽然曲线的斜率都呈现出递增趋势,但是,由于前期的各项政策服务不到位和主体的缺失,基本上前 10 年的区域协同效应都处在较低水平。随着时间的推移,在政策支持、人才引进和技术瓶颈等关键要素突破后,区域协同效应得到逐步提升,区域间的协同发展进入良性发展轨道。

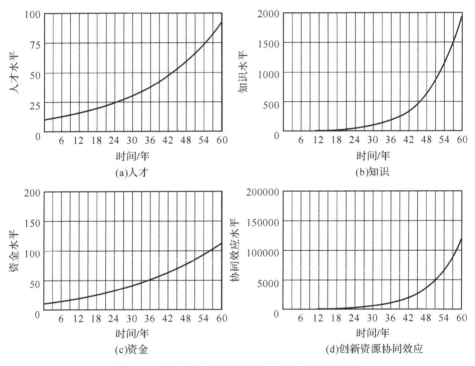

图 8.8　不同阶段创新资源协同效应的发展趋势

通过以上对模型设定的有效性分析,可以看出本书所构建的系统动力模型整体设定合理,能够有效地识别出在不同时期和发展阶段中区域协同发展效应的变化特征,与现实发展中初期各项创新资源积累不足所导致的协同效应不显著情况相契合,到了后期,伴随着各项资源的有效积累和不同资源之间的合作加深,区域协同效应呈现明显的增加趋势,整体能够反映真实的现实情况。因此,该模型设定合理,能够有效地判断出创新资源在区域协同发展不同阶段的状态,具有重要参考意义。

8.3.4　仿真结果与应用

在产业区域协同发展效应系统动力学模型的仿真运算中,本书采用Vensim软件来对创新资源区域协同发展效应的整体系统进行灵敏度分析。通过设定INITIAL TIME＝0,FINAL TIME＝60,TIME STEP＝1,UNITS FOR TIME＝YEAR,根据产业转移背景下创新资源协同效应的系统动力学模型,将表8.1中的数据作为模拟仿真的变量初始值,为了有效地降低不同区域政策差异对人才、知识、资金等要素的影响,在 Vensim 中选择系统流图中政策限制这一外生变量,剔除"政策限制"对整体模型效果的影响。通过运算,仿真结果如图 8.9所示,可以看出区域协同效应整体呈现出逐年增长的趋势,对实际的产业在区域之间的协同发展具有较好的拟合效果。

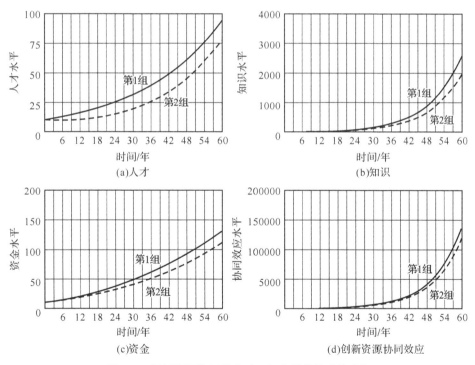

图 8.9　创新资源协同效应对不同变量的敏感性分析

在图 8.9 中,第 1 组数据代表降低政策限制之后人才、知识、资金和创新资源协同效应的各自发展趋势,第 2 组数据则是参照系,代表以原始值模拟各变量的发展趋势。对两组数据发展趋势的对比可以发现,政策限制的降低有利于创新资源的发展,区域协同的发展获得显著提升,这也是来自创新人才的有效引入、知识内容的不断创新和大量资金的快速流入所带来的效果。在一般情况下,没有政策的变动,单单是创新人才的引入也是可以推动知识的创新与积累,从而吸引外部投资,导致创新资源在区域协同效应中的有效扩散。但是,也需要认识到,政府相关政策的调整可以大大促进创新资源的流动,提升整体活力,发挥出区域协同效应的重要影响。因此,在区域转移的过程中,如何有效实现区域协同发展,都是需要政府在中间发挥巨大作用,促进不同主体的有效合作,保证创新资源的有效流通,提供良好的基础设施环境和营商环境,进而为区域产业协同发展提供有力的政策支持。

模型的应用性主要体现在两个方面:第一,对区域产业协同发展阶段的考察,可以根据以往历史数据,通过模型的评估,判断出不同区域之间的协同发展所处阶段,了解该地区区域协同发展效应发挥的实际情况,为产业的进一步有效转移提供参考;第二,分析不同变量在区域协同效应形成中的敏感性,为政策制定者提供有效的政策调整参考。通过选取不同的时间段、不同强度大小的政策组合,将其与初始值一起进行模拟对比,根据结果比较区域协同发展效果的变化情况,对应结果较好的一组就是推荐的政策组合方式。

8.4 促进区域协同发展的进一步讨论

本章通过建立区域产业协同发展的系统动力模型,在整体分析了模型的因果关系的情况下,又进一步详细地分析了区域产业协同发展的区域产业环境、区域产业集聚与生产系统三个子系统的因果关系,进而在纺织产业转移视角下提出了准确把握新时代区域协同发展新理念、推动欠发达地区承接纺织产业转移有序发展、促进承接地纺织产业集群化发展以及促进纺织产业区域协同发展的相关建议。虽然,本书在写作的过程中力求能够全面、深入地分析问题并提出相应的解决方案,但由于时间的紧迫性和研究的阶段性,仍有一些内容未能完全展现。因此,在后续研究中,需要在现有的研究基础上进一步讨论以下问题:

①进一步完善系统动力模型的仿真模拟,虽然本书对区域协同发展的系统动力仿真进行了模拟,但是,相关的数据还是比较薄弱,所选取的变量还不够全面,因此,整体的系统动力模型只是做到了对前文实证结果的检验,没有能够全面反映对现实问题的模拟。在后续的研究中,应当进一步完善相关的内容,使得所建立的区域产业协同发展的系统动力模型可以更加完善,进而保障所给出

的建议能够更加准确与全面,更加具有现实指导意义。

②研究针对区域经济协同发展进行的系统动力学模型,区域经济协同发展是一个相当复杂且动态发展的系统,涉及多个行业与地区,包含着经济、社会、宏观政策等诸多因素,特别是某一地区的经济发展容易受到政府的政策影响,而政府对区域经济的调控又比较频繁,因此,在实际的研究过程中,很难把握政策的变化规律。在后续的研究中,应当针对各子系统的政策变化进行及时模拟,从而更加符合区域经济协同发展的实际状况,完善研究成果。

③本书建立的区域协同发展系统动力模型主要以纺织产业为例进行讨论。虽然,在模型框架的构建过程中,对产业区域协同发展进行了一般化的讨论,但是,整体的机制与仿真模拟均以纺织产业为基础,因此,模型结果的普适性仍有待验证。在未来的研究中,应进一步对产业进行一般化处理,检验区域协同发展的系统动力模型的结果是否适用于其他产业。

第9章 促进浙赣纺织产业区域协同发展建议

在第3章理论基础与机制分析中,本书对纺织产业转移的理论基础进行了分析,并从效率视角出发对纺织产业在转出地与承接地协同发展机制进行了讨论。然后在第4章对浙赣两省纺织产业发展现状与转移动因进行分析,并使用偏离—份额分析法对纺织产业转移规模进行了度量。在第5章中,进一步使用DEA模型与窗口分析法对浙赣两省纺织产业发展效率进行测度,并分析了效率驱动下的纺织产业转承效果。第6章从效率视角出发,对浙赣两省纺织产业协同发展进行分析。第7章分析了浙赣两省促进纺织产业区域转移的推力和拉力,发现主要包括企业、地区与政府三方面的区域纺织产业协同,并且使用产品结构相似系数,对浙赣两省纺织产业内部结构相似度进行分析。为了有效地验证前面几章有关纺织产业区域协同发展的结论,第8章前两节构建了区域协同发展的动力机制模型,从区域产业环境子系统、集聚子系统和生产子系统三个方面来对纺织产业区域协同效果进行仿真模拟,最后得出,我们的结论具有很高的可信度,并且具有一定的政策参考价值。在此基础之上,为了有效地进一步促进纺织产业在区域之间协同发展,我们提出以下参考建议。

9.1 准确把握新时代区域协同发展新理念

9.1.1 更高质量的发展目标

中国进入了一个全新的发展时代,促进区域产业协同发展新理念是每个经济区域发展的根本动力。同时做到坚持创新驱动发展与绿色可持续发展,主动适应新时代经济发展需求。本书发现大部分的经济发展呈现螺旋式上升,其内体系有着不断的"量变"和"质变",经济体系的上升不是线性的,量积累到一定程度后,速度会降低乃至停滞不前,会转向质的改善。从企业角度看待高质量发展即企业发展从量变到质变的状态,不仅能够很好满足社会发展的需要(经济的全面发展),也包括社会的全面进步(含新发展理念)。它不仅要求增长速度快、规模效应显著,而且具有结构优化、安全高效等特点。它能够把创新作为首要动力,把转型作为首要特征,把全面建成小康社会作为首要目标,体现质量变革和效率进步。而这种趋势,正是新时代推动科学发展的本质要求。区域作为空间的经济载体,对中国经济社会发展起着决定性作用,同时它又是推进国家治理体系和治理能力现代化不可忽视的内容。高质量与高水平的区域协同发展从根本上影响着国家整体发展,并决定能否实现高速度质变,这是每个企业的历史任务。

中国区域发展战略思想在各个时期都有一个从不适应到逐步适应、再到全面适应的发展历程。改革开放以来,我国相继出台了一系列区域协同发展政策措施,例如,"西部大开发战略"其目的是解决西部地区的经济发展困难;"东北老工业基地振兴战略"为了解决东北地区经济缺少上行压力与能源型经济可持续性发展问题;"中部崛起战略"着眼于推进中部地区经济快速发展问题;等等。这些政策对促进各地区经济社会快速、健康发展发挥了重要促进与推动作用。进入21世纪后,以科学发展观为指导,按照"四个全面"战略布局要求,统筹推进"五位一体"总体布局,实现中华民族伟大复兴的宏伟目标取得重大进展,成绩来之不易。但是在中国经济进入全新的发展新常态下,供需市场也发生了巨大的变化,从原来的卖方市场发展成为买方市场,又从市场的需求侧改革发展到如今的供给侧规划,产业与企业间协同发展是最好的发展之路。

笔者认为,经济发展步入新常态,政府与企业应该做到如下几点:第一,区域协同发展更应该注重"质"上的协同发展提高;第二,不应过分强调中国区域间及产业间各自的特色,该同时注重地区与企业之间的交流与相关经济联系,以吻合协同发展之路;第三,虽然资本效率收益快、劳动效率成本低,但是不能过分放大,像土地、资源和环境等问题也是产业协同发展的任务之一,科学技术的潜在收益率可能会更高;第四,摒弃以生产总值为天的传统思路,不能过多依赖于资本型投资,提高对利润、收入和税收等因素的考虑,以促进产业与企业间的协同发展;第五,不应盲目囿于国内的空间,而应同时着眼于全球来分配资源和开拓市场;第六,不能只注重陆地空间的开发和土地经济的发展,要在考虑蓝色海洋空间的前提下发展海洋经济。唯有如此,才能把创新、协调、绿色、开放、共享的新发展理念深度融入产业区域协同发展之中,进而构建更高水平的中国式的区域协同发展格局。

9.1.2　更有效率的发展质量

在中国全新的发展新时代下,推进区域协同发展,政府应该更多注重各类要素的自由流动,有助于产业在市场化环境下发展。同时还要不断扶持优势地区,以获得更快发展。我国地大物博,各种原因造成区域差异很大,这种差异性是自然、地理、社会与历史共同作用的结果,同时也受到市场规律的影响。结合这种差异性,各区域表现出各自的比较优势,综合原因造成生产效率即投入产出效率的差异,在市场化条件下,最终必然导致各类资源与资本聚集在收益率更好的区域。

在此基础上,关于区域协同发展战略和缩小区域差距,绝非简单地缩小发展差距,而是放弃和减少发达地区扶持以缩小差距的政策。就全国发展全局而言,建立现代化经济体系和提高经济效率,就需要发挥市场机制决定性作用,发挥各地区比较优势,扶持优势地区先行先试。一方面可从产业发展技术创新和规范管理上对全国,尤其是落后地区进行探索,以梯度转移带动落后地区;另一方面可做大做强全国经济发展"蛋糕",并通过转移支付和其他分配制度改革来进一步扶持落后地区的发展。

在新时期市场经济中,必须进一步加快市场经济体制改革步伐,推动生产要素合理流动,消除制约要素自由流动的种种体制机制障碍,破除地区封锁与垄断,构建统一开放竞争有序市场体系,推动地区间资源优化配置,持续提升全要素生产率。应进一步激励和扶持长三角、珠三角、京津冀等东部沿海地区创新驱动发展转型加速推进,建设有国际影响力创新高地,瞄准世界上最先进最发达区域,积极融入经济全球化与区域一体化进程中,加快构建更高水平的全方位开放型经济体系,较高层次地参与国际合作与竞争,使其在拉动全国经济增长、转变发展方式中持续起到引擎与龙头作用。充分发挥自由贸易试验区、特色试验区、经济区与示范区、区域中心城市与城市群等多种主要功能平台试验探索作用、引领促进作用、辐射带动作用,力争将其打造成引领区域发展的新增长极。

9.1.3 可持续的协同发展理念

在新的发展格局下,推动各相关区域协调发展,必须将人与自然的和谐共处放在首位。国内许多经济发展相对落后的地区,虽然资源基础和生态环境良好,但也面临着经济快速发展与环境保护之间的矛盾。在市场经济中,产业结构调整必须遵循市场规律,充分利用自然资源和生态环境优势,加速本地区的开发与规划。从比较优势来看,这无疑会带来更高的经济效益,推动区域加速发展。然而,过分依赖资源开发,尤其是对能源、矿产等不可再生资源的依赖,已经引发了日益突出的生态环境问题。以牺牲不可再生资源来发展经济,不仅会造成巨大浪费,还可能引发生态环境破坏和灾害事故,最终导致自然资源枯竭和生态环境恶化,使区域经济社会发展难以为继。

在过去相当长的一段时间内,东部沿海部分地区以牺牲资源和环境为代价换取经济高速增长,虽然取得了显著的经济成果,但也引发了严峻的生态问题和社会矛盾,造成了区域生态环境恶化和自然资源枯竭。这种发展模式不仅留下了长远发展的隐患,还在一定程度上加剧了区域之间的不公平和两极分化。相比之下,一些中西部地区虽然凭借丰富的自然资源快速改变了落后面貌,但也应警惕对资源开发的过度依赖,避免重蹈覆辙。

在有序推动区域协调发展的过程中,必须紧密融合绿色发展理念。一方面,要对原有工艺技术进行升级改造,重点加强绿色、循环、清洁生产流程的建设;另一方面,要始终坚持节约资源和保护环境优先,以提高能效为核心,推动产业结构向高级化迈进。同时,应加大环保执法力度,强化污染防治措施,切实改善环境质量;完善法律法规体系,建立统一高效的行政管理体制。此外,要高度重视主体功能区战略,通过有效建设主体功能区来带动整个区域的发展。在这个过程中,应将生态保护理念贯穿始终,确保环境保护与工业化、城镇化建设的需求相适应,从而推动两者的有序发展。

9.2　提高浙赣两省纺织产业集群化发展水平

9.2.1　优化浙赣两省纺织产业区域布局

中国是一个地区经济发展不平衡、工业门类较全的工业大国,但同时也是世界上最大的纺织品生产和消费国之一,非均衡发展模式也成为我国实现工业现代化的一种必然抉择,纺织产业也不例外。在中国纺织产业集群中,东南沿海地区占据着较高比例,不仅吸纳了大批剩余劳动力,同时也带动了地方经济发展。但是,就整体而言,我国纺织产业仍处于粗放式增长阶段,纺织产业集群具有乡镇企业集群模式、加工贸易型产业集群模式的主要特点,集群创新能力较弱,产业结构升级的压力较大。

目前,位于东部沿海地区的浙江省经济增长仍然保持着快速发展,但是区域经济快速发展也意味着资源消耗的加快,浙江省的纺织产业也开始面临土地、劳动力、电力等资源成本的上升,导致生产成本不断提高。为保持国民经济平稳较快发展,实现区域协调可持续发展,必须大力发展新型工业化。而推进产业结构调整是新型工业化进程中一项重要内容,也是实现产业结构优化升级的必由之路。我国东、中、西三大地带有着各自的比较优势,互补性较强、经济效益显著、发展潜力巨大。相较于东部地区的浙江省,位于中西部地区的江西省劳动力充足,并且拥有着充足的纺织产业生产所需要的各种原材料,拥有承接浙江省纺织产业转移的天然优势。虽然江西省未来在承接纺织产业方面具有广阔的发展空间,但目前仍面临产业基础薄弱、产业配套能力不足等问题。为进一步提高纺织产业的创新能力,推动企业将生产要素融合到更广范围、更广领域,增强企业生产力水平与整体实力,政府需采取对不同区域的投资导向与产业支持政策,以快速实现浙江省纺织产业的升级改造,并且推动以纺织产业为代表的过剩产能向江西省有序转移,构建合理的产业梯度格局以实现浙赣两省纺织产业互动、分工明确、优势互补、协同发展,进而推动纺织产业总体水平的提高。

9.2.2 加强浙赣两省纺织产业自主创新

影响浙赣两省纺织产业集群创新的因素主要包括三个方面,分别是技术创新、管理创新和机制创新。其中,技术创新是最基础的因素,但同时也是最为关键;管理创新是核心和根本要求,也是最主要动力;机制创新则为企业提供动力和保障,三者缺一不可。技术创新与管理创新构成了纺织产业集群创新系统,技术创新具有周期性特征,其周期可分为四个阶段,每个阶段有不同特点。产业集群的生命周期是由主导产业的生命周期所决定的,而主导产业的生命周期又是由龙头企业的生命周期所决定的,龙头企业的生命周期又由主产品的生命周期所决定,而主产品的生命周期又由技术自主创新所决定。因此,技术创新本质上就是以技术创新成果为依托,通过产品创新来创造并传递市场新顾客价值的一种经济行为。

制度创新对浙赣两省纺织产业集群的可持续发展具有重要意义。在推广现代企业制度的前提下,不仅要明晰产权,还要健全市场机制,通过各种机制和手段来约束企业行为,从而保证浙赣两省纺织产业集群中各成员之间的利益关系协调统一。浙赣两省政府应重点营造有利于纺织产业集群创新的良好环境,具体措施包括:营造有利于技术创新活动的氛围,助力集群内企业构建学习链,鼓励其自主进行技术创新活动,提升其技术创新能力和核心竞争力,加速了集群中知识的传播。加强对技术创新活动的管理与支持,提供尽量完美的服务,加强与其他相关机构的合作,以提升集群创新能力。同时,浙赣两省政府还应健全法律法规,严格落实国家创新知识产权保护政策,严厉打击假冒伪劣行为,将产业发展中的风险降到最低限度;营造公平、公正的市场秩序,保障浙赣两省纺织产业集群内部企业能够参与市场竞争。

目前,浙赣两省纺织产业集群的发展还处于较低水平,仍然是以粗放型发展为主,与其他国家相比较竞争力较弱,主要体现在以劳动力作为比较优势。伴随着国际贸易环境的不断恶化,各国之间的纺织品贸易频繁受到以技术壁垒和反倾销为代表的贸易保护措施的阻碍。由于我国纺织产业的技术和设备主要依赖进口,而产品销售又主要以国外市场为主,这使得整个纺织产业的发展受到国外因素的严重制约。因此,我国亟须通过发展自主创新的纺织产业集群,来打破这一困境。因此,有序地推进浙赣两省纺织产业集群发展已经成为我国提升纺织产业国际竞争力,推动我国纺织产业整体转型升级的重要手段。

9.2.3　合理发挥浙赣两省政府职能作用

尽管浙赣两省纺织产业集群多由市场机制作用自发产生,但政府的政策作用对引导产业集群理性有序地发展、营造良好的外部环境、促进创新、避免产业集群恶化乃至衰退具有重要意义。当然,浙赣两省政府在引导纺织产业与市场发展时一定要以市场经济体制为前提,要从宏观层面进行把控,不能直接干预。由于纺织产业升级的驱动力主要来自市场并由市场来进行选择,政府过多介入纺织产业集群发展,只会事与愿违。在市场经济中,浙赣两省的各级政府要为各种所有制企业营造合理、公平的竞争环境,削弱行政管理功能,由市场决定企业兴衰存亡,积极主动地把服务功能放在首位。

纺织产业是劳动密集型的产业,浙赣两省纺织产业集群的发展多数处于以低成本为竞争优势的低层次阶段,在国际市场竞争中处于劣势地位,由于创新能力是企业核心竞争优势,但是,浙赣两省纺织产业集群的知识溢出能力及企业间的协同创新机制还未完全建立起来,区域品牌与网络协作的优势尚未形成。对于日益加剧的全球性竞争,浙赣两省纺织企业在国际市场上缺乏竞争力,面临着严重的挑战,因此,两地政府应当加强纺织产业集群的共生环境营造,有序地推动各地区纺织产业的升级改造和迁移,避免出现区域性的纺织产业衰退。

浙赣两省纺织产业集群发展离不开当地政府的政策支持与宏观调控,两地政府要根据本地区的实际发展状况,制定符合本地实际情况的扶持和引导政策,同时遵循纺织产业集群内部的发展规律,营造出浙赣纺织产业良性发展的宏观环境。一方面政府要加强基础设施的建设,主要包括交通、电力以及人才的引进等内容;另一方面,还必须从制度建设入手,加强对企业的服务和管理,致力于创造一个与纺织产业集群发展相适应的氛围与软环境,以促进集群内企业的成长。

9.3 关注浙赣两省纺织产业专业化水平与分工

9.3.1 激励浙赣两省纺织产业专业化分工

在实现区域产业快速发展的过程中,创新是推动产业发展的最基本动力,也是实现产业分工与协作的关键因素。对于浙赣两省的纺织产业来说,正是处于转型升级的重要阶段,但同时面临着低端产能过剩和高端供给不足的问题。因此,针对浙赣两省不同的产业基础条件和资源优势,着力发展智能系统、新技术应用和产业结构分工,对关键技术进行率先突破,并根据市场需求进行创新和研发。同时,可以借助互联网和物联网等新兴技术,创立产业示范园区,通过创新发展,激发浙赣两地区所蕴含的纺织产业经济的发展潜力。

建立良好的沟通机制和平台。在政府层面,应加强浙赣两地区不同级别政府间的横向与纵向联系。具体而言:在横向层面上,加强两地区各级政府的信息共享,及时发现协作的机遇;在纵向层面,完善上下级政府间的沟通机制,确保政策协调一致。在市场层面上,纺织产业内部各企业应加强紧密联系,共同创建具有良好性能的浙赣区域协作环境和平台;促进资料共享与优势互补。在社会层面,应当积极推动浙赣两地区的学术团体以及非政府组织的学术会议、论坛等各种形式的沟通交流活动,激发社会各阶层的创新活力,带动浙赣区域经济发展活力。此外,建立统一、及时、高效的政府与非政府调解机制,积极推进浙赣两省纺织产业分工协作与协调发展的新局面。

9.3.2 构建浙赣两省错位化的产业分工体系

在浙赣两省政府牵头带动下,应制定浙赣两地区纺织产业协调发展的高层次设计规划,整体形成跨区域的纺织产业协同发展机制,进而将地方保护主义和各种壁垒对纺织产业分工协作的影响降到最低。在协同发展规划的制定过程中,要充分考虑两地区城市群所肩负的地区发展使命和群众的基本需求,做到政策由政府提出、制定由公众参与、决定由公众表决,最后再由政府进行审核与颁布。将所制定的浙赣区域发展规划作为指导和约束跨区域城市行为的标准,并赋予其法律保障,提高区域规划的地位,对促进浙赣地区纺织产业分工与协作将产生重要的作用。在这个过程中,浙赣两地政府应当积极引导并建立跨区域整体协调机构和各城市分级协调机构,主要负责浙赣地区间跨区域分工与合作的协调、调节与分配工作。

在明确浙赣两地区整体纺织产业定位的基础上,应明确区域纺织产业集群内各城市的职能。浙赣两地区纺织产业存在一定程度的同构现象,需要进一步对纺织产业集群内进行合理的内部分工与定位规划,避免出现城市的重复建设现象,进而减少对区域资源的浪费与消耗。确定浙江省和江西省纺织产业各自的优势与分工。根据自身的资源禀赋,实现产业的有序分工和转移,逐步打造出自身的优势,使得各地区的纺织产业细分行业得到最大程度的发展,逐步弱化并减少跨区域产业发展过程中的同构现象。

9.3.3　搭建浙赣两省纺织产业协作平台

通过聚合浙赣两地区纺织产业的专家、高校以及科研机构等创新资源,为两地区纺织企业提供科技指导,加快纺织科技成果在实体经济中的应用与转化。同时,以浙赣两地区的科技型纺织企业为服务对象,通过线下与线上相结合的调研方式,深入了解企业对科技的实际需求。在此基础之上,完善两地专利数据库、专家库和数据信息库,构建浙赣两地有效的科技交流平台与机制,实现服务数据体系共享。这将为浙赣两地纺织产业发展提供智库数据支撑,提高区域间的科技成果创新转化率,助力纺织产业高质量发展。

在浙赣两地纺织产业协作平台建设的过程中,首先,要从浙赣两地纺织企业的实际需求出发,通过对两地区纺织企业园区的企业进行走访、调研、数据采集和整理,结合本地实际资源情况和当地发展需求,打造"产业物联网＋工业基地"的浙赣区域纺织产业服务平台。其次,要满足浙赣两地纺织产业园区的数字化管理需求,构建以工业物联网为基础的数字化管理服务体系。该体系既要满足园区内各企业之间的相互沟通,还要能够满足各园区之间的共享,特别是跨区域纺织工业园区之间的协同共享。最后,搭建浙赣两地纺织企业的云服务模块,为企业量身定制解决方案,实现纺织产业的模块化赋能。这将帮助更多的纺织企业高效、低成本地完成数字化转型,助推企业数字化发展。

9.4　促进浙赣两省纺织产业区域协同发展

9.4.1　实现创新的浙赣区域协同政策

目前,浙赣两地区尚未形成真正的区域协同政策,这成为制约两地协同发展的重要因素。要突破浙赣区域协同发展的瓶颈,必须从理念和制度层面推进国家战略布局中的区域协调发展,尤其要注重从政策模式入手,推动政策工具在法治基础上的创新。在政策模式方面,应将两地区之间的利益关系调整为两地政府之间的协调与合作,打破行政区划对经济资源的垄断管理,建立新型跨区域协调机制。

以法治为管理根基,必须为浙赣两地区的区域政策提供法律保障。通过制定和颁布相应的法律法规,将地方利益纳入政府立法范畴,完善浙赣两地区之间的协同发展机制,推动协同政策的法制化与规范化。在政策工具方面,两地政府可以通过制定相关法律或规章,对不同产业进行分类指导,建立一套标准化的激励工具、协同工具和评价工具等制度安排。这些工具应相互衔接、相互协调,共同发挥作用,构建多元化的区域政策工具体系。同时,健全适应市场经济体制的地区政策框架体系,并将其应用于实践,推动区域政策工具从简单管理向综合治理转变。

9.4.2　加快实施浙赣主体功能区战略

所谓的主体功能区域规划,是根据区域内不同地区的环境资源承载能力、现有开发密度和发展潜力等因素,对区域进行科学分区的一种空间组织形态。该规划以自然环境要素、社会经济发展水平、生态系统特征和人类活动形式为基础,通过综合分析,确定浙赣两地区不同主体功能地域空间单元。具体而言,依据资源环境承载能力、现有开发密度和发展潜力等因素,统筹考虑未来人口分布、经济布局、国土利用和城镇化格局,将浙赣两地区空间划分为优化开发、重点开发、限制开发和禁止开发四类主体功能区。按照主体功能区定位,调整完善区域政策和绩效评价,规范空间开发秩序,形成合理的空间开发结构。在主体功能区域发展过程中,应强调生态与经济效益的协调,注重与自然资源的和谐共处,确保不同资源环境承载力与社会经济发展相适应,从而建立可持续的发展模式。

9.4.3　建立有效的浙赣区域协同体系

实施差异化功能定位以实现区域协同发展,理清利益分配格局,促进浙赣两地区经济均衡和社会和谐,是跨行政区规划合作成功与否的关键。在编制区域协同发展规划时,浙赣两地政府应充分考虑两地区域间差异较大导致协调机制不够健全的情况,对协作区不同地区进行整体规划,以避免重复建设和资源浪费。浙赣两地区应认真审核协作区优化规划方案,确保两地政府的计划协调一致,避免出现重大矛盾,并协调好各自的目标任务,从而保障区域间经济资源要素的合理有序流动。对优先发展、重点发展、限制开发与禁止开发四类区域进行进一步细分,通过制定分类管理区域政策,突破原辖区管制,使其功能更加多元化,形成新的协作空间格局。同时,应结合浙赣两地主体功能区规划,对协作区城市规划进行调整和完善,以实现区域间的协调发展。此外,还需对有关主体功能区规划开展前期调研和后期评价工作。

第10章　研究结论与研究展望

10.1　研究结论

本书在梳理纺织产业转移的动因与机制的基础上,以浙江省为纺织产业转出地、以江西省为纺织产业承接地,从效率视角分析了浙赣两省纺织产业转移的状况与协同发展问题。本书在梳理产业转移理论、动因与机制的基础上,尝试把握纺织产业转移的动因与转移机制,具体应用于浙赣两省间纺织产业转移的效果分析与研究。同时又把握浙赣两省纺织产业发展效率变化与产业转移的驱动效果,基于效率视角下分析纺织产业转移对转出地、承接地发展的影响。然后综合分析浙赣两省纺织产业行业内部结构相似性和浙赣两省主要纺织产品结构相似性,对浙赣两省纺织产业地区分工与专业化发展作出客观的分析与评价。在以上研究完成的基础上,最后对浙赣两省纺织产业协同发展开展分析,为促进两省纺织产业协同发展提供一定的建议与思考。

通过以上综合研究,本书取得如下四点主要结论:

第一,通过构建区域产业协同发展机制分析模型,可以发现要实现纺织产业在区域之间的协同发展,不仅要在转出地与承接地之间拉力和推力的共同作用下实现纺织产业的跨区域转移,还需要进一步完善各地区的基础设施服务和产业链条的整体衔接,使得纺织产业各环节在区域之间实现专业化的分工,特别是产业承接区域,不仅要完善各项硬件设施,还需要能够提供包括技术支持、金融服务、交通供给等各项"软件"服务。

第二,在对全国和浙赣两省纺织产业发展现状与转移动因进行分析的基础上,运用偏离—份额分析法对浙赣两省纺织产业转移规模进行度量,发现纺织产业在区域之间的转移呈现以下特征:①凸显"双向转移"趋势,不再是简单从产业发达地区转移到产业落后地区,也不再是从某一地区完全地转移向另一地区,而呈现出"双向转移"现象,也就是我国东西南北各个区域之间互转;②提升区域配套能力,与以往不同,当代的纺织产业转移不再仅仅注重成本和位置因素,而是开始越来越关注当地所能提供的区域配套能力;③寻求产业链整体协调,在纺织产业转移的新热潮下,对产业链整体协调提出了更高的要求,即新一轮纺织产业转移并不只注重产业转移承接地区域配套能力的提升,更倾向于追求上、下游产业完整性;④注重综合优势,就是主张在一个国家或地区进行相关产业的转移与承接的过程中,需要充分考虑产业的比较优势,只有实现了比较优势与本地资源相匹配,才能够真正提高产业的生产效率与交易效率。

第三,通过运用 DEA 模型与窗口分析法对浙赣两省纺织产业发展效率进行测度,进而分析效率驱动对纺织产业的效果影响,可以发现纺织产业的核心驱动力"地区间的比较优势"和基本驱动力"绝对优势"成为产业转移的两个重要驱动力,它们分别与产业转移规模表现出显著的高、中、低负相关关系。地区内部比较优势的丧失越严重,地区间绝对优势的减少就越多,纺织产业的转移就会更大规模地进行。

第四,通过对浙赣两省纺织产业内部结构相似系数与浙赣皖三省相互之间的产品结构相似系数进行计算与分析,可以得出以下结论:①浙赣之间存在产业转移关系,同时也存在分工关系,浙江以生产布类产品为主,而江西以生产纱类产品为主,在数据上可以清晰看出两地的分工与合作;②浙皖之间,纱与布的产品结构系数比较稳定,一直稳定在 70% 左右,但是在产品的产量上,它们不在同一个层次,可以看出安徽不能跟浙江竞争,安徽存在成为浙江产业承接地的可能;③赣皖两省的相似系数非常高并近似接近于 1,说明两省在纱、布产品结构上非常相似,两个地区在承接纺织产业转移时,存在明显的潜在竞争关系。

10.2 研究展望

本书的研究已经取得以上四个方面的主要结果,但是,在研究的过程中也存在着一些不足之处,这些不足之处也恰恰是未来需要进一步研究与探讨的问题,主要包括以下两个方面:

第一,产业转移发生的动态性解析。推动区域产业协同发展是提高经济发展的全要素生产率,构建新的发展格局的重要内容。当前,中国各地区的产业发展基础、结构、类型不一,产业的协同发展水平不高,区域产业协同发展有必要通过产业转移来促进和实现,通过产业转移优化区域产业链布局,推动经济实际增长率不断趋近于潜在增长率。从承接地产业发展势能分析、转出地产业发展势能分析、产业承接与转出的对接三个层面,拓展并完善两类区域产业转移发生机制分析的框架,探析一个转出地对多个可选承接地情形下的产业转移发生机制、发生状态及其解释,进而讨论产业转移因何发生、表现出怎样的动态性。主要考虑两种情形:一是假定转出地对多个承接地的两两区域间某产业发展势能无明显差异,当两两区域间产业转出与承接的对接环节不存在差异性或存在较小差异性时,分别论述转出地某产业顺势转移发生时对承接地的选择标准是什么,也即产业转移因何发生。二是假定转出地对多个承接地的两两区域间某产业发展势能差存在明显差异,当两两区域间产业转出与承接的对接环节不存在差异性或存在差异性时,分别研究转出地某产业顺势转移发生时对承接地的选择标准是什么。对产业转移发生动态性的研究,旨在寻找新时代产业转移的动力机制,从而为后文的研究奠定基础。

第二,区域产业园区集群发展。本书已经探讨了浙赣两地区纺织产业转移过程中,区域纺织产业协同建设与发展的问题,包括基础设施协同建设、基础服务供给以及专业人才的交流与互动,这对地方政府如何进行产业园区协同发展建设会有一定的启发。但是,对区域产业集群方式的发展,不能只从本地区层面来考虑,更应该从整个国家战略层面来把握这个问题。从整个国家宏观层面来看,为了有效地避免不同地区的产业园区在集群化发展过程中出现发展战略重叠、相互之间的恶性竞争,因此,各地区在进行产业园区集群化建设过程中,应该根据本地区的实际情况来展开差异化建设,应该把整个规划建设放在中央与地方政府以及各地方政府之间相互博弈与协同的背景下来研究,这样才能取得更好的发展效果。此外,根据已有的纺织产业园区聚集的竞争力分析模型,我们已经了解到当前各个区域产业园区的聚集特点,产业园区内不同产业的特点以及不同产业内部企业的具体情况。然而,在对不同地区、不同产业的产业园区集群进行现实问题分析时,如何客观公正地处理各项指标,将研究者对事物的主观能动性与客观事件相结合,从而使得我国产业园区集群的判断与分析更具有实际性,这些问题仍有待今后进一步研究。

参考文献

[1]Blomstrom M, Kokko A. Foreign direct investment and spillovers of technology[J]. International Journal of Technology Management, 2001, 22: 435-454.

[2]Bogue D J. Internal migration[C]//The study of population: An inventory appraisal. Chicago: University of Chicago Press, 1959.

[3]Bunte J B, Desai H, Gbala K, et al. Natural resource sector FDI, government policy, and economic growth: Quasi-experimental evidence from Liberia[J]. World Development, 2018, 107:151-162.

[4]Charnes A, Cooper W W, Lewin A Y, et al. Data envelopment analysis: Theory, methodology, and applications[M]. Boston: Boston Kluwer, 1994.

[5]Charnes A. Sensitivity and stability analysis in DEA[J]. Annals of Operations Res, 1985(2): 139-156.

[6]Choi S B, Lee S H, Williams C. Ownership and firm innovation in a transition economy: evidence from China[J]. Research Policy, 2011, 40(3): 441-452.

[7]Chris L, Liang W. An alternative approach to estimating agglomeration and productivity using geography, demography and evidence from satellite imagery[J]. Regional Studies, Regional Science, 2022, 19(1): 45-65.

[8]Chung W, Kalnins A. Agglomeration effects and performance: A test of the Texas lodging industry[J]. Strategic Management Journal, 2001, 22 (10): 969-988.

[9]Damijan J P, Rojec M, Majcen B, et al. Impact of firm heterogeneity on direct and spillover effect of FDI: micro evidence from ten transition countries[J]. Journal of Comparative Economics, 2012, 41(3): 895-922.

[10]Dunning J H. The eclectic paradigm of international production: A restatement and some possible extension[J]. Journal of International

Business Studies, 1988, 19(1): 1-31.

[11]Ernst D, Kim L. Global production networks, knowledge diffusion and local capability formation [J]. Research Policy, 2002, 31 (8-9): 1417-1429.

[12]Haken H. Quantenfeldtheorie des Festkörpers[M]. Mit 87 Aufgaben und zahlreichen Beispielen, 1973.

[13]Hatani F. The logic of spillover interception: the impact of global supply chains in China[J]. Journal of World Business, 2009, 44(2): 158-166.

[14]Hummels D, Ishii J, Yi. K M. The Nature and growth of vertical specialization in world trade[J]. Journal of International Economics, 2001, 54(1): 75-96.

[15]Javorcik B. Does foreign direct investment increase the productivity of local firms? In search of spillovers through backward linkages[J]. American Economic Review, 2004, 94(3): 605-627.

[16]Jindra B, Giroud A, Scott-Kennel J. Subsidiary roles, vertical linkages and economic development:Lessons from transition economies[J]. Journal of World Business, 2009, 44(2): 167-179.

[17]Jordan J A, Michel F J. Next generation manufacturing: method and technique[M]. New York: John Wiley & Sons, 2000.

[18]Kee H L, Tang H. Domestic value added in exports: Theory and firm evidence from China[J]. American Economic Review, 2016, 106(6): 1402-1436.

[19] Kirkegaard J F. Offshoring, outsourcing, and production relocation: Labor-market effects in the OECD countries and developing Asia[R]. IIE Working Paper, 2007.

[20]Koopman R, Wang Z, Wei S J. Estimating domestic content in exports when processing trade is pervasive[J]. Journal of Development Economics, 2012, 99(1): 178-189.

[21]Koopman R, Wang Z, Wei S J. Tracing value-added and double counting in gross exports [J]. American Economic Review, 2014, 104 (2): 459-494.

[22]Krugman P, Venables A J. Globalization and the inequality of nation[J]. Quarterly Journal of Economics, 1995, 110(4): 857-880.

[23]Lee E S. A theory of migration[J]. Demography, 1966, 3(1): 47-57.

[24]Manoochehri G. The road to manufacturing excellence: Using performance measures to become world-class[J]. Industrial Management, 1999, 41(2): 7-13.

[25]Martin R. Path dependence and spatial economy: A key concept in retrospect and prospect[M]// Fischer M. M, Nijkamp P. Handbook of regional science. New York: Springer Press, 2013.

[26]Okamuro H, Kato M, Honjo Y. Determinants of R & D cooperation in Japanese start-ups[J]. Research Policy, 2011, 40(5): 728-738.

[27]Okubo T, Picard M, Thisse J. The spatial selection of heterogeneous firms[J]. Journal of International Economics, 2010, 82(2): 230-237.

[28]Okubo T. Trade liberalization and agglomeration with firm heterogeneity: forward and backward linkages[J]. Regional Science and Urban Economics, 2009, 39: 530-541.

[29]Ortona G, Santagata W. Industrial mobility in the Turin metropolitan area 1961—1977[J]. Urban Studies, 1983(20): 59-71.

[30]Pastor M, Sandonís J. Research joint ventures vs cross licensing agreements: An agency approach[J]. International Journal of Industrial Organization, 2002, 20(2): 215-249.

[31]Puga D, Venables A J. The spread of industry, spatial agglomeration and economic development[J]. Journal of the Japanese and International Economics, 1996, 10(4): 440-464.

[32]Redding S, Vera-Martin M. Factor endowments and production in European regions[J]. Review of World Economics, 2006, 142: 1-32.

[33]Ritala P, Hurmelinna-Laukkanen P. What's in it for me? Creating and appropriating value in innovation-related coopetition[J]. Technovation, 2009, 29(12): 819-828.

[34]Saliola F, Zanfei A. Multinational firms, global value chains and the organization of knowledge transfer[J]. Research Policy, 2009, 38(2): 369-381.

[35]Sleeser M. Enhancement of carrying capacity options ECCO[M]. London: The Resource Use Institute, 1990.

[36]Suyanto, Salim R. Foreign direct investment spillovers and technical

efficiency in the Indonesian pharmaceutical sector：firm level evidence
[J]. Applied Economics，2013，45(3)：383-395

[37]Tan Z A. Productcycle theory and telecommunications industry-foreign direct investment，government policy and indigenous manufacturing in China[J]. Telecommunications Policy，2002(26)：17-30.

[38]Thompson J H. Sometheoretical consideration for manufacturing geography[J]. Economic Geography，1966，3：127-145.

[39]Turkina E，Oreshkin B，Kali R. Regional innovation clusters and firm innovation performance：An interactionist approach[J]. Regional Studies，2019，53(8)：1193-1206.

[40]Vernon R. Internationalinvestment and international trade in the product cycle[J]. Quarterly Journal of Economics，1966，80(2)：190-207.

[41]Zhang Y，Li H Y，Li Y，et al. FDI spillovers in an emerging market：the role of foreign firm's country origin diversity and domestic firm's absorptive capacity[J]. Strategic Management Journal，2010，31(9)：969-989.

[42]安永景,孙瑞峰,朱哲桐.粤桂产业转移对人口城镇化的空间溢出效应[J].统计与决策,2022,38(12):83-87.

[43]白东北,张营营.产业协同集聚与制造业企业出口国内附加值率[J].财贸研究,2020,31(4):18-35.

[44]白雪洁,卫婧婧.异地并购、地区间资源流动与产业升级——基于中国数据的实证研究[J].当代财经,2017(1):100-109,135-136.

[45]白雪洁.中国新一轮产业转移:动因、特征与举措[J].国家治理,2022,375(15):27-31.

[46]包彤.环境规制视角下产业协同集聚有助于污染减排吗?——来自中国微观企业的证据[J].产业经济研究,2022(5):86-100.

[47]宾厚,马全成,王欢芳,张伟康.产业融合、技术转移与协同创新绩效[J].经济实证,2020(1):113-117.

[48]蔡绍沈.承接东部产业转移对陕西技术溢出效应的实证分析[J].山东纺织经济,2013,192(2):22-23,90.

[49]陈春明,霍亚馨,谷君.不同污染程度制造业的空间分布特征与转移趋势[J].经济问题,2020,485(1):64-69.

[50]陈凡,周民良.国家级承接产业转移示范区是否推动了产业结构转型升级?[J].云南社会科学,2020(1):104-110.

[51]陈斐,张新芝.中西部承接区域产业转移的竞争力研究[J].统计与决策,2012(2):124-128.

[52]陈国生,张亨溢,赵立平,魏晓博,罗娇霞.比较优势和竞争优势对地区制造业转移的影响[J].经济地理,2018,38(9):168-175.

[53]陈建军.要素流动、产业转移和区域经济一体化[M].杭州:浙江大学出版社,2009:95-99.

[54]陈建军.中国现阶段产业区域转移的实证研究——结合浙江105家企业的问卷调查报告的分析[J].管理世界,2002(6):64-74.

[55]陈景岭,徐康宁.产业转出地"中等收入陷阱"风险的影响因素——基于利益相关视角[J].华东经济管理,2017,31(5):93-99.

[56]陈龙,张力.区域产业转移与就业技能结构——来自中国的经验证据[J].宏观经济研究,2021(6):62-79,160.

[57]陈璇,钱薇雯.环境规制对制造业产业转移和结构升级的双重影响[J].统计与决策,2020,36(18):109-113.

[58]成艾华,赵凡.基于偏离份额分析的中国区域间产业转移与污染转移的定量测度[J].中国人口·资源与环境,2018,28(5):49-57.

[59]成群鹏.动力机制与资源禀赋——双循环新格局下云南承接国内产业转移提升策略研究[J].产业科技创新,2023,5(1):4-7.

[60]程华,王金湘,李冬琴,陈丽清.区域技术创新与经济增长的系统动力学模型仿真——基于浙江省的研究[J].科技管理研究,2015,10:94-96.

[61]程李梅,庄晋财等.产业链空间演化与西部承接产业转移的"陷阱"突破[J].中国工业经济,2013(8):135-147.

[62]崔建鑫,赵海霞.长江三角洲地区污染密集型产业转移及驱动机理[J].地理研究,2015,34(3):504-512.

[63]崔敏,魏修建.我国农业产业集群与第三方物流协同发展模式选择研究[J].经济体制改革,2013(6):68-72.

[64]崔新蕾,刘欢,白莹莹.承接产业转移与区域创新能力——基于国家级承接产业转移示范区的准自然实验[J].科技管理研究,2023,43(2):91-100.

[65]戴其文,杨靖云,张晓奇等.污染企业/产业转移的特征、模式与动力机制[J].地理研究,2020,39(7):1511-1533.

[66]戴文雅.承接示范区对我国纺织产业发展的影响研究[D].天津:天津工业大学,2021.

[67]戴翔,刘梦,任志成.劳动力演化如何影响中国工业发展:转移还是转型

[J].中国工业经济,2016(9):24-40.

[68]戴向东,朱志红,曾献,詹秀丽.产业转移背景下家具产业集群的绿色协调发展研究[J].林产工业,2020,57(12):35-39.

[69]丁凡琳,陆军,赵文杰.中国省际产业转移对碳效率的影响分析[J].经济问题探索,2022(12):100-113.

[70]董成惠.粤港澳大湾区共享合作协同机制研究[J].经济体制改革,2021(4):74-79.

[71]豆建民,崔书会.国内市场一体化促进了污染产业转移吗?[J].产业经济研究,2018(4):76-87.

[72]段小薇,李璐璐,苗长虹,胡志强.中部六大城市群产业转移综合承接能力评价研究[J].地理科学,2016,36(5):681-690.

[73]多淑杰.国际产业转移对我国技术进步影响的实证分析[J].统计与决策,2012,353(5):109-112.

[74]冯根福,刘志勇,蒋文定.我国东中西部地区间工业产业转移的趋势、特征及形成原因分析[J].当代经济科学,2010,32(2):1-10,124.

[75]傅允生.产业转移、劳动力回流与区域经济协调发展[J].学术月刊,2013,45(3):75-81.

[76]高顺成.中部六省对沿海纺织产业转移承接能力的拟熵权分析[J].纺织学报,2011,32(4):138-145.

[77]高素英,王迪,马晓辉.产业协同集聚对绿色全要素生产率的空间效应研究——来自京津冀城市群的经验证据[J].华东经济管理,2023,37(1):73-83.

[78]高幸,张明善.我国飞地经济运行机制的完善[J].中南民族大学学报(人文社会科学版),2021,41(11):90-97.

[79]关爱萍,李娜.金融发展、区际产业转移与承接地技术进步——基于西部地区省级面板数据的经验证据[J].经济学家,2013(9):88-96.

[80]关爱萍,李娜.中国区际产业转移技术溢出及吸收能力门槛效应研究[J].软科学,2014,28(2):32-36.

[81]郭晶.基于企业异质性的增加值贸易核算研究综述[J].国际贸易问题,2016,405(9):50-60.

[82]郭丽娟,邓玲.产业承接、技术外溢与西部地区自主创新[J].经济问题探索,2013(11):25-31.

[83]郭娜,李华伟.农村电商与乡村振兴互动发展的系统动力学研究[J].中国

生态农业学报(中英文),2019,27(4):654-664.

[84]郭卫军,黄繁华.高技术产业与生产性服务业协同集聚如何影响经济增长质量?[J].产业经济研究,2020,109(6):128-142.

[85]郝洁.产业转移承接地效应的理论分析[J].中国流通经济,2013(1):60-67.

[86]贺清云,蒋菁,何海兵.中国中部地区承接产业转移的行业选择[J].经济地理,2010,30(6):960-964,997.

[87]贺胜兵,刘友金,段昌梅.承接产业转移示范区具有更高的全要素生产率吗?[J].财经研究,2019,45(3):127-140.

[88]贺胜兵,张倩.承接产业转移示范区提升区域创新创业水平了吗[J].当代财经,2022,449(0):111-123.

[89]侯泽华,梁双陆."一带一路"、产业转移与区域协调发展[J].山西财经大学学报,2021,43(7):43-57.

[90]胡安俊,孙久文.中国制造业转移的机制、次序与空间模式[J].经济学(季刊),2014,13(4):1533-1556.

[91]胡佳露,杨丹萍.高技术产业技术创新与产业集聚协同发展实证研究——基于京津冀、长三角、珠三角的比较[J].宁波大学学报(理工版),2021,34(3):100-106

[92]胡黎明,赵瑞霞.产业集群式转移与区域生产网络协同演化及政府行为研究[J].中国管理科学,2017,25(3):76-84.

[93]黄海峰,葛林,王美昌.欠发达地区产业承接的重点行业选择[J].经济问题探索,2014(11):60-66.

[94]黄晶,佘靖雯,袁晓梅,王慧敏.基于系统动力学的城市洪涝韧性仿真研究——以南京市为例[J].长江流域资源与环境,2020,29(11):2519-2529.

[95]黄晶磊,我国棉纺织产业转移——江西承接力的研究,东华大学,硕博论文,2014.

[96]黄顺魁,王裕瑾,张可云.中国制造业八大区域转移分析——基于偏离—份额分析[J].经济地理,2013,33(12):90-96.

[97]黄晓琼,徐飞.科技服务业与高技术产业协同集聚创新效应:理论分析与实证检验[J].中国科技论坛,2021(3):93-102.

[98]江小涓,靳景.数字技术提升经济效率:服务分工、产业协同和数实孪生[J].管理世界,2022,38(12):9-26.

[99]金浩,刘肖.产业协同集聚、技术创新与经济增长——一个中介效应模型[J].科技进步与对策,2021,38(11):46-53.

[100]李桂.河北省集聚式承接北京市产业转移的行业选择和路径优化[D].
石家庄:河北经贸大学,2020.

[101]李健,高鹏程,谢衡.产业协同集聚、人力资本流动与高技术产业创新[J].
统计与决策,2023,39(2):179-184.

[102]李军训,朱繁星.中西部承接纺织产业转移后的集群经营效率评价研究
[J].重庆理工大学学报,2015.

[103]李梦洁,杜威剑.产业转移对承接地与转出地的环境影响研究——基于皖
江城市带承接产业转移示范区的分析[J].产经评论,2014,5(5):38-47.

[104]李明惠,陈刚.产业转移下产业集群跨区域创新合作研究述评与展望[J].
技术经济与管理研究,2018,267(10):112-116.

[105]李鹏,张志斌,王芳等.河北纺织服装企业集群竞争力及产业转型升级的
对策研究[J].毛纺科技,2017,45(4):75-78.

[106]李秋正,蒋励佳,潘妍.我国跨境电商通关监管生态系统演化创新的动力
机制[J].中国流通经济,2020,34(5):32-39.

[107]李少星,顾朝林.长江三角洲产业链地域分工的实证研究——以汽车制造
产业为例[J].地理研究,2010,29(12):2132-2142.

[108]李双燕.实证产业转移对中西部纺织产业技术效率的影响[J].中原工学
院学报,2017,28(3):47-52.

[109]李添喜,张玉.基于偏离-份额分析的产业竞争力研究——以江西省永修
县为例[J].老区建设,2022,598(11):48-53.

[110]李伟庆,金星.区际产业转移对承接地自主创新影响的实证研究——基于
安徽省地区与行业面板数据的分析[J].科技进步与对策,2011,28(17):
29-34.

[111]李小玉,邱信丰.以数字经济产业协同促进长江中游城市群高质量发展研
究[J].经济纵横,2022(12):41-49.

[112]李新杰.河南省环境经济协调发展路径及预警研究[D].武汉:武汉理工大
学,2014.

[113]李泽民.基于中国国情的产业转移动力机制探究——兼论我国欠发达地
区积极承接产业转移的基本对策[J].学术论坛,2007,202(11):122-127.

[114]李占国,孙久文.我国产业区域转移滞缓的空间经济学解释及其加速途径
研究[J].经济问题,2011(1):27-30,64.

[115]连连,叶旭廷.京津冀协同发展中的"飞地"经济研究[J].经济问题探索,
2016(5):146-151.

[116]梁碧波.产业转移、要素流动与结构优化——基于中心—外围模型的理论分析和实证检验[J].经济问题探索,2016,405(4):88-96.

[117]林玉妹,林善浪.区域一体化背景下跨区域产业协同发展研究——以长三角地区为例[J].中州学刊,2022,311(11):34-40.

[118]刘宾.非首都功能疏解背景下京津冀产业协同发展研究[J].宏观经济管理研究,2018(8):68-73.

[119]刘宾.协同发展中提升区域创新能力路径探讨——以京津冀为例[J].理论探讨,2021(4):84-90.

[120]刘红光,刘卫东,刘志高.区域间产业转移定量测度研究——基于区域间投入产出表分析[J].中国工业经济,2011(6):79-88.

[121]刘红光,王云平,季璐.中国区域间产业转移特征、机理与模式研究[J].经济地理,2014,34(1):102-107.

[122]刘宏曼,郎郸妮.京津冀协同背景下制造业产业集聚的影响因素分析[J].河北经贸大学学报,2016,37(4):104-109.

[123]刘满凤,高梦桃.我国区际产业转移与产业结构优化升级实证研究[J].生态经济,2020,36(5):39-43,49.

[124]刘满凤,李昕耀.产业转移对地方环境规制影响的理论模型和经验验证——基于我国产业转移的实证检验[J].管理评论,2018,30(8):32-42.

[125]刘亚婕,董锋.产业转移推动地区技术进步了吗?[J].产经评论,2020(1):96-106.

[126]刘燕,李录堂.垂直型环境规制对污染性产业转移的作用机制——基于地方政府竞争视角分析[J].生态经济,2021,37(7):206-210,219.

[127]刘友金,曾小明.房产税对产业转移的影响:来自重庆和上海的经验证据[J].中国工业经济,2018(11):98-116.

[128]刘友金,吕政.梯度陷阱、升级阻滞与承接产业转移模式创新[J].经济学动态,2012(11):21-27.

[129]刘友金,王冰.基于中心—外围模型的产业转移滞缓成因及对策研究[J].湖南科技大学学报(社会科学版),2013,16(4):46-49.

[130]刘友金,尹延钊,曾小明.中国向"一带一路"国家产业转移的互惠共生效应——基于双边价值链升级视角的研究[J].经济地理,2020,40(10):136-146.

[131]刘友金,周健.变局中开新局:新一轮国际产业转移与中国制造业的未来[J].湖南科技大学学报(社会科学版),2021,24(2):63-70.

[132]刘振中,严慧珍.四次国际产业大转移的主要特征及启示[J].宏观经济管理,2022(8):72-81.

[133]刘志彪,孔令池.双循环格局下的链长制:地方主导型产业政策的新形态和功能探索[J].山东大学学报(哲学社会科学版),2021(1):110-118.

[134]刘志彪,全文涛.双循环新发展格局视角下推进区域协调发展——论东北老工业基地振兴[J].江苏行政学院学报,2021(1):36-43.

[135]柳天恩,周彬,周志强.河北省精准承接北京市制造业转移的行业选择[J].中国流通经济,2016(4):78-85.

[136]卢根鑫.国际产业转移论[M].上海:上海人民出版社,1997.

[137]卢根鑫.试论国际产业转移的经济动因及其效应[J].上海社会科学院学术季刊,1994(4)33-42.

[138]栾申洲.产业协同发展对全要素生产率影响的实证研究——基于制造业与生产性服务业的分析[J].管理现代化,2019,39(5):28-31.

[139]罗浩,冯润,颜钰尧.广东区域经济增长收敛性:兼论"双转移"战略的效果[J].广东财经大学学报,2015,30(4):44-52.

[140]罗良文,赵凡.工业布局优化与长江经济带高质量发展:基于区域间产业转移视角[J].改革,2019(2):27-36.

[141]罗莹.产业集群式转移促进区域产业链整合创新的一般模式[J].对外经贸,2017(1):88-90.

[142]罗勇,高爽.异质性人力资本、产业转移和产业结构优化[J].工业技术经济,2019,38(12):41-50.

[143]罗知,齐博成.环境规制的产业转移升级效应与银行协同发展效应——来自长江流域水污染治理的证据[J].经济研究,2021,56(2):174-189.

[144]雒海潮,苗长虹.承接产业转移影响因素和效应研究进展[J].地理科学,2019,39(3):359-366.

[145]吕平,袁易明.产业协同集聚、技术创新与经济高质量发展——基于生产性服务业与高技术制造业实证分析[J].财经理论与实践,2020,41(6):118-125.

[146]吕晓芸,唐根年.基于产业重心测度的我国纺织产业产业转移态势研究[J].经营与管理,2015(7):79-82.

[147]吕岩威,王玲力.基于动态偏离一份额空间拓展模型的产业结构与竞争力评价研究:以山东省为例[J].现代城市研究,2023(1):112-118.

[148]马涛,李东,杨建华,翟相如.地区分工差距的度量:产业转移承接能力评

价的视角[J].管理世界,2009(9):168-169.

[149]马艳,王洁辰."一带一路"金融合作对产业结构升级的影响研究[J].统计与信息论坛,2021,36(11):76-86.

[150]马永红,张帆,苏鑫.基于区际产业转移视角的欠发达地区企业技术创新能力提升路径研究[J].科技进步与对策,2015,32(21):120-125.

[151]马子红,胡洪斌.中国区际产业转移的主要模式探究[J].生产力研究,2009(13):141-143.

[152]毛广雄,廖庆,刘传明,曹蕾.高新技术产业集群化转移的空间路径及机理研究——以江苏省为例[J].经济地理,2015,35(12):105-112.

[153]牛力娟.创维收购美兹整合协同创新路径研究及启示[J].科学管理研究,2020,38(3):114-118.

[154]蒲清平,杨聪林.构建"双循环"新发展格局的现实逻辑、实施路径与时代价值[J].重庆大学学报(社会科学版),2020,26(6):24-34.

[155]秦炳涛,葛力铭.相对环境规制、高污染产业转移与污染集聚[J].中国人口·资源与环境,2018,28(12):52-62.

[156]秦炳涛,葛力铭.中国高污染产业转移与整体环境污染——基于区域间相对环境规制门槛模型的实证[J].中国环境科学,2019,39(8):3572-3584.

[157]秦惠敏,徐卓顺.东北地区制造业产业转移及优化升级的重点领域研究[J].当代经济研究,2016,250(6):85-92.

[158]邱烨萍.中国纺织产业区域转移影响因素分析[D],浙江理工大学,硕博论文,2016.

[159]冉启英,徐丽娜.环境规制、省际产业转移与污染溢出效应——基于空间杜宾模型和动态门限面板模型[J].华东经济管理,2019,33(7):5-13.

[160]任君,黄明理."双循环"新发展格局研究述评[J].经济问题,2021(4):7-15.

[161]邵江好.江苏省承接国际产业转移对居民收入的影响研究[D].南京:南京财经大学,硕博论文,2017.

[162]沈悦,任一鑫.环境规制、省际产业转移对污染迁移的空间溢出效应[J].中国人口·资源与环境,2021,31(2):52-60.

[163]施晓丽,林晓健.产业转移对区域创新的影响分析——基于中国制造业的实证研究[J].河北学刊,2021(7):155-163.

[164]史恩义,王娜.金融发展、产业转移与中西部产业升级[J].南开经济研究,2018(6):3-19.

[165]司深深,张治栋,徐醒.产业转移、贸易开放与经济高质量发展——基于中国258个城市的实证[J].统计与决策,2022,38(9):119-122.

[166]宋晓玲,李金叶.产业协同集聚、地方政府竞争与制造业绿色发展[J].经济经纬,2022,39(4):86-96.

[167]宋晓玲,李金叶.产业协同集聚、制度环境与工业绿色创新效率[J].科技进步与对策,2023,40(4):56-65.

[168]孙冰,田胜男.制造企业创新扩散动力机制及其演化的系统思考[J].华东经济管理,2020,34(11):54-61.

[169]孙超,王燕.高新技术产业与生产性服务业协同集聚对区域创新效率的影响[J].科技管理研究,2020,40(22):139-147.

[170]孙浩进,张斐然.东北老工业基地承接产业空间转移研究——基于区位引力的实证[J].哈尔滨商业大学学报(社会科学版),2022(5):80-98.

[171]孙慧文.制造业转移推动了区域经济增长吗[J].经济学家,2017(11):28-36.

[172]孙继德,计喆.产业政策力度对建设项目创新绩效的影响研究——基于区域创新环境与知识创造水平的考量[J].工业技术经济,2022,41(5):3-11.

[173]孙久文,姚鹏.京津冀产业空间转移、地区专业化与协同发展——基于新经济地理学的分析框架[J].南开学报(哲学社会科学版),2015(1):81-89.

[174]孙威,李文会,林晓娜,王志强.长江经济带分地市承接产业转移能力研究[J].地理科学进展,2015,34(11):1470-1478.

[175]孙早,侯玉琳.工业智能化与产业梯度转移:对"雁阵理论"的再检验[J].世界经济,2021(7):29-54

[176]孙志娜.区际产业转移对中国出口技术复杂度的影响[J].科学学研究,2020,38(9):1587-1596.

[177]覃成林,熊雪如.区域产业转移的政府动机与行为:一个文献综述[J].改革,2012,(7):73-78.

[178]谭莹,胡洪涛.环境规制、生猪生产与区域转移效应[J].农业技术经济,2021(1):93-104.

[179]汤维祺,吴力波,钱浩祺.从"污染天堂"到绿色增长——区域间高耗能产业转移的调控机制研究[J].经济研究,2016,51(6):58-70.

[180]汤长安,邱佳炜,张丽家,李红燕.要素流动、产业协同集聚对区域经济增长影响的空间计量分析——以制造业与生产性服务业为例[J].经济地理,2021,41(7):146-154.

[181] 唐根年, 许紫岳, 张杰. 产业转移、空间效率改进与中国异质性大国区间"雁阵模式"[J]. 经济学家, 2015(7): 97-104.

[182] 唐树伶. 京津冀协同发展背景下河北省产业承接效应[J]. 中国流通经济, 2016, 30(6): 40-45.

[183] 陶长琪, 彭永樟, 李富强. 产业梯度转移促进技术势能集聚的驱动机制与空间效应[J]. 中国软科学, 2019(11): 17-30.

[184] 滕堂伟, 胡森林, 侯路瑶. 长江经济带产业转移态势与承接的空间格局[J]. 经济地理, 2016(5): 92-99.

[185] 田学斌, 柳源, 张昕玥. 基于利益增值与成本分担的京津冀产业协同: 进展、问题与对策[J]. 区域经济评论, 2022, 57(3): 135-143.

[186] 万永坤. 西部欠发达地区产业转移承接效应的实证分析[J]. 兰州大学学报(社会科学版), 2011(3): 104-108.

[187] 王方方, 陈恩. 产业转移中的企业自我选择效应分析——基于区域产业结构理论的演变[J]. 经济与管理, 2011, 25(5): 35-40.

[188] 王建峰, 母爱英, 罗义. FDI、国际贸易与产业转移效应——基于京津冀产业数据的实证分析[J]. 生产力研究, 2012(7): 185-211.

[189] 王金杰, 王庆芳, 刘建国, 李博. 协同视角下京津冀制造业转移及区域间合作[J]. 经济地理, 2018, 38(7). 90-99.

[190] 王开科, 李采霞. "一带一路"沿线经济体承接中国产业转移能力评价[J]. 经济地理, 2021, 41(3): 28-38.

[191] 王珊, 陈新保, 龙欣悦等. 豫皖鄂湘赣承接国际产业转移的影响因素及其空间效应[J]. 地理与地理信息科学, 2022, 38(6): 60-67.

[192] 王守宝. 科技进步与经济发展的相关性研究[D]. 天津: 天津大学, 2010.

[193] 王守文, 徐顽强. 区域产业转移进程中社会组织的参与路径研究[J]. 前沿, 2011(19): 26-29.

[194] 王树华, 刘志彪. 区际产业转移的发生机制: 基于"推-拉"模型的分析[J]. 学海, 2023, 199(1): 74-81.

[195] 王树华. 推动江苏产业有序转移的政府作为[J]. 中国国情国力, 2014(11): 47-49.

[196] 王恕立, 吴永亮. 全球价值链模式下的国际产业转移——基于贸易增加值的实证分析[J]. 国际贸易问题, 2017(5): 14-24.

[197] 王维平, 陈雅. "双循环"新发展格局释读——基于马克思主义政治经济学总体性视域[J]. 中国特色社会主义研究, 2021(1): 36-43.

[198]王西贝,王群勇.产业协同集聚对区域经济增长的影响研究——基于规模效应与拥堵效应视角[J].经济评论,2023(2):43-58.

[199]王小洁,刘鹏程,许清清.构建创新生态系统推进新旧动能转换:动力机制与实现路径[J].经济体制改革,2019(6):12-18.

[200]王小平,李素喜,于小溪等.京津冀环保产业协同发展理论与实践探索——基于河北省视域的分析[J].价格理论与实践,2021,440(2):158-161,175.

[201]王小腾,张春鹏,葛鹏飞.承接产业转移示范区能够促进制造业升级吗?[J].经济与管理研究,2020,41(6):59-77.

[202]王晓东.产业升级和转移背景下广东工业行业效率变化实证研究——基于Malmquist指数的分析[J].预测,2010,29(4):75-80.

[203]王鑫静,程钰,王建事,丁立.中国对"一带一路"沿线国家产业转移的区位选择[J].经济地理,2019,39(8):95-105.

[204]王艳红,段雪梅.西部地区承接国际产业转移的低碳发展机制与路径研究[J].生态经济,2017,33(5):118-121.

[205]王正巍.产业协同聚集和地方政府行为及空间竞争效应[J].云南财经大学学报,2021,37(1):19-26.

[206]王志勇,陈雪梅.产业升级政策的有效性研究——以广东"双转移"战略为例[J].城市发展研究,2014,21(9):69-76.

[207]卫瑞,张文城,张少军.全球价值链视角下中国增加值出口及其影响因素[J].数量经济技术经济研究,2015(7):3-20.

[208]魏博通,李晓云.美国区域产业转移研究综述[J].生产力研究,2010(11):234-236.

[209]魏巍,吴明,吴鹏.不同发展水平国家在全球价值链中位置差异分析——基于国际产业转移视角[J].产业经济研究,2016(1):80-91,99.

[210]魏玮,毕超.环境规制、区际产业转移与污染避难所效应——基于省级面板Poisson模型的实证分析[J].山西财经大学学报,2011,33(8):69-75.

[211]温清.乌鲁木齐都市圈产业协同发展水平实证研究[D].乌鲁木齐:新疆师范大学,2022.

[212]吴爱芝,孙铁山,李国平.中国纺织服装产业的空间集聚与区域转移[J].地理学报,2013,68(6):775-790.

[213]吴丽娟.城市群建设对区域经济协同发展的影响研究[J].现代营销,2023(1):118-120.

[214] 吴萌,任立,陈银蓉.城市土地利用碳排放系统动力学仿真研究——以武汉市为例[J].中国土地科学,2017,31(2):29-39.

[215] 吴宣恭.新的发展目标、发展理念、发展格局和政治经济学新境界[J].当代经济研究,2021(1):5-7.

[216] 谢呈阳,周海波,胡汉辉.产业转移中要素资源的空间错配与经济效率损失:基于江苏传统企业调查数据的研究[J].中国工业经济,2014(12):130-142.

[217] 谢千里,罗斯基,张轶凡.中国工业生产率的增长与收敛[J].经济学(季刊),2008,29(3):809-826.

[218] 薛阳,胡丽娜,刘海滨,等.京津冀城市群城镇化质量提升的系统动力学仿真模型构建[J].统计与决策,2021,37(24):185-188.

[219] 寻哲.我国纺织产业"西进"转移研究[D].西安:西北大学,2010.

[220] 严立刚,曾小明.东部产业为何难以向中西部转移——基于人力资本空间差异的解释[J].经济地理,2020,40(1):125-131.

[221] 杨道玲,任可,秦强.京津冀产业协同的驱动因素研究[J].宏观经济管理,2022(1):52-59,67.

[222] 杨宏翔,于斌斌.产业转移—承接机制:一个新古典经济学的研究视角——基于浙江纺织产业转移的实证分析[J].中共杭州市委党校学报,2014,88(3):36-43.

[223] 杨励,欧嘉丽.房产税促进地区产业结构优化的路径与异质性表现——产业转移和企业创新视角的沪渝比较[J].西部论坛,2020,30(6):13-26.

[224] 杨荣海.新时期我国东部沿海地区与西部沿边地区经济联系互动发展效率分析[J].广西社会科学,2015(9):72-78.

[225] 杨桐彬,朱英明,刘梦鹤等.资源型城市产业协同集聚、市场化程度与环境污染[J].产业经济研究,2020,109(6):15-27,112.

[226] 杨新华,罗帅.新型城镇共同体高质量发展动力机制研究[J].中国软科学,2023(2):181-190.

[227] 杨亚平,李腾腾.东道国营商环境如何影响中国企业对外直接投资选址[J].产经评论,2018,9(3):129-147.

[228] 杨枝煌,陈尧.中国产业对外转移的基本特征、主要问题及提升策略[J].国际贸易,2022(11):19-25,42.

[229] 叶娇,原毅军,张荣佳.文化差异视角的跨国技术联盟知识转移研究——基于系统动力学的建模与仿真[J].科学学研究,2012,30(4):557-

563,525.

[230]叶静童.基于耦合协调模型的我国绿色金融与绿色产业协同发展的实证研究[D].西安科技大学,2021.

[231]叶茂升,肖德.我国东部地区纺织产业转移的区位选择——基于超效率DEA模型的解析[J].国际贸易问题,2013(8):83-94.

[232]叶琪,连坤.新中国70年工业发展动能演变的逻辑及启示[J].经济研究参考,2019,2938(18):75-85.

[233]叶琪.我国区域产业转移的态势与承接的竞争格局[J].经济地理,2014,34(3):91-97.

[234]尹佳音.中国产业转移现状、动因及政策启示[J].现代国企研究,2021,180(Z1):74-77.

[235]于化东.一部研究中国区域经济协调发展的新作——《产业转移与区域经济平衡》评介[J].经济纵横,2020(5):129.

[236]曾丽君,隋映辉,申玉三.科技产业与资源型城市可持续协同发展的系统动力学研究[J].中国人口、资源与环境,2014年24(10).

[237]詹花秀.论国内经济大循环的动能提升——基于资源配置视角的分析[J].财经理论与实践,2021,42(3):78-84.

[238]张国政,陈维煌,朱文萍.区际产业转移对承接地自主创新影响的实证研究——基于湖南各地区面板数据的分析[J].科技进步与对策,2015,32(9):36-40.

[239]张晗,王璐熠,杜文洁.京津冀协同发展视角下影响河北承接产业转移因素的实证研究[J].统计与管理,2016(5).

[240]张红伟,袁晓辉.四川承接产业转移促进产业升级路径分析[J].商业研究,2011,405(1):11-16.

[241]张建伟,苗长虹,肖文杰.河南省承接产业转移区域差异及影响因素[J].经济地理,2018,38(3):106-112.

[242]张俊荣,王孜丹,汤铃,余乐安.基于系统动力学的京津冀碳排放交易政策影响研究[J].中国管理科学,2016,24(3):1-8.

[243]张琳.环境约束条件下长江经济带城市群产业协同发展研究——基于流通赋能的视角[J].商业经济研究,2022,859(24):154-157.

[244]张倩肖,李佳霖.构建"双循环"区域发展新格局[J].兰州大学学报(社会科学版),2021,49(1):39-47.

[245]张倩肖,李佳霖.新时期优化产业转移演化路径与构建双循环新发展格

局——基于共建"一带一路"背景下产业共生视角的分析[J].西北大学学报(哲学社会科学版),2021,51(1):124-136.

[246]张仁枫,王莹莹.承接产业转移视角的区域协同创新机理分析——兼论欠发达地区跨越式发展的路径创新[J].科技进步与对策,2013(7):26-30.

[247]张仁枫.欠发达地区跨越式发展路径创新的系统性分析[J].系统科学学报,2013,21(4):65-68.

[248]张晓娟,莫富传,冯翠翠.政府数据开放价值实现的机理:基于系统动力学的分析[J].情报理论与实践,2022,45(5):75-83.

[249]张昕,李艳萍,赵亚洲,等.工业园区经济能源环境耦合的系统动力学研究[J].环境工程技术学报,2022,12(3):948-956.

[250]张新芝,陈斐.区域产业转移发生机制的理论解析与发生势差度量研究[J].南昌大学学报人文社科版,2013,44(2):79-85.

[251]张新芝,陈斐.中国区域产业转移的发生机制研究——基于发生势差的综合评价与分析[J].中国科技论坛,2012(4):100-105.

[252]张玉,江梦君.安徽承接长三角产业梯度转移的微观视角研究——基于企业迁移的分析[J].中国集体经济,2011(6):44-45.

[253]赵峰,王玲俐.产业专业化、多样化集聚对生态效率的影响机理及运用[J].学术交流,2020,311(2):106-121,192.

[254]赵张耀,汪斌.网络型国际产业转移模式研究[J].中国工业经济,2005(10):12-19.

[255]郑鑫,陈耀.运输费用、需求分布与产业转移——基于区位论的模型分析[J].中国工业经济,2012(2):57-67.

[256]周江洪,陈矗.论区际产业转移力构成要素与形成机理[J].中央财经大学学报,2009,258(2):66-70.

[257]周庭芳,王涛生,刘志忠.双循环新发展格局的理论逻辑与实现路径[J].学术研究,2021(5):85-91.

[258]周伟,郭杰浩.国际产业转移、空间溢出与全要素生产率[J].统计与决策,2022(3):113-118.

[259]周伟,宁煊.基于产业转移升级的创新收益分配研究——以京津冀城市群为例[J].中国科技论坛,2021(12):52-61.

[260]周阳敏,桑乾坤.回归式产业转移、制度资本与区域经济增长实证研究[J].工业技术经济,2019,38(1):117-124.

[261]周泽康.创新环境对区域协同创新绩效的影响研究[D].广西大学,2020.

[262]周肇光.沪台两地区域产业集群协同发展的路径选择研究[J].上海经济研究,2011(2):113-122.

[263]祝佳.创新驱动与金融支持的区域协同发展研究——基于产业结构差异视角[J].中国软科学,2015(9):106-116.

[264]庄晋财,吴碧波.西部地区产业链整合的承接产业转移模式研究[J].求索,2008(10):5-8.

[265]邹篮,王永庆.产业转移:东西部合作方式和政策研究[J].特区理论与实践,2000(3):27-30.

附　录

一、调研访谈提纲

本次调研访谈工作,主要包括以下六个方面的内容。

第一、企业在江西的整体发展情况与自我评价。

内容包括迁移时间、新企业建成面积、园区等级、产品或所属产业链、投资来源、投资总量、从业人数、营业收入、总产值、税收等,以及企业的自我评价(从浙江直接搬过来,就是迁移性的企业;如果是在江西新设的企业,就算新建投资型企业)。

第二、企业把产业或产业链转移到江西或是在江西经营的主要动因是什么?

内容包括原材料成本、技术、劳动力成本、产业聚集、物流、产业链分工等其他原因。

第三、在企业发展中如何解决碰到的资金、人力、配套、政策等方面的问题?

内容包括地方政府与产业园主要政策支持或措施、企业未来的发展规划情况、企业自己想办法,如产业转移、企业合并、战略合作等。

第四、企业自身得到了什么支持,未来还希望得到什么支持或者需要解决哪些问题?

第五、针对企业自身发展,对扩张、维护甚至减少现有企业规模是否有规划?

第六、请谈谈江西的企业与浙江的企业的互动、合作及协同发展的行为。

本次调研工作大致分为两个阶段。

第一阶段:与相关经济园区管委会人员简单座谈,或者边现场调研边谈。

时间大概 15~20 分钟,请安排 1~2 位工作人员参加座谈。

第二阶段:逐个走访典型企业并座谈。

安排不少于 5 家企业,每家企业座谈 60~120 分钟,然后简单参观 10~15 分钟。

二、调查问卷表(纺织服装企业)

尊敬的企业主或主管:

您好,我们学院几位老师计划进行一个自主选题的调研,主要想了解一些纺织服装企业在转移到江西或者在江西新建工厂以来的基本发展情况。计划调研30~50家企业,并将所有调研企业作为一个整体进行分析。希望得到您的支持,谢谢!

_____年_____月

1.请问贵企业的名称:_____

2.请问贵企业的投资来源地?(　　　)

(1)浙江　　　　　　(2)福建　　　　　　(3)江苏　　　　　　(4)广东

(5)港澳台　　　　　(6)海外　　　　　　(7)本地

3.请问贵企业的大致投资规模或者预计投资规模?(　　　)

(1)>5亿元　　　　(2)3亿~5亿元　　(3)1亿~3亿元

(4)0.5亿~1亿元　　(5)<0.5亿元

4.请问贵企业属于迁移性企业还是新建投资型企业?(　　　)

(1)整体性迁移性企业,直接搬迁到江西

(2)部分迁移性的企业,以技术改造或新增产能为主

(3)新建投资型企业,在江西新设的企业

5.请问贵企业的主要产品有哪些?(　　　)

(1)各类服装　　　　(2)服饰、服装辅料　(3)各类织物

(4)各类布品　　　　(5)纺织原料、纺织辅料

(6)抽纱及其他工艺纺织　　　　　　(7)其他

6.请问贵企业生产中的原材料主要来源于哪里?(　　　)

(1)浙江　　　　　　(2)广东　　　　　　(3)福建　　　　　　(4)上海

(5)江西　　　　　　(6)江苏　　　　　　(7)其他省份　　　　(8)海外

7.请问贵企业的主要产品主要销往哪些地区?(　　　)

(1)浙江　　　　　　(2)广东　　　　　　(3)福建　　　　　　(4)上海

(5)江西　　　　　　(6)江苏　　　　　　(7)其他省份　　　　(8)海外

8.请问贵企业在江西的正式投产是哪年?(　　　)

(1)2012年及之前　　(2)2013年　　　　(3)2014年　　　　(4)2015年

(5)2016年　　　　　(6)2017年及之后

9.请问贵企业现在的生产规模(以年产值计算)大概能达到多少?(　　　)

(1)>3亿元　　　　(2)1亿～3亿元　　　　(3)0.5亿～1亿元

(4)0.1亿～0.5亿元　(5)<0.1亿元

10.请问贵企业3～5年之后的预计生产规模(以年产值计算)是多少?(　　　)

(1)>5亿元　　　　(2)3亿～5亿元　　　　(3)1亿～3亿元

(4)0.5亿～1亿元　(5)0.1亿～0.5亿元

11.(多选)企业入园主要考虑了哪些因素?(　　　)

(1)用工成本低、用工有一定保障

(2)土地成本相对较低,用地有保障

(3)地理位置因素,交通便利、与江浙闽距离近

(4)环保压力相对较小

(5)纺织产业或相关产业在当地具有一定的发展基础

(6)当地政府的支持力度大,用工用地、融资及税收等方面的优惠政策好

12.企业迁移到江西或在江西新建企业的主要决策出发点有哪些?(　　　)

(1)基本上是企业自主市场决策的结果

(2)业内同行的邀请或同类企业的发展示范

(3)当地的产业发展具有一定的基础

(4)当地政府在招商引资阶段表现出的热情和诚意

(5)政策优惠

13.请选择您对"用工成本、用地成本相对较低是企业迁移的最重要原因"的认识?(　　　)

(1)非常认同　　　(2)基本认同　　　(3)不认同　　　(4)未考虑

14.请选择您对"当地产业发展具有一定的基础是企业迁移的最重要原因"的认识?(　　　)

(1)非常认同　　　(2)基本认同　　　(3)不认同　　　(4)未考虑

15.请选择您对"环保压力或者严格的环境规制是企业迁移到江西的最重要原因"的认识?(　　　)

(1)非常认同　　　(2)基本认同　　　(3)不认同　　　(4)未考虑

16.请选择您对"当地的扶持力度大或者优惠政策明显是企业迁移到本地的最重要原因"的认识?(　　　)

(1)非常认同　　　(2)基本认同　　　(3)不认同　　　(4)未考虑

17.与之前的生产地区(如浙江等)的产品成本相比,现在的产品成本如何?(　　　)

(1)有明显下降　　　　　　　　　(2)略有下降,但差距很小

(3)略有上升,但差距很小　　　　　(4)有一定的上升

18.(1)(可多选)产品成本下降的主要影响因素是什么?(　　)

(1)用工成本　　　　(2)原材料价格　　　(3)运输费用

(4)用地成本　　　　(5)融资成本　　　　(6)环保费用

18.(2)(可多选)产品成本上升的主要影响因素是什么?(　　)

(1)用工成本　　　　(2)原材料价格　　　(3)运输费用

(4)用地成本　　　　(5)融资成本　　　　(6)环保费用

19.(可多选)当前企业发展中的突出问题是什么?(　　)

(1)生产要素保障不够,主要是用工制约,工资上升快

(2)生产要素保障不够,主要是融资制约,融资较难

(3)当地的产业配套能力不足

(4)物流运输成本较高、时效性较差

(5)园区基础设施不完善,配套设施建设相对滞后

20.当前企业用工的保障情况如何?(　　)

(1)有保障　　　(2)基本有保障　　　(3)有一定的不足　　　(4)缺少保障

21.请选择您对"平均工资水平上升"的认识?(　　)

(1)未超过一定的预期,对企业影响不大

(2)未超过一定的预期,对企业影响较明显

(3)超出预期,但对企业影响较小

(4)超出预期,对企业影响较明显

22.请选择您对"当地的产业配套能力"的认识?(　　)

(1)配套能力较好　　　　　　　(2)具有一定的配套能力,但不全面

(3)配套能力一般或偏弱　　　　(4)基本没有配套

(5)未考虑

23."当地的产业配套能力不足"对企业发展的影响如何?(　　)

(1)有较大的影响　　　　　　　(2)有一定的影响,但比较小

(3)基本没有影响　　　　　　　(4)未考虑

24."园区基础设施不完善"对企业发展的影响如何?(　　)

(1)有较大的影响　　　　　　　(2)有一定的影响,但比较小

(3)基本没有影响　　　　　　　(4)未考虑

25.请选择您对企业入园以来的发展作出的整体评价?(　　)

(1)发展超出预期目标　　　　　(2)基本符合预期

(3)与预期目标有一定差距　　　　　(4)与预期目标差距较大或很大

26.请问未来3～5年您是否愿意增加投资?(　　　)

(1)愿意　　　　(2)基本愿意　　　　(3)不愿意　　　　(4)很不愿意

27.您对企业未来发展的预期如何?(　　　)

(1)发展前景好　　　　　　　(2)发展基本稳定

(3)面临一定风险　　　　　　(4)风险较大

28.您是否愿意邀请同类企业或配套企业入园?(　　　)

(1)强烈意愿　　　(2)愿意　　　(3)无所谓

(4)不愿意　　　(5)很不愿意

29.(多选)未来希望得到的主要支持是什么?(　　　)

(1)在企业用工和人才引进方面提供一定的支持或者保障

(2)为企业搭建更多的资本融通平台,降低融资难度和融资成本

(3)为企业提供一体化、定制化供应链物流服务

(4)促进园区的公共配套服务建设

(5)吸引更多相关企业,形成专业化分工,促进产业集群发展

(6)健全服务体系,优化发展环境